महात्मा गांधी
की
स्वदेश वापसी के 100 वर्ष

महात्मा गांधी
की
स्वदेश वापसी के 100 वर्ष

(9 जनवरी, 1915–9 जनवरी, 2015)

संपादक

डॉ. रज़ी अहमद

प्रकाशक • **प्रभात प्रकाशन प्रा. लि.**
4/19 आसफ अली रोड,
नई दिल्ली–110002

संस्करण • 2025
मूल्य • चार सौ रुपए
मुद्रक • आर–टेक ऑफसेट प्रिंटर्स, दिल्ली

MAHATMA GANDHI KI SWADESH VAPASI KE 100 VARSH
Ed. Dr. Razi Ahmad ₹ 400.00
Published by Prabhat Prakashan Pvt. Ltd., 4/19 Asaf Ali Road, New Delhi-2
e-mail: prabhatbooks@gmail.com ISBN 978-93-5186-622-0

स्वतंत्र, स्वाभिमानी, आत्मनिर्भर, प्लूरल
बनावटवाले सेकूलर, संपन्न प्रजातांत्रिक
हिंदुस्तान का सपना देखनेवाले
स्वतंत्रता सेनानियों की स्मृति में...
आज जिनकी कुरबानियाँ
दाँव पर लगी हुई हैं।

अपनी बात

गांधीजी ने अपने सार्वजनिक जीवन के 1908 तक के खट्टे-मीठे तजुर्बों की बुनियाद पर दक्षिण अफ्रीका में लिखी अपनी पहली पुस्तक 'हिंद स्वराज' की एक प्रति अपने मागदर्शक गोपाल कृष्ण गोखले को बड़े उत्साह से पेश की थी और उम्मीद की थी कि उस पुस्तक के सिलसिले में उनकी सकारात्मक प्रतिक्रिया होगी, लेकिन ऐसा कुछ नहीं हुआ। उसे पढ़ने के बाद गोखले ने अपनी प्रतिक्रिया व्यक्त करते हुए कहा था कि जब उन्हें (गांधीजी) हिंदुस्तान को देखने और समझने का अवसर मिलेगा तो खुद यह पुस्तक उन्हें बकवास मालूम होगी। हिंदुस्तान की जमीनी वास्तविकता भी कुछ ऐसी ही थी। गांधीजी के लिखे तथ्य सही थे, परंतु उसके निदान के लिए बताए नुस्खे उस वक्त महज उनके सपने ही कहे जा सकते थे। गोखले ने जो टिप्पणी की थी, वह उनकी अपनी राजनीतिक सोच और हिंदुस्तान की उनकी अपनी समझ के अनुसार थी। गोखले बड़े त्यागी व्यक्ति थे, उदार और समावेशी विचार रखते थे तथा व्यवहार में काफी लिबरल थे, लेकिन सरकारी व्यवस्था से अभी टकराव हो, उसके वे पक्षधर नहीं थे। अपनी समस्याओं के हल के लिए संवैधानिक तरीकों को ही वे उचित मानते थे। 'हिंद-स्वराज' में प्रस्तुत तथ्यों को वे गांधी के बागियाना तेवर के रूप में देख रहे थे। अतः उसकी उन्होंने उस वक्त सराहना नहीं की, लेकिन शांति, सामाजिक क़ुरीतियों और राजनीतिक व्यवस्था में बुनियादी बदलाव के सक्रिय पक्षधर महान् दार्शनिक रूसी लेखक लिओ टॉल्सटॉय ने गांधी के विचारों की काफी सराहना की थी। उनके परिवर्तन के सपने कभी साकार होंगे, उसकी झलक वे गांधी के निष्ठा आधारित पहलों में आशा भरी नजरों से देख रहे थे। अंग्रेजी सरकार ने तो उस पुस्तक के प्रकाशन और हिंदुस्तान में वितरण पर ही रोक लगा रखी थी। उस छोटी सी पुस्तिका में जिन तथ्यों को उजागर किया गया, वे वास्तविकता पर आधारित

सही थे और उनमें हिंदुस्तान के लिए वैकल्पिक राह ढूँढ़ने की कोशिश थी। लिहाजा सरकार उसे विद्रोही कदम मान रही थी।

गांधीजी 'हिंद स्वराज' में जो कुछ कह रहे थे, वह उनके लंदन के छात्र जीवन और दक्षिण अफ्रीका में जूझते परिस्थितियों के तजुर्बों पर आधारित थे। गांधी उन्नीस-बीस वर्ष की कम उम्र में ही वकालत पढ़ने लंदन गए थे। लेकिन उससे पहले पोरबंदर, राजकोट और उसके आस-पास के इलाकों से ही उनका वास्ता रहा। उससे बाहर की दुनिया की उन्हें ज्यादा जानकारी नहीं रही। उस कम उम्र में भी संकोची, पर संवेदनशील मोहनदास उस समय की जड़ता-भरी सामाजिक कुरीतियों को अपनी समझ के अनुसार चैलेंज दे रहे थे और राजनीतिक वातावरण तथा अंग्रेजी व्यवस्था को पूरी तरह नापसंद कर रहे थे। वकालत की पढ़ाई के लिए जब लंदन जाना तय हुआ था तो सामाजिक कुंठाएँ धार्मिक आस्था का प्रश्न बनकर सामने आईं। उन्होंने धैर्य और विवेकपूर्ण तरीके से उसका प्रतिकार किया। लंदन में बिताए दिन भी उनके लिए चुनौतियों से भरे ही रहे, लेकिन अपनी दृढ़ इच्छा शक्ति से समस्याओं पर वे विजयी हुए। लंदन से वापसी के बाद कुछ दिन वे पोरबंदर, राजकोट और बंबई में प्रतिकूल परिस्थितियों से जूझते रहे तथा फिर दक्षिण अफ्रीका की प्रयोगशाला में उनका व्यक्तित्व निखर कर उभरा। 'हिंद स्वराज' को ऊर्जा-भरी विवेकपूर्ण जवानी में विकसित और मजबूत हुई मानसिकता, दक्षिण अफ्रीका तथा लंदन के दिनों के तजुर्बों के निचोड़ का किताबी रूप कहा जा सकता है। गांधी ने गोखले को अपने विचारों के अनुकूल पाया था और उनको अपना मार्गदर्शक माना और गोखले ने भी गांधी की प्रतिभा तथा उनकी क्षमता को अच्छी तरह भाँपा और उनको किसी तरह कम कर नहीं आँका था। गांधी की कार्यशैली और प्रतिबद्धता से उन्हें काफी उम्मीदें थीं और वह समझ रहे थे कि गांधी आगे के दिनों में हिंदुस्तान में महत्त्वपूर्ण भूमिका निभानेवाले हैं।

गोखले ने गांधीजी के अभियानों की सार्थकता को करीब से देखने के लिए दक्षिण अफ्रीका की यात्रा की थी। वहाँ के अभियानों और आंदोलन के व्यापक प्रभाव तथा गांधी एवं गांधी के सहयोगियों की त्याग भावना और अपने कॉज के प्रति समर्पण और उसके लिए सब कुछ बरदाश्त करने की तैयारी से वे काफी प्रभावित हुए थे। अपनी प्रतिक्रिया व्यक्त करते हुए उन्होंने स्पष्ट किया था कि हिंदुस्तान की गुलाम और गरीब जनता को हर तरह की कुंठाओं से निजात दिलानेवाला व्यक्ति दक्षिण अफ्रीका में तैयार हो रहा है। 'हिंद स्वराज' को पढ़कर जिस नतीजे पर वे पहुँचे थे, उस पर दक्षिण अफ्रीका की वास्तविक स्थिति के

मूल्यांकन के बाद उन्हें पुनर्विचार करना पड़ा। 'हिंद स्वराज' में गांधी के व्यक्त किए विचारों की मौलिकता में आशा की किरण नजर आई और उन्हें हिंदुस्तानियों का तारणहार माना एवं जब गांधी सार्वजनिक जीवन की ऊँचाइयों को छूने लगे, तारणहार का रूप लिये उनका व्यक्तित्व जब पूरी तरह उभरा, तो उसे देखने के लिए गोखले जिंदा नहीं रहे।

गांधीजी ने 'हिंद स्वराज' में अपनी कल्पना के 'आयडियल स्टेट' का खाका पेश किया है। आजाद हिंदुस्तान को वे इसी समृद्ध, स्वाभिमानी, शांत और बाहरी प्रभाव से आजाद शांतिप्रिय देश के रूप में देखना चाहते थे। इस पुस्तक की 1921 के संस्करण की प्रस्तावना में उन्होंने स्पष्ट किया है कि आजाद हिंदुस्तान में रेलवे भी रहेगा, वकील और डॉक्टर भी, क्योंकि वह उसकी मजबूरी होगी, लेकिन य नहीं रहें तो वह ज्यादा बेहतर होगा। 1927 से 1946 तक जवाहरलाल से हुए लंबे पत्राचार में भी वे अपने विचारों पर कायम नजर आते हैं। उन्होंने अपने विचारों में तब्दीली लाने की जरूरत नहीं महसूस की है। दक्षिण अफ्रीका, जहाँ इस पुस्तक के लिखने की प्रेरणा हुई, वहाँ एक छोटा हिंदुस्तान ही बसा हुआ था। वह भी अंग्रेजों की कॉलोनी थी। हिंदुस्तान की तरह अंग्रेजी दमन का वहाँ भी सिलसिला था। वहाँ के हिंदुस्तानी दौलतमंद भी थे और गरीब, किसान, मजदूर एवं व्यापारी भी। वहाँ के स्थानीय मूल काले निवासियों की तरह हिंदुस्तानी भी भेद-भाव से पीड़ित थे। हिंदुस्तान की तरह वहाँ के हिंदुस्तानी जात और धर्म के आधार पर बँटे हुए अनेक अंधविश्वास एवं कुंठाओं के शिकार थे। लेकिन दक्षिण अफ्रीका में हिंदुस्तानियों की स्थिति हिंदुस्तान के हिंदुस्तानियों से कुछ ज्यादा ही गंभीर थी, क्योंकि वहाँ की 'नस्लवादी व्यवस्था' की दोहरे मार ने वहाँ उनका जीना दूभर कर रखा था।

लंदन से डिग्री प्राप्त एक बैरिस्टर की हैसियत से मोहन दास करमचंद गांधी दक्षिण अफ्रीका स्थित एक हिंदुस्तानी की बड़ी कंपनी के बड़े दौलतमंद मालिक के मुकदमों की पैरवी करने के लिए गए थे, लेकिन उनकी पहचान भी एक 'कुली बैरिस्टर' की ही रही, सारी क्षमता और लंदन की डिग्री रखने के बावजूद नस्लवाद ने उनका साथ नहीं छोड़ा। टिकट रहने के बावजूद, न उन्हें रेल के फर्स्ट क्लास में सफर करने दिया गया और न ही उनकी अपनी काठयावाड़ी वेश-भूषा में कोर्ट में पैरवी करने की इजाजत मिली। सवारी कोच के अंदर तो बैठने नहीं ही दिया गया, कोचवान् के साथ भी नहीं, उसके कदमों में बैठने पर बाध्य किया गया। चूँकि इस आत्मसम्मानी हिंदुस्तानी बैरिस्टर को 'कुली बैरिस्टर' की पहचान गवारा

नहीं थी, उसे हर कदम पर परेशानियों से ही वास्ता पड़ता रहा। जिन लोगों के मुकदमे की पैरवी के लिए वे गए थे, उनके पास सब कुछ रहने के बावजूद वहाँ की व्यवस्था ने उनके अंदर 'आत्मसम्मान' नाम की कोई चीज पनपने ही नहीं दी, नाइनसाफियों को नापसंद करते उसके खिलाफ होते हुए भी उसके प्रतिकार की हिम्मत उनके अंदर नहीं थी। अत: गांधीजी को दो स्तरों पर काम करना पड़ा था। अपना उचित हक हासिल करने के लिए मानसिक रूप में तैयारी और उसके लिए जद्दोजहद करना। इसी उलझी परिस्थिति से निजात पाने की राह खोजने के सिलसिले में 'सत्याग्रह' का जन्म हुआ। आजमाइशी परिस्थिति के चैलेंज को कबूल करते गांधी अन्याय के खिलाफ मैदान में डट गए और सत्य, अहिंसा तथा मानवीय मूल्यों पर आधारित 'सत्याग्रही' अस्त्र के सहारे विपरीत परिस्थतियों का धैर्य से मुकाबला किया। पहले हिंदुस्तानियों को जागरूक किया, उन्हें संगठित किया और अपने अधिकारों को हासिल करने के लिए उन्हें तैयार किया तथा अपनी कोशिशों में वे कामयाब हुए। 1893 से 1915 तक वे दक्षिण अफ्रीका में रहे और न सिर्फ नस्लवाद के भेदभावपूर्ण कानून तथा व्यवस्था से लोहा लेकर कामयाब हुए, बल्कि सार्वजनिक जीवन के कुछ ऐसे महत्त्वपूर्ण प्रयोग भी किए, जो वापसी के बाद हिंदुस्तान में उनके लिए बड़े फायदेमंद साबित हुए। 9 जनवरी, 1915 को वे एक ऐसे कामयाब व्यक्ति की हैसियत से हिंदुस्तान लौटे, जिसे बाहरी दुनिया अच्छी तरह जान और पहचान चुकी थी, लेकिन वे न अपनी मातृभूमि हिंदुस्तान की सच्चाइयों को व्यापकता में जानते थे और न ही हिंदुस्तान तथा यहाँ की अधिकांश जनता उन्हें पहचानती थी।

9 जनवरी, 1915 को हिंदुस्तान वापसी की ऐतिहासिक घटना के सौ वर्ष पूरा होने की अहमियत के मद्देनजर 9 जनवरी, 2015 को गांधी संग्रहालय, पटना में दो सत्रों में पूरे दिन का कार्यक्रम आयोजित हुआ। पहले सत्र में बिहार के कृषि मंत्री नरेंद्र सिंह ने गांधी संग्रहालय के कस्तूरबा गांधी हॉल में दक्षिण अफ्रीका में महात्मा गांधी : एक चित्र प्रदर्शनी का उद्घाटन किया, जो दो सप्ताह तक दर्शनार्थ खुला रहा। स्थानीय कलाकारों ने सत्याग्रह शताब्दी मंडप में विशेष रूप से आयोजित संगीत का कार्यक्रम पेश कर स्वतंत्रता सेनानियों को श्रद्धा-सुमन अर्पित किए। इस सत्र में 'पहला गिरमिटिया' के लेखक गिरिराज किशोर और बिहार संगीत-नाटक अकादमी के अध्यक्ष कविवर आलोक धन्वा, जियालाल आर्य, शिक्षाविद् फादर फिलिप मंथरा, रामनरेश झा, डॉ. मोहम्मद सज्जाद, इतिहास विभाग, अलीगढ़ मुसलिम विश्वविद्यालय और अनेक गण्यमान्य व्यक्ति भी शरीक

रहे। आयोजन का दूसरा सत्र विचार-गोष्ठी का था, जो गांधी संग्रहालय के 'बादशाह खाँ' सभा कक्ष में आयोजित हुआ। आयोजन की अध्यक्षता माननीय मंत्री महोदय ने ही की। गोष्ठी में निम्न विद्वानों ने अपने आलेख प्रस्तुत किए और 9 जनवरी के महत्त्व पर विस्तार से अपने विचार रखे—

1. प्रो. सिद्धेश्वर प्रसाद—पूर्व राज्यपाल, त्रिपुरा
2. श्री नरेंद्र सिंह—कृषि मंत्री, बिहार सरकार
3. डॉ. सुरेंद्र गोपाल—पूर्व विभागाध्यक्ष, इतिहास विभाग, पटना विश्वविद्यालय
4. डॉ. युवराज देव प्रसाद—पूर्व विभागाध्यक्ष, इतिहास विभाग, पटना विश्वविद्यालय
5. डॉ. निहार नंदन सिंह—पूर्व कुलपति, बी.आर. अंबेडकर विश्वविद्यालय, मुजफ्फरपुर
6. डॉ. महाश्वेता महारथी—सचिव, राजगीर महाबौद्धी सोसाइटी
7. श्री ब्रजकिशोर सिंह—सचिव, गांधी संग्रहालय, मोतिहारी
8. डॉ. एल.एन. शर्मा—पूर्व विभागाध्यक्ष, राजनीति शास्त्र विभाग, पटना विश्वविद्यालय
9. डॉ. प्रमोदानंद दास—इतिहास विभाग, पटना विश्वविद्यालय
10. डॉ. कर्मेंदु शिशिर—हिंदी विभाग, मगध विश्वविद्यालय
11. डॉ. पद्मलता ठाकुर—इतिहास विभाग, पटना विश्वविद्यालय
12. श्री श्रीकांत—निदेशक, जगजीवन राम शोध संस्थान, पटना
13. डॉ. विजय कुमार—निदेशक, बिहार राज्य अभिलेखागार
14. डॉ. विपिन कुमार त्रिपाठी—प्रोफेसर, आई.आई.टी.,भौतिकी विभाग, नई दिल्ली
15. श्री सुनील कुमार—अधिकारी, इंडियन बैंक
16. डॉ. अशोक अंशुमन—इतिहास विभाग, एल.एस. कॉलेज, मुजफ्फरपुर
17. डॉ. रज़ी अहमद—मंत्री, गांधी संग्रहालय, पटना

डॉ. राजेंद्र प्रसाद और आचार्य कृपलानी, गांधीजी के चंपारण सत्याग्रह के सहयोगी रहे। अत: राजेंद्र बाबू के विचार और कृपलानीजी संबंधी श्री राम बहादुर राय के आलेख को जरूरी समझकर पुस्तक में शामिल किया गया है।

प्रोफेसर ईश्वरी प्रसाद अस्वस्थ्य होने के कारण आयोजन में शरीक नहीं हो सके थे, लेकिन अपना आलेख बाद में हमें उपलब्ध कराया, जो यहाँ संकलित है।

डॉ. रामउपदेश सिंह भी विशेष कारणों से कार्यक्रम में शरीक नहीं हो सके थे, लेकिन अपना आलेख समय पर हमें भिजवाया था, जो पुस्तक में शामिल है।

विचार गोष्ठी में जितने भी आलेख प्रस्तुत किए गए या विचार रखे गए, 9 जनवरी, 1915 का ऐतिहासिक दिन ही उनका केंद्र-बिंदु रहा। इस क्रम में अपनी स्वदेश वापसी को गांधीजी ने खुद किस नजर से देखा है, वह भी दिलचस्प है। उन दिनों की गांधीजी की डायरी के पन्नों के अलावा हिंदुस्तान वापसी और हिंदुस्तान को देखने तथा समझने के सिलसिले में 'आत्मकथा' में गांधीजी के अपने विचार, अपनी यात्राओं के अनुभवों के आधार पर प्रस्तुत किए हैं, वे भी बड़े रोचक हैं। अत: उसके कुछ पन्ने भी यहाँ पेश किए गए हैं। उनके साथ तत्कालीन प्रेस की उस वापसी पर क्या प्रतिक्रिया हुई थी, उसकी मौलिक जानकारी के लिए उन्हें भी यहाँ प्रस्तुत करना उचित समझा गया है। बंबई और गुजरात के विभिन्न शहरों में गांधीजी का जिस तरह भव्य स्वागत हुआ एवं प्रेस की जो व्यापक प्रतिक्रिया हुई, वे स्पष्ट करते हैं कि उनकी स्वदेश वापसी उनकी जिंदगी का अहम पड़ाव होते हुए देश के लिए भी महत्त्वपूर्ण है और आनेवाले दिन उनके लिए कोई सामान्य दिन नहीं होनेवाले हैं। हिंदुस्तान की परिस्थिति और यहाँ चल रही आजादी की लड़ाई के आयाम उनको सक्रिय होने पर आज न कल बाध्य करेंगे, क्योंकि दक्षिण अफ्रीका में बसे एक छोटे हिंदुस्तान के हिंदुस्तानियों को उनका हक दिलवाने का उन्हें महत्त्वपूर्ण तजुर्बा था और यहाँ उस कौशल की जरूरत थी।

9 जनवरी, 2015, यानी गांधीजी की स्वदेश वापसी का शताब्दी समारोह पूरे देश में बड़ी संवेदनशील परिस्थित में आयोजित हुआ है। हिंदुस्तान को आजाद हुए 68 वर्ष हो चुके हैं और आजाद हिंदुस्तान ने अपने ऊँच-नीच से भरे सेक्युलर प्रजातांत्रिक सफर का 65 वर्ष पूरा कर लिया है। यहाँ की प्रजातांत्रिक व्यवस्था अपनी कमजोरियों के बावजूद कई मायने में मजबूत बुनियाद पर टिकी हुई है, जो तीसरी दुनिया के लिए अपनी मिसाल आप है। 9 जनवरी, 1915 के इस शताब्दी वर्ष में हमें संजीदगी से गौर करना होगा कि गांधीजी के आने और यहाँ की राजनीति में सक्रिय होने के बाद हिंदुस्तान की आजादी की लड़ाई का नया अध्याय लिखा जाना शुरू हुआ था और उसकी निर्धारित मंजिल 'स्वराज्य' थी, जो महज राजनीतिक आजादी नहीं थी, केवल सत्ता में परिवर्तन नहीं था। लेकिन जब हिंदुस्तान आजादी की मंजिल पर पहुँचा और आजादी प्राप्ति का सपना साकार हुआ, तब यहाँ की स्थिति गांधीजी के सपनों के बिलकुल विपरीत थी, हमें इस कटु सच्चाई को मानना पड़ेगा। उनके नहीं चाहने के बावजूद देश दो टुकड़ों में तो

बँट ही गया, यहाँ के हिंदुओं और मुसलमानों की बड़ी संख्या भी भावनात्मक तौर पर बँट चुकी थी। परिस्थिति ऐसी बन गई थी कि सैकड़ों वर्षों से साथ रह रहे लोगों के मानस में बैठ गया कि ये लोग अब एक साथ नहीं रह सकते। सोच के इसी रुझान ने हिंदुस्तान के बड़े हिस्से में नफरत की फिजा बना दी। नतीजतन भयानक बरबादी, आग और खून की होली हिंदुस्तानियों की तकदीर बन गई। हम उस माहौल में आजाद हुए जब हिंदुस्तान बँटवारे के दर्द से तो कराह ही रहा था, सांप्रदायिक दंगों के हैवानी खेल ने स्थिति को भयावह बना दिया था। हिंदुस्तान की अपनी गंगा–जमुनी परंपरा सरेआम शर्मसार और बेआबरू होती नजर आई। सत्य, अहिंसा और मानवता के मूल्यों के सहारे गांधीजी नफरत की आग को शांत करने की कोशिश में लगे रहे एवं इसी कोशिश में वे शहीद हो गए। यह शर्मनाक घटना आजादी मिलने के साढ़े पाँच माह के अंदर ही घटी। आजाद हिंदुस्तान के 'स्वराज्य' रूपी खाके के वास्तविक रूप में रंग भरने का अवसर ही उन्हें नहीं मिला। गांधीजी के लिए यह सच्चाई भी बड़ी तकलीफदेह थी कि वर्षों से उनके साथ रहे उनके करीबी लोग भी अपने सत्ता लोभ पर काबू नहीं पा सके और वे अंग्रेजों की बिछाई बिसात के मोहरे बनकर सत्तासीन हो गए।

हिंदुस्तान ने अपने विकास का जो मॉडल अपनाया, वह यूरोपीय मॉडल से प्रभावित प्रधानमंत्री और उनके सहयोगियों का था। समय बीतने के साथ आज की स्थिति ने बहुत हद तक सिद्ध कर दिया है कि वह मॉडल हिंदुस्तान की जमीनी वास्तविकताओं के अनुकूल नहीं, क्योंकि आर्थिक रूप में अब तक आम हिंदुस्तानियों के आँगन में खुशियों के फूल नहीं खिल सके और आजादी की लड़ाई के बीच देखा सपना अभी भी अधूरा ही है। यह सही है कि आजाद हिंदुस्तान ने गांधी की 'स्वराज्य' की कल्पना के कई पहलुओं पर अमल नहीं किया, उसे नजरअंदाज किया, लेकिन उनके नेतृत्व में चली आजादी की लड़ाई के दरमियान बनी और मजबूत हुई समावेशी मानसिकता प्रत्यक्ष तथा अप्रत्यक्ष रूप में बहुत हद तक बरकरार रही। आजाद हिंदुस्तान ने अपना जो संविधान बनाया, उसमें उसकी झलक मिलती है, संविधान बड़ा व्यापक बनाया गया। यहाँ की प्लूरल बनावट की पेचीदगियों को ध्यान में रखकर बिना भेद–भाव के हर व्यक्ति, वर्ग और क्षेत्र के अधिकारों की सुरक्षा की जमानत दी गई तथा अपनी तकदीर बदलने की जद्दोजहद करने की पूरी गुंजाइश रखी गई। सेक्युलर प्रजातांत्रिक व्यवस्था में ही हिंदुस्तान की आत्मा वास करती है, इस सच्चाई को हमारे संविधान ने अक्षुण्ण रखने को अनिवार्य पक्ष बना दिया। संविधान को जीवित रखना हमारी राजनीतिक

इच्छाशक्ति पर निर्भर करता है। उसी सोच और कार्यशैली पर हिंदुस्तान के सुनहरे भविष्य की सफलता मुमकिन है। गांधीजी अगर कुछ दिनों और जीवित रहते तो शायद आजाद हिंदुस्तान का नक्शा कुछ दूसरा होता एवं 'हिंद स्वराज' के ब्लू प्रिंट पर कुछ अमल किए जाने की फिजा बनती, इसकी संभावना थी।

आज जब हम 9 जनवरी, 1915 की शताब्दी मना रहे हैं, इस तकलीफदेह हकीकत को स्वीकार करने में जरा भी हिचकिचाहट नहीं है कि हिंदुस्तान आर्थिक गुलामी के फंदे में फँस चुका है। ग्लोबलाइजेशन तथा वर्ल्ड बैंक ने अमरीका और यूरोप के बड़े कॉरपोरेट हाउसेज के हितों को सुरक्षित रखते हुए आम हिंदुस्तानियों के डाँवाँडोल भविष्य की स्क्रिप्ट लिख दी है। अब हमारी विदेश नीति अमरीका और इजराइल की गोद में बैठकर निर्धारित की जाने लगी है, जो हमारे लिए शर्मनाक होने के साथ ही खतरनाक भी है। आर्थिक संरचना मजबूत देशों के हितैषी कॉरपोरेट हाउसेज के सरगनाओं के दबाव में है। घरेलू मामलों में भी स्थिति अच्छी नहीं दिखाई देती, क्योंकि केंद्र में ऐसी विचारधारा में यकीन रखने वालों की सरकार 2014 में बन चुकी है, जिन्हें हिंदुस्तान की प्लूरल बनावट और सेक्युलर प्रजातांत्रिक संविधान में विश्वास ही नहीं है।

स्वदेश वापसी के बाद हिंदुस्तान की सरजमीन पर गांधीजी की पहली सक्रिय पहल बिहार के सुदूर नेपाल की तराई में 'चंपारण सत्याग्रह' है। इसलिए उस 'सत्याग्रह' के देशव्यापी प्रभावों के मद्देनजर विद्वानों से आलेख आमंत्रित किए गए थे। 'चंपारण सत्याग्रह' के बीच गांधीजी के 'किरानी' बनने को ऐसे-ऐसे लोग तैयार हुए, जिनकी बिहार में अपनी खासी पहचान थी। अधिकांश व्यक्ति उन दिनों प्रतिष्ठित पेशा माने गए वकालत से जुड़े खुशहाल जमींदार, नामी वकील और बैरिस्टर थे। आगे चलकर अनेक लोगों ने बिहार ही नहीं, हिंदुस्तान के सार्वजनिक क्षेत्र में सम्मानजनक स्थान प्राप्त किया। मजहरुल हक, ब्रजकिशोर प्रसाद, डॉ. राजेंद्र प्रसाद, डॉ. अनुग्रह नारायण सिंह आदि की कृतियाँ हिंदुस्तान के इतिहास के स्वर्ण अक्षरों में लिखे अध्याय हैं। गांधी विचार और आचार से प्रभावित व्यक्तियों को केंद्रित आलेख उन महत्त्वपूर्ण जानकारियों पर आधारित हैं, जो गांधीजी के व्यक्तित्व की महानता को सिद्ध करते हैं। यही समय है, जब गांधीजी के आह्वान पर गुजरात, महाराष्ट्र, और उत्तर प्रदेश से अनेक प्रतिष्ठित व्यक्तियों ने समाज सेवा में योगदान दिया है। मदन मोहन मालवीय, महादेव देसाई, डॉ. गोखले दंपती, डॉ. सोमन, आनंदी बाई, देवदास गांधी, नरहरी पारिख, जे.बी.कृपलानी, डॉ. अंसारी, शंकर राव देव, मिस्टर पोलक आदि ने चंपारण के

ग्रामीण क्षेत्रों में वॉलिंटियर बनकर अपनी महत्त्वपूर्ण सेवाएँ दीं। वालेंट्री सेवा प्रवृत्ति की बिहार में उसे शुरुआती पहल भी कही जा सकती है।

हमारे कार्यक्रम में बड़ी तादाद में स्थानीय लोगों ने रुचि लेकर हिस्सा लिया, हम उनके आभारी हैं। आलेख प्रस्तुत करनेवाले विद्वानों के प्रति भी हम अपना आभार व्यक्त करते हैं। उनके सक्रिय सहयोग से गांधीजी की स्वदेश वापसी के शताब्दी समारोह सफल हो सका और उनके आलेख ने लोगों का ज्ञानवर्धन किया तथा अब वे इस पुस्तक के रूप में उस सिलसिले को आगे भी जारी रखेंगे। गांधीजी की डायरी, इंटरव्यू और अखबारों की प्रतिक्रिया तथा गांधीजी की यात्राओं संबंधी तथ्य भारत सरकार द्वारा प्रकाशित 'संपूर्ण गांधी वाङ्मय'—खंड तेरह, 1965 और 'गांधीजी की आत्मकथा' पर आधारित है। आसिफ वसी और गांधी संग्रहालय के अपने उन सहयोगियों के भी हम आभारी हैं जिन्होंने कार्यक्रम को हर स्तर पर सफल बनाने में रचनात्मक सहयोग दिया। आसिफ वसी ने इस पुस्तक की कंपोजिंग, डिजाइनिंग और इसे प्रिंटिंग स्टेज तक पहुँचाने में पूरी मुस्तैदी दिखाई, उसके लिए वे विशेष आभार के मुस्तहक हैं। कुमार अनिल ने प्रूफ रीडिंग के पेचीदे काम को अंजाम देकर हमें राहत पहुँचाई है, हम उनके अत्यंत आभारी हैं।

—डॉ. रज़ी अहमद

गांधी संग्रहालय
9 जनवरी, 2015

अनुक्रम

	अपनी बात		7
1.	महात्मा गांधी अपनी डायरी के आईने में		19
2.	महात्मा गांधी की बातें महात्मा गांधी की जुबानी		23
3.	स्वदेश वापसी पर प्रेस की प्रतिक्रिया		39
4.	राज कुमार शुक्ल—एक समर्पित जीवन	**—प्रमोदानंद दास**	54
5.	महात्मा गांधी के प्रभाव में आया सदाकत आश्रम का संस्थापक राजनीतिक फकीर : मौलाना मजहरुल हक	**—कर्मेंदु शिशिर**	61
6.	ब्रजकिशोर प्रसाद	**—सुरेंद्र गोपाल**	70
7.	श्री पीर मुहम्मद मूनिस	**—श्रीकांत**	80
8.	मुजफ्फरपुर में गांधीजी के मेज़बान आचार्य जे.बी. कृपलानी	**—राम बहादुर राय**	91
9.	महात्मा गांधी का जी.बी.बी. कॉलेज, (वर्तमान लंगट सिंह कॉलेज) मुजफ्फरपुर में 1917 का प्रवास	**—अशोक अंशुमन** **—निशिकांत कुमार**	98
10.	जब सर्वप्रथम भारत की जमीन पर सत्याग्रह सफल हुआ	**—राजेंद्र प्रसाद**	102

11. महात्मा गांधी का भारत आगमन और चंपारण सत्याग्रह —**सुनील कुमार सिन्हा** 118

12. जब बापू का बेतिया के गाँवों में भव्य स्वागत हुआ —**ब्रज किशोर सिंह** 126

13. महात्मा गांधी के भारत आगमन के सौ वर्ष —**सिद्धेश्वर प्रसाद** 131

14. दक्षिण अफ्रीका से मोहनदास करमचंद गांधी की वापसी के सौ साल… —**विपिन कुमार त्रिपाठी** 138

15. गांधीजी की स्वदेश वापसी का अर्थ… —**रज़ी अहमद** 141

16. नस्लवाद के विरोध में महात्मा गांधी का दक्षिण अफ्रीका में संघर्ष (1893–1915) —**एल.एन. शर्मा** 154

17. असहयोग आंदोलन के दौरान बिहार में महात्मा गांधी —**निहार नंदन प्रसाद सिंह** —**मदन मिश्रा** 159

18. स्वदेश वापसी के बाद महात्मा गांधी पर चलाया गया दूसरा मुकदमा —**रामउपदेश सिंह** 168

19. महात्मा गांधी की स्वदेश वापसी पहले समाजवादी का स्वदेश आगमन था… —**ईश्वरी प्रसाद** 174

20. अहिंसा के मसीहे… —**महाश्वेता महारथी** 186

21. महात्मा गांधी–वैश्विक–शांति के अग्रदूत —**युवराजदेव प्रसाद** 190

22. स्त्री सशक्तीकरण : महात्मा गांधी द्वारा महिलाओं का आह्वान —**पद्मलता ठाकुर** 193

23. बिहार राज्य अभिलेखागार के अभिलेख में महात्मा गांधी —**डॉ. विजय कुमार** 198

महात्मा गांधी अपनी डायरी के आईने में

(9 जनवरी, 1915—28 फरवरी, 1915)

महात्मा गांधी खुद रोजाना डायरी लिखते या लिखवाते थे। वह उनकी व्यस्तता पर निर्भर हुआ करता था। अपने सहयोगियों को भी डायरी लिखने के लिए ताकीद करते थे। हिंदुस्तान लौटने के बाद उनका क्या प्रोग्राम रहा, नमूने के तौर पर पेश किया जा रहा है।

डायरी–

9 जनवरी, 1915; शनिवार—माघ बदी बंबई पहुँचा। श्री गोखले से भेंट।

14 जनवरी; बुधवार—माउंट पेटिट में सभा।

15 जनवरी; बृहस्पतिवार—गवर्नर से मुलाकात।

16 जनवरी; शुक्रवार—महिलाओं की ओर से अभिनंदन। राजकोट के लिए रवाना।

16 जनवरी; शनिवार—रात बीकानेर में। छोटू साथ हो लिया। उमाशंकर मिलने के लिए आए।

17 जनवरी; रविवार—सबेरे राजकोट पहुँचा। मानपत्र आदि।

18 जनवरी; सोमवार—ठाकुर साहब से मुलाकात की।

21 जनवरी; बृहस्पतिवार—राजकोट से रवाना। जेतपुर पहुँचा। अभिनंदन पत्र। रात-भर रहा। शुक्ल साथ आए।

22 जनवरी; शुक्रवार—जैतपुर से विशेष गाड़ी में रवाना। धीराजी में अभिनंदन पत्र। पोरबंदर पहुँचा। देवचंद पारेख साथ आए।

24 जनवरी; रविवार—मोढ़ जाति की ओर से अभिनंदन।

25 जनवरी; सोमवार—पोरबंदर में मानपत्र। महिलाओं की ओर से भी।

26 जनवरी; मंगलवार—गोंडल पहुँचा। पटवारी के यहाँ ठहरा। पोरबंदर से रणछोड़, शांति तथा गोकुलदास साथ हो लिए।

27 जनवरी; बुधवार—ठाकुर साहब से मिलने गया। मानपत्र अनाथाश्रम देखने गया।

28 जनवरी; बृहस्पतिवार—नागजी स्वामी के साथ भेंट की।

29 जनवरी; शुक्रवार—स्लेडन से मिला।

30 जनवरी; शनिवार—राजकोट में महिलाओं की ओर से मानपत्र। बा को श्रीमती स्लेडन से मिलाने ले गया।

31 जनवरी; रविवार—नागजी स्वामी का भाषण सुनने के लिए गया। कुली को 1650 रुपए देकर उसकी पूरी रकम चुका दी। 'उसने' सूद पर उठाने का निश्चय किया। पैसे शुक्ल ने दिए। उसने कुली का खर्च स्वयं उठाना तय किया है। गंगा भाभी को 20 रुपए तथा बहन को 10 रुपए प्रति मास के हिसाब से आज से देने आरंभ किए जाएँगे। कुली की ब्याज के साढ़े आठ रुपए दिए। गोकीबेन को महीने के लिए 8 रुपए दिए। गंगा भाभी को 14 रुपए दिए—

1 फरवरी; सोमवार—राजकोट छोड़ा, अहमदाबाद पहुँचा। सेठ मंगलदास के यहाँ ठहरा। साथ आए गोकुलदास मोदी, बेचरभाई, रणछोड़, हरिलाल, शांति, काकू, छोटू तथा जमनादास।

2 फरवरी; मंगलवार—अहमदाबाद में मानपत्र। बापूभाई से उनके घर मिला। मियाखाँ और पटवारी के यहाँ गया। महिलाओं की ओर से अभिनंदन-अहमदाबाद में स्थायी रूप से बसने के संबंध में नेताओं से बातचीत। जमनादास बंबई गया।

3 फरवरी; बुधवार—जमीन देखने गया। अंबालालभाई के यहाँ भोजन। मोढ़ समाज की ओर से मान-पत्र। संध्या को क्लब में चाय-जलपान। रात को आशाराम भाई के यहाँ अखंडानंद से मिला।

4 फरवरी; बृहस्पतिवार—अहमदाबाद से निकला। हरिलाल तथा गोकुलदास वहीं रहे। बंबई रात को पहुँचा।

5 फरवरी; शुक्रवार—पटवारी से मुलाकात। जाति-प्रबंध के संबंध में चर्चा।

6 फरवरी; शनिवार—भगवानलाल से मिला। उसे मोदी के संबंध में 2900 रुपए देकर पूरी रकम अदा की। मोदी के साथ सारा हिसाब-किताब खत्म कर दिया। 6000 रुपए हुए। उसमें दोनों भाइयों का हिसाब आ गया। घर से संबंधित

कागजात शुक्ल को भेजे। पटवारी के साथ फिर भेंट।

7 फरवरी; रविवार—अंत्यजों की शाला देखने गया। अमृतलाल तथा केसरी प्रसाद कल रात भर रहे। उनके साथ बातचीत की। रात को पूना के लिए रवाना।

8 फरवरी; सोमवार—गोकुलदास सहित पूना आया। (सर्वेंट्स ऑफ इंडिया) सोसाइटी में दाखिल होने के संबंध में बातचीत हुई।

11 फरवरी; बृहस्पतिवार—प्रोफेसर कर्वे की संस्था आदि देखी। श्री तिलक के यहाँ गया।

13 फरवरी; शनिवार—सार्वजनिक सभा महिलाओं और आम लोगों की। श्री गोखले मूर्छित।

14 फरवरी; रविवार—बंबई गया, गोकुलदास, कुजरू और देवधर साथ आए। बलवंत राय भी साथ थे। सवेरे 4 बजे श्री गोखले के साथ बातचीत। सनातन धर्म नीति-मंडल की सभा की अध्यक्षता। नाटकशाला में गया। सोराबजी की बहन के साथ मुलाकात।

15 फरवरी; सोमवार—रॉबर्टसन से भेंट। कपोल छात्रावास में गया। बोलपुर रवाना नगीनादास के साथ।

16 फरवरी; मंगलवार—रास्ते में।

17 फरवरी; बुधवार—बर्दवान में एंड्रूज और संतोक बाबू आए। ख्रिस्ती के घर गया। बोलपुर रात को पहुँचा। ठेठ पुराने ढंग के अतिथि-सत्कार का आनंद मिला।

18 फरवरी; बृहस्पतिवार—एंड्रूज के साथ बातचीत।

19 फरवरी; शुक्रवार—एंड्रूज के साथ बातचीत

20 फरवरी; शनिवार—राजनीतिक गुरु के स्वर्गवास का तार मिला। बोलपुर से रवाना। जे.बी ने भी तार दिया। बर्दवान तक एंड्रूज साथ आए। खूब बातचीत हुई। शिक्षकों से सुधारों के संबंध में वार्त्तालाप। ट्रेन में कष्ट। मगनलाल नगीनादास तथा बा साथ आए।

22 फरवरी; सोमवार—दोपहर के समय कल्याण पहुँचा। श्री कोल से मिला।। रात को पूना पहुँचा। (सर्वेंट्स ऑफ इंडिया सोसाइटी) के सदस्यों से थोड़ी बातचीत।

23 फरवरी; मंगलवार—सदस्यों के साथ लंबी बातचीत। महात्माजी, रणछोड़भाई आदि को पत्र लिखे।

25 फरवरी; बृहस्पतिवार—शिंदे के साथ भंगियों के बारे में बातचीत।

26 फरवरी; शुक्रवार—उसी विषय पर सदस्यों के साथ वार्त्ता।

27 फरवरी; शनिवार—मराठी पढ़ना शुरू किया। भंगियों के प्रश्न के संबंध में छानबीन।

28 फरवरी; रविवार—नदी में तिलांजलि दी। मगनलाल बंबई गया।

□

महात्मा गांधी की बातें महात्मा गांधी की जुबानी

(जब गांधीजी दक्षिण अफ्रीका से हिंदुस्तान लौट आए और हिंदुस्तान को देखना और समझना चाहा)

मेरे स्वदेश आने के पहले जो लोग फीनिक्स से वापस लौटनेवाले थे, वे यहाँ आ पहुँचे थे। अनुमान यह था कि मैं उनसे पहले पहुँचूँगा, लेकिन लड़ाई के कारण मुझे लंदन में रुकना पड़ा। अतएव मेरे सामने प्रश्न यह था कि फीनिक्सवासियों को कहाँ रखा जाए? मेरी अभिलाषा यह थी कि सब एक साथ रह सकें और फीनिक्स आश्रम का जीवन बिता सकें तो अच्छा हो। मैं किसी आश्रम-संचालक से परिचित नहीं था, जिससे साथियों को उनके यहाँ जाने के लिए लिख सकूँ। अतएव मैंने उन्हें लिखा कि वे एंड्रूज से मिलें और वे जैसी सलाह दें, वैसा करें।

पहले उन्हें कांगड़ी गुरुकुल में रखा गया, जहाँ स्वामी श्रद्धानंदजी ने उनको अपने ही बच्चों की तरह रखा। इसके बाद उन्हें शांति निकेतन में रखा गया। वहाँ कविवर ने और उनके समाज ने उन्हें वैसे ही प्रेम से नहलाया। इन दो स्थानों में उन्हें जो अनुभव प्राप्त हुआ, वह उनके और मेरे लिए बहुत उपयोगी सिद्ध हुआ।

कविवर, श्रद्धानंदजी और श्री सुशील रुद्र को मैं एंड्रूज की 'त्रिमूर्ति' मानता था। दक्षिण अफ्रीका में वे इन तीनों की प्रशंसा करते कभी थकते ही न थे। दक्षिण अफ्रीका के हमारे स्नेह-सम्मेलन के अनेकानेक स्मरणों में यह तो मेरी आँखों के सामने तैरा ही करता है कि इन तीन महापुरुषों के नाम उनके हृदय में और ओठों पर सदा बने ही रहते थे। एंड्रूज ने मेरे फीनिक्स कुटुंब को सुशील रुद्र के पास ही रख दिया था। रुद्र का अपना कोई आश्रम न था, केवल घर ही था, पर उस घर का

कब्जा उन्होंने मेरे कुटुंब को सौंप दिया था। उनके लड़के-लड़की एक ही दिन में इनके साथ ऐसे घुल मिल गए थे कि ये लोग फीनिक्स की याद बिलकुल भूल गए।

मैं बंबई के बंदरगाह पर उतरा, तभी मुझे पता चला कि उस समय वह परिवार शांति निकेतन में था। इसलिए गोखले से मिलने के बाद मैं वहाँ जाने को अधीर हो गया।

बंबई में सम्मान स्वीकार करते समय ही मुझे एक छोटा सा सत्याग्रह करना पड़ा था। मेरे सम्मान में मि. पिटीट के यहाँ एक सभा रखी गई थी। उसमें तो मैं गुजराती में जवाब देने की हिम्मत न कर सका। उस महल में और आँखों को चौंधिया देनेवाले उस ठाठ-बाट के बीच गिरमिटियों की सोहबत में रहा हुआ मैं अपने-आपको देहाती जैसा लगा। आज की मेरी पोशाक की तुलना में उस समय पहना हुआ अंगरखा, साफा आदि अपेक्षाकृत सभ्य पोशाक कही जा सकती है। फिर भी मैं उस अलंकृत समाज में अलग ही छिटका पड़ता था, लेकिन वहाँ तो जैसे-तैसे मैंने अपना काम निबाहा और सर फीरोजशाह मेहता की गोद में आसरा लिया।

गुजरातियों की सभा तो थी ही। स्व. उत्तमलाल त्रिवेदी ने इस सभा का आयोजन किया था। मैंने इस सभा के बारे में पहले से कुछ बातें जान ली थीं। मि. जिन्ना भी गुजराती के नाते इस सभा में हाजिर थे। वे सभापति थे या मुख्य वक्ता, यह मैं भूल गया हूँ, पर उन्होंने अपना छोटा और मीठा भाषण अंग्रेजी में किया। मुझे धुँधला सा स्मरण है कि दूसरे भाषण भी अधिकतर अंग्रेजी में ही हुए। जब मेरे बोलने का समय आया, तो मैंने उत्तर गुजराती में दिया और गुजराती तथा हिंदुस्तानी के प्रति अपना पक्षपात कुछ ही शब्दों में व्यक्त करके मैंने गुजरातियों की सभा में अंग्रेजी के उपयोग के विरुद्ध अपना नम्र विरोध प्रदर्शित किया। मेरे मन में अपने इस कार्य के लिए संकोच तो था ही। मेरे मन में यह शंका बनी रही कि लंबी अवधि की अनुपस्थिति के बाद विदेश से वापस आया हुआ अनुभवहीन मनुष्य प्रचलित प्रवाह के विरुद्ध चले, इससे अविवेक तो नहीं माना जाएगा? पर मैंने गुजराती में उत्तर देने की जो हिम्मत की, उसका किसी ने उलटा अर्थ नहीं लगाया और सबने मेरा विरोध सहन कर लिया। यह देखकर मुझे खुशी हुई और इस सभा के अनुभव से मैं इस परिणाम पर पहुँचा कि अपने नए जान पड़नेवाले दूसरे विचारों को जनता के सम्मुख रखने में मुझे कठिनाई नहीं पड़ेगी।

यूँ बंबई में दो एक-दिन रहकर और आरंभिक अनुभव लेकर मैं गोखले की आज्ञा से पूना गया।

मेरे बंबई पहुँचते ही गोखले ने मुझे खबर दी थी, ''गवर्नर आपसे मिलना

चाहते हैं। अतएव पूना आने के पहले उनसे मिल आना उचित होगा।'' इसलिए मैं उनसे मिलने गया। साधारण बातचीत के बाद उन्होंने कहा—

''मैं आपसे एक वचन माँगता हूँ। मैं चाहता हूँ कि सरकार के बारे में आप कोई भी कदम उठाएँ, उसके पहले मुझसे मिलकर बात कर लिया करें।''

मैंने जवाब दिया, ''यह वचन देना मेरे लिए बहुत सरल है, क्योंकि सत्याग्रही के नाते मेरा यह नियम ही है कि किसी के विरुद्ध कोई कदम उठाना हो, तो पहले उसका दृष्टिकोण उसी से समझ लूँ और जिस हद तक उसके अनुकूल होना संभव हो, उस हद तक अनुकूल हो जाऊँ। दक्षिण अफ्रीका में मैंने सदा इस नियम का पालन किया है और यहाँ भी वैसा ही करनेवाला हूँ।''

लार्ड विलिंग्टन ने आभार माना और कहा, ''आप जब मिलना चाहेंगे, मुझसे तुरंत मिल सकेंगे और आप देखेंगे कि सरकार जान-बूझकर कोई बुरा काम नहीं करना चाहती।''

मैंने जवाब दिया, ''यह विश्वास ही तो मेरा सहारा है।''

मैं पूना पहुँचा। वहाँ के सब संस्मरण देने में मैं असमर्थ हूँ। गोखले ने और सोसाइटी के सदस्यों ने मुझे अपने प्रेम से नहला दिया। जहाँ तक मुझे याद है, उन्होंने सब सदस्यों को पूना बुलाया था। सबके साथ कई विषयों पर मैंने दिल खोलकर बातचीत की। गोखले की तीव्र इच्छा थी कि मैं भी सोसाइटी में सम्मिलित हो जाऊँ। मेरी इच्छा तो थी ही, किंतु सोसाइटी के सदस्यों को ऐसा लगा कि सोसाइटी के आदर्श और काम करने की रीति मुझसे भिन्न है, इसलिए मुझे सदस्य बनना चाहिए या नहीं, इस बारे में उनके मन में शंका थी। गोखले का विश्वास था कि मुझमें अपने आदर्शों पर दृढ़ रहने का जितना आग्रह है, उतना ही दूसरों के आदर्शों को निबाह लेने का और उनके साथ घुल-मिल जाने का भी मेरा स्वभाव है। उन्होंने कहा, ''हमारे सदस्य अभी आपके इस निबाह लेनेवाले स्वभाव को पहचान नहीं पाए हैं। वे अपने आदर्शों पर दृढ़ रहनेवाले स्वतंत्र और दृढ़ विचार के लोग हैं। मैं आशा तो करता हूँ कि वे आपको स्वीकार कर लेंगे, पर स्वीकार न करें, तो आप कभी यह न समझना कि उन्हें आपके प्रति कम आदर या कम प्रेम है। इस प्रेम को अखंडित रखने के लिए ही वे कोई जोखिम उठाते हुए डरते हैं, पर आप सोसाइटी के विधिवत् सदस्य बनें या न बनें, मैं तो आपको सदस्य ही मानूँगा।''

मैंने अपने विचार गोखले को बता दिए थे, ''मैं सोसाइटी का सदस्य बनूँ, चाहे न बनूँ, तो भी मुझे एक आश्रम खोलकर उसमें फीनिक्स के साथियों को रखना और खुद वहाँ बैठ जाना है। इस विश्वास के कारण कि गुजराती होने से मेरे

पास गुजरात की सेवा के जरिये देश की सेवा करने की पूँजी अधिक होनी चाहिए, मैं गुजरात में ही कहीं स्थिर होना चाहता हूँ।'' गोखले को ये विचार पसंद आए थे, इसलिए उन्होंने कहा, ''आप अवश्य ऐसा करें। सदस्यों के साथ बातचीत का जो भी परिणाम आए, पर यह निश्चित है कि आपको आश्रम के लिए पैसा मुझे लेना है। उसे मैं अपना ही आश्रम समझूँगा।''

मेरा हृदय फूल उठा। मैं यह सोचकर बहुत खुश हुआ कि मुझे पैसा उगाहने के धंधे से मुक्ति मिल गई और यह कि अब मुझे अपनी जवाबदारी पर नहीं चलना पड़ेगा, बल्कि हर परेशानी के समय मुझे रास्ता दिखानेवाला कोई होगा। इस विश्वास के कारण मुझे ऐसा लगा, मानो मेरे सिर का पड़ा बोझ उतर गया हो।

गोखले ने स्व. डॉक्टर देव को बुलाकर कह दिया, ''गांधी का खाता अपने यहाँ खोल लीजिए और इन्हें आश्रम के लिए तथा अपने सार्वजनिक कार्यों के लिए जितनी रकम की जरूरत हो, आप देते रहिए।''

अब मैं पूना छोड़कर शांति निकेतन जाने की तैयारी कर रहा था। अंतिम रात को गोखले ने मुझे रुचनेवाली एक दावत दी और उसमें खास-खास मित्रों को न्योता। उसमें उन्होंने जो चीजें मैं खाता था, उन्हीं का अर्थात सूखे और ताजे फलों के आहार का ही प्रबंध किया था। दावत की जगह उनके कमरे से कुछ की कदम दूर थी, पर उसमें भी सम्मिलित होने की उनकी हालत न थी, लेकिन उनका प्रेम उन्हें दूर कैसे रहने देता? उन्होंने आने का आग्रह किया। वे आए भी, पर उन्हें मूर्छा आ गई और वापस जाना पड़ा। उनकी ऐसी हालत जब-तब हो जाया करती थी। अतएव उन्होंने संदेशा भेजा कि दावत जारी ही रखनी है। दावत का मतलब था, सोसाइटी के आश्रम में मेहमान-घर के पासवाले आँगन में जाजम बिछाकर बैठना, मूँगफली, खजूर आदि खाना, प्रेमपूर्ण चर्चाएँ करना और एक-दूसरे के दिलों को अधिक जानना।

पर गोखले की यह मूर्छा मेरे जीवन के लिए साधारण अनुभव बनकर रहनेवाली न थी।

शांति निकेतन

राजकोट से मैं शांति निकेतन गया। वहाँ शांति निकेतन के अध्यापकों और विद्यार्थियों ने मुझ पर अपना प्रेम बरसाया। स्वागत की विधि में सादगी, कला और प्रेम का सुंदर मिश्रण था। वहाँ मैं काका साहब कालेलकर से पहले-पहल मिला।

कालेलकर 'काका साहब' क्यों कहलाते थे, यह मैं उस समय नहीं जानता

था, लेकिन बाद में मालूम हुआ कि केशवराव देशपांडे, जो विलायत में मेरे समकालीन थे और जिनके साथ विलायत में मेरा अच्छा परिचय हो गया था, बड़ौदा राज्य में 'गंगनाथ विद्यालय' चला रहे हैं। उनकी अनेक भावनाओं में से एक यह भी थी कि विद्यालय में पारिवारिक भावना होनी चाहिए। इस विचार से वहाँ सब अध्यापकों के नाम रखे गए थे। उनमें कालेलकर को 'काका' नाम मिला। फड़के 'मामा' बने। हरिहर शर्मा 'अण्णा' कहलाए। दूसरों के भी यथायोग्य नाम रखे गए। काका आगे चलकर इस कुटुंब में सम्मिलित हुए। इस कुटुंब के उपर्युक्त पाँचों सदस्य एक के बाद एक मेरे साथी बने। देशपांडे 'साहब' के नाम से पुकारे जाने लगे। साहब का संबंध न छोड़ा। काका साहब भिन्न-भिन्न अनुभव प्राप्त करने में लग गए। इसी सिलसिले में वे इस समय शांति निकेतन में रहते थे। इसी मंडल के एक और सदस्य चिंतामण शास्त्री भी वहाँ रहते थे। वे दोनों संस्कृत सिखाने में हिस्सा लेते थे।

शांति निकेतन में मेरे मंडल को अलग से ठहराया गया था। यहाँ मगनलाल गांधी उस मंडल को सँभाल रहे थे और फीनिक्स आश्रम के सब नियमों का पालन सूक्ष्मता से करते-कराते थे। मैंने देखा कि उन्होंने अपने प्रेम, ज्ञान और उद्योग के कारण शांति निकेतन में अपनी सुगंध फैला दी थी। एंड्रूज तो यहाँ थे ही, पियर्सन थे। जगदानंद बाबू, नेपाल बाबू, संतोष बाबू, क्षितिज मोहन बाबू, नगेन बाबू, शारदा बाबू और काली बाबू के साथ हमारा खास संपर्क रहा। अपने स्वभाव के अनुसार मैं विद्यार्थियों और शिक्षकों में घुल मिल गया तथा स्वपरिश्रम के विषय में चर्चा करने लगा। मैंने वहाँ के शिक्षकों के सामने यह बात रखी कि वैतनिक रसोइयों के बदले शिक्षक और विद्यार्थी अपनी रसोई स्वयं बना लें तो अच्छा हो। ऐसा करने से आरोग्य और नीति की दृष्टि से रसोईघर पर शिक्षक-समाज का प्रभुत्व स्थापित होगा और विद्यार्थी स्वावलंबन तथा स्वयंपाक का पदार्थ-पाठ सीखेंगे। एक-दो शिक्षकों ने सिर हिलाकर असहमति प्रकट की। कुछ लोगों को यह प्रयोग बहुत अच्छा लगा। नई चीज, फिर वह कैसी भी क्यों न हो, बालकों को तो अच्छी लगती ही है। इस न्याय से यह चीज भी उन्हें अच्छी लगी और प्रयोग शुरू हुआ। जब कविश्री के सामने यह चीज रखी गई तो उन्होंने अपनी यह सम्मति दी कि यदि शिक्षक अनुकूल हों, तो स्वयं उन्हें यह प्रयोग अवश्य पसंद होगा। उन्होंने विद्यार्थियों से कहा, "इसमें स्वराज्य की चाबी मौजूद है।"

पियर्सन ने प्रयोग को सफल बनाने में अपने-आप को खपा दिया। उन्हें यह बहुत अच्छा लगा। एक मंडली साग काटनेवालों की बनी, दूसरी अनाज साफ

करनेवालों की। रसोईघर के आस-पास शास्त्रीय ढंग से सफाई रखने के काम में नगेन बाबू आदि जुट गए। उन लोगों को कुदाली से काम करते देखकर मेरा हृदय नाच उठा।

लेकिन मेहनत के इस काम को सवा सौ विद्यार्थी और शिक्षक भी एकाएक नहीं अपना सकते थे। अतएव रोज चर्चाएँ चलती थीं। कुछ लोग थक जाते थे, परंतु पियर्सन क्यों थकने लगे? वे हँसते चेहरे से रसोईघर के किसी-न-किसी काम में जुटे ही रहते थे। बड़े-बड़े बरतन माँजना उन्हीं का काम था। बरतन माँजनेवाली टुकड़ी की थकान उतारने के लिए कुछ विद्यार्थी वहाँ सितार बजाते थे। विद्यार्थियों ने प्रत्येक काम को पर्याप्त उत्साह से अपना लिया और समूचा शांति निकेतन मधुमक्खियों के छत्ते की भाँति गूँजने लगा।

इस प्रकार के फेरफार जब एक बार शुरू हो जाते हैं, तो फिर वे रुक नहीं पाते। फीनिक्स का रसोईघर स्वावलंबी बन गया था, यही नहीं, बल्कि उसमें रसोई भी बहुत सादी बनती थी। मसालों का त्याग किया गया था। अतएव भात, दाल, साग तथा गेहूँ के पदार्थ भी भाप के द्वारा पका लिये जाते थे। बंगाली खुराक में सुधार करने के विचार से उस प्रकार का एक रसोईघर शुरू किया था। उसमें एक-दो अध्यापक और कुछ विद्यार्थी सम्मिलित हुए थे। ऐसे ही प्रयोगों में से सर्वसाधारण रसोईघर को स्वावलंबी बनाने का प्रयोग शुरू किया जा सका था।

पर आखिर कुछ कारणों से यह प्रयोग बंद हो गया। मेरा विश्वास यह है कि इस विश्व-विख्यात संस्था ने थोड़े समय के लिए भी इस प्रयोग को अपनाकर कुछ खोया नहीं और उससे प्राप्त अनेक अनुभव उसके लिए उपयोगी सिद्ध हुए थे।

मेरा विचार शांति निकेतन में कुछ समय रहने का था, किंतु विधाता मुझे जबरदस्ती घसीटकर ले गया। मैं मुश्किल से वहाँ एक सप्ताह रहा होऊँगा कि इतने में गोखले के अवसान का तार मिला। शांति निकेतन शोक में डूब गया। सब मेरे पास संवेदना प्रकट करने आए। मंदिर में विशेष सभा की गई। यह गंभीर दृश्य अपूर्व था। मैं उसी दिन पूना के लिए रवाना हुआ। पत्नी और मगनलाल गांधी को मैंने अपने साथ लिया, बाकी सब शांति निकेतन में रहे।

बर्दवान तक एंड्रूज मेरे साथ आए थे। उन्होंने मुझसे पूछा, "क्या आपको ऐसा लगता है कि हिंदुस्तान में आपके लिए सत्याग्रह करने का अवसर आएगा? और अगर ऐसा लगता हो तो कब आएगा, इसकी कोई कल्पना आपको है?"

मैंने जवाब दिया, "इसका उत्तर देना कठिन है। अभी एक वर्ष तक तो मुझे कुछ करना ही नहीं है। गोखले ने मुझसे प्रतिज्ञा करवाई है कि मुझे एक वर्ष तक

देश में भ्रमण करना है, किसी सार्वजनिक प्रश्न पर अपना विचार न तो बनाना है, न प्रकट करना है। मैं इस प्रतिज्ञा का अक्षरश: पालन करूँगा। बाद में भी मुझे किसी प्रश्न पर कुछ कहने की जरूरत होगी तभी मैं कहूँगा। इसलिए मैं नहीं समझता कि पाँच वर्ष तक सत्याग्रह करने का कोई अवसर आएगा।''

यहाँ यह कहना गलत न होगा कि 'हिंद स्वराज' में मैंने जो विचार व्यक्त किए हैं, गोखले उनका मजाक उड़ाते थे और कहते थे, ''आप एक वर्ष हिंदुस्तान में रहकर देखेंगे, तो आपके विचार अपने-आप ठिकाने आ जाएँगे।''

तीसरे दरजे की विडंबना

बर्दवान पहुँचकर हमें तीसरे दरजे का टिकट लेना था। उसे लेने में परेशानी हुई। जवाब मिला, ''तीसरे दरजे के यात्री का टिकट पहले से नहीं दिया जाता।'' मैं स्टेशन-मास्टर से मिलने गया। उनके पास मुझे कौन जाने देता? किसी ने दया करके स्टेशन-मास्टर को दिखा दिया। मैं वहाँ पहुँचा। उनसे भी वही उत्तर ही मिला। खिड़की खुलने पर टिकट लेने गया, पर टिकट आसानी से मिलनेवाला न था। बलवान यात्री एक के बाद एक घुसते जाते और मुझ-जैसों को पीछे हटाते जाते। आखिर टिकट मिला।

गाड़ी आई। उसमें भी जो बलवान थे, वे घुस गए। बैठे हुओं और चढ़नेवालों के बीच गाली-गलौज और धक्का-मुक्की शुरू हुई। इसमें हिस्सा लेना मेरे लिए संभव न था। हम तीनों इधर से उधर चक्कर काटते रहे। सब ओर से एक ही जवाब मिलता था, ''यहाँ जगह नहीं है।'' मैं गार्ड के पास गया। उसने कहा, ''जगह मिले तो बैठो, नहीं तो दूसरी ट्रेन में जाना।''

मैंने नम्रतापूर्वक कहा, ''लेकिन मुझे जरूरी काम है।'' यह सुनने के लिए गार्ड के पास समय नहीं था। मैं हारा। मगनलाल से कहा, ''जहाँ जगह मिले, बैठ जाओ।'' पत्नी को लेकर मैं तीसरे दरजे के टिकट से ड्योढ़े दरजे में घुसा। गार्ड ने मुझे उसमें जाते देख लिया था।

आसनसोल स्टेशन पर गार्ड ज्यादा किराए के पैसे लेने आया। मैंने कहा, 'मुझे जगह बताना आपका धर्म था। जगह न मिलने के कारण मैं इसमें बैठा हूँ। आप मुझे तीसरे दरजे में जगह दिलाइए। मैं उसमें जाने को तैयार हूँ।'

गार्ड साहब बोले, ''मुझसे बहस मत कीजिए। मेरे पास जगह नहीं है। पैसे न देने हों, तो गाड़ी से उतरना पड़ेगा।''

मुझे तो किसी भी तरह पूना पहुँचना था। गार्ड से लड़ने की मेरी हिम्मत नहीं

थी। मैंने पैसे चुका दिए। उसने ठेठ पूना तक का ड्योढ़ा भाड़ा लिया। यह अन्याय मुझे अखर गया।

सवेरे मुगलसराय स्टेशन आया। मगनलाल ने तीसरे दरजे में जगह कर ली थी। मुगलसराय से मैं तीसरे दरजे में गया। टिकट कलेक्टर को मैंने वस्तुस्थिति की जानकारी दी और उससे इस बात का प्रमाण-पत्र माँगा कि मैं तीसरे दरजे में चला आया हूँ। उसने देने से इनकार किया। मैंने अधिक किराया वापस प्राप्त करने के लिए रेलवे के उच्च्च अधिकारी को पत्र लिखा।

उनकी ओर से इस आशय का उत्तर मिला, ''प्रमाण-पत्र के बिना अति किराया लौटाने का हमारे यहाँ रिवाज नहीं है पर आपके मामले में हम लौटा दे रहे हैं। बर्दवान से मुगलसराय तक का ड्योढ़ा किराया वापस नहीं किया जा सकता।''

इसके बाद तीसरे दरजे की यात्रा के मेरे अनुभव तो इतने हैं कि उनकी एक पुस्तक बन जाए, पर उनमें से कुछ की प्रासंगिक चर्चा करने के सिवा इन प्रकरणों में उनका समावेश नहीं हो सकता। शारीरिक असमर्थता के कारण तीसरे दरजे की मेरी यात्रा बंद हो गई, यह बात मुझे सदा खटकी है और आगे भी खटकती रहेगी। तीसरे दरजे की यात्रा में अधिकारियों की मनमानी से उत्पन्न होनेवाली विडंबना तो रहती ही है, पर तीसरे दरजे में बैठनेवाले कई यात्रियों का उजड्डपन, उनकी गंदगी, उनकी स्वार्थबुद्धि और उनका अज्ञान भी कुछ कम नहीं होता। दुःख तो यह है कि अकसर यात्री यह जानते ही नहीं हैं कि वे अशिष्टता कर रहे हैं। वे जो करते हैं, वह उन्हें स्वाभाविक मालूम होता है। हम सभ्य और पढ़े-लिखे लोगों ने उनकी कभी चिंता ही नहीं की।

थके-माँदे, हम कल्याण जंक्शन पहुँचे। नहाने की तैयारी की। मगनलाल ने और मैंने स्टेशन के नल से पानी लेकर स्नान किया। पत्नी के लिए कुछ तजवीज कर रहा था कि इतने में भारत सेवक समाज के भाई कौल ने हमें पहचान लिया। वे भी पूना जा रहे थे। उन्होंने पत्नी को दूसरे दरजे के स्नानघर में स्नान कराने के लिए ले जाने की बात कही। इस सौजन्य को स्वीकार करने में मुझे संकोच हुआ। पत्नी को दूसरे दरजे के स्नानघर का उपयोग करने का अधिकार नहीं था, इसे मैं जानता था, पर मैंने उसे इस स्नानघर में नहाने देने के अनौचित्य के प्रति आँखे मूँद लीं। सत्य के पुजारी को यह भी शोभा नहीं देता। पत्नी का वहाँ जाने का कोई आग्रह नहीं था, पर पति के मोहरूपी सुवर्णपात्र ने सत्य को ढाँक लिया।

मुझे डॉ. प्राण जीवनदास मेहता से मिलने रंगून जाना था। वहाँ जाते हुए श्री भूपेंद्रनाथ बसु का निमंत्रण पाकर मैं कलकत्ते में उनके घर ठहरा था। यहाँ बंगाली

शिष्टाचार की पराकाष्ठा हो गई थी। उन दिनों मैं फलाहार ही करता था। मेरे साथ मेरा लड़का रामदास था। कलकत्ते में जितने प्रकार का सूखा और हरा मेवा मिला, उतना सब इकट्ठा किया गया था। स्त्रियों ने रातभर जागकर पिस्तों वगैरह को भिगो कर उनके छिलके उतारे थे। ताजे फल भी जितनी सुघड़ता से सजाए जा सकते हैं, सजाए गए थे। मेरे साथियों के लिए अनेक प्रकार के पकवान तैयार किए गए थे। मैं इस प्रेम और शिष्टाचार को तो समझा, लेकिन एक-दो मेहमानों के लिए समूचे परिवार का सारे दिन व्यस्त रहना मुझे असह्य प्रतीत हुआ, परंतु इस मुसीबत से बचने का मेरे पास कोई इलाज न था।

रंगून जाते समय स्टीमर में मैं डेक का यात्री था। यदि श्री बसु के यहाँ प्रेम की मुसीबत थी, तो स्टीमर में अप्रेम की मुसीबत थी। डेक के यात्री के कष्टों का मैंने बुरी तरह अनुभव किया। नहाने की जगह तो इतनी गंदी थी कि वहाँ खड़ा रहना भी कठिन था। पाखाने नरक के कुंड बने हुए थे। मल-मूत्रादियों से चलकर या उन्हें लाँघकर पाखाने में जाना होता था। मेरे लिए यह असुविधा भयंकर थी। मैं जहाज के अधिकारी के पास पहुँचा, पर कौन सुनता है? यात्रियों ने अपनी गंदगी से डेक को गंदा कर डाला था। वे जहाँ बैठे होते, वहीं थूक देते, वहीं सुरती की पीक की पिचकारियाँ चलाते और वहीं खाने-पीने के बाद बचा हुआ कचरा डालते थे। बातचीत से होनेवाले कोलाहल की कोई सीमा न थी। हर कोई अपने लिए अधिक-से-अधिक जगह घेरने की कोशिश करता था। कोई किसी की सुविधा का विचार तक न करता था। वे स्वयं जितनी जगह घेरते थे, सामान उससे अधिक जगह घेर लेता था। ये दो दिन बड़ी घबराहट में बीते।

रंगून पहुँचने पर मैंने एजेंट को सारा हाल लिख भेजा। लौटते समय भी मैं डेक पर ही आया, पर इस पत्र के और डॉ. मेहता के प्रबंध के फलस्वरूप अपेक्षाकृत अधिक सुविधा से आया।

मेरे फलाहार का झंझट तो यहाँ भी अपेक्षाकृत अधिक ही रहता था। डॉ. मेहता के साथ ऐसा संबंध था कि उनके घर को मैं अपना ही घर समझ सकता था। इससे मैंने पदार्थों पर तो अंकुश रख लिया था, लेकिन उनकी कोई मर्यादा निश्चित नहीं की थी। इस कारण तरह-तरह का जो मेवा आता, उसका मैं विरोध न करता था। नाना प्रकार की वस्तुएँ आँखों और जीभ को रुचिकर लगती थीं। खाने का कोई निश्चित समय नहीं था। मैं स्वयं जल्दी खा लेना पंसद करता था, इसलिए बहुत देर तो नहीं होती थी। फिर भी रात के आठ-नौ तो सहज ही बज जाते थे।

सन् 1915 में हरिद्वार में कुंभ मेला था। उसमें जाने की मेरी कोई खास इच्छा

नहीं थी, लेकिन मुझे महात्मा मुंशीरामजी के दर्शनों के लिए जरूर जाना था। कुंभ के अवसर पर गोखले के भारत सेवक समाज ने एक बड़ी टुकड़ी भेजी थी। उसका प्रबंध श्री हृदयनाथ कुंजरू के जिम्मे था। डॉक्टर देव भी उसमें थे। उनका यह प्रस्ताव था कि इस काम में मदद करने के लिए मैं अपनी टुकड़ी भी ले आऊँ। शांति निकेतन वाली टुकड़ी को लेकर मगनलाल गांधी मुझ से पहले हरिद्वार पहुँच गए थे। रंगून से लौटकर मैं भी उनसे जा मिला।

कलकत्ते से हरिद्वार पहुँचने में खूब परेशानी उठानी पड़ी। गाड़ी के डिब्बों में कभी-कभी रोशनी तक नहीं होती थी। सहारनपुर से तो यात्रियों को माल के या जानवरों के डिब्बों में ही ठूँस दिया गया था। खूले, बिना छतवाले डिब्बों पर दोपहर का सूरज तपता था। नीचे निरे लौह का फर्श था। फिर घबराहट का क्या पूछना। इतने पर भी श्रद्धालु हिंदू अत्यंत प्यासे होने पर भी 'मुसलमान-पानी' के आने पर उसे कभी न पीते थे। 'हिंदू पानी' की आवाज आती, तभी वे पानी पीते। इन्हीं श्रद्धालु हिंदुओं को डॉक्टर दवा में शराब दे, मांस का सत दे अथवा मुसलमान या ईसाई कंपाउंडर पानी दे, तो उसे लेने में उन्हें संकोच नहीं होता और न पूछताछ करने की जरूरत होती है।

हमने शांति निकेतन में ही देख लिया था कि भंगी का काम करना हिंदुस्तान में हमारा खास धंधा ही बन जाएगा। स्वयंसेवकों के लिए किसी धर्मशाला में तंबू लगाए गए थे। पाखाने के लिए डॉ. देव ने गड्ढे खुदवाए थे, पर उन गड्ढों की सफाई का प्रबंध तो ऐसे अवसर पर, जो थोड़े से वैतनिक भंगी मिल सकते थे, उन्हीं के द्वारा वे करा सकते थे न? इन गड्ढों में जमा होनेवाले पाखाने को समय-समय पर ढँकने और दूसरी तरफ उन्हें साफ रखने का काम फीनिक्स की टुकड़ी कर देने की मेरी माँग को डॉ. देव ने खुशी-खुशी स्वीकार कर लिया। इस सेवा की माँग तो मैंने की, लेकिन इसे करने का बोझ मगनलाल गांधी ने उठाया। मेरा धंधा अधिकतर डेरे के अंदर बैठकर लोगों को दर्शन देने का और आनेवाले अनेक यात्रियों के साथ धर्म की या ऐसी ही दूसरी चर्चा करने का बन गया। मैं दर्शन देते-देते अकुला उठा। मुझे उससे एक मिनट की भी फुरसत न मिलती थी। नहाने जाते समय भी दर्शनाभिलाषी मुझे अकेला न छोड़ते थे। फलाहार के समय तो एकांत होता ही कैसे? अपने तंबू के किसी हिस्से में मैं एक क्षण के लिए भी अकेला बैठ नहीं पाया। दक्षिण अफ्रीका में जो थोड़ी-बहुत सेवा मुझसे बन पड़ी थी, इसका अनुभव मैंने हरिद्वार में किया।

मैं तो चक्की के पाटों के बीच पिसने लगा। जहाँ प्रकट न होता, वहाँ तीसरे

दरजे के यात्री के नाते कष्ट उठाता और जहाँ ठहरता, वहाँ दर्शनार्थियों के प्रेम से उकता उठता। मेरे लिए यह कहना प्राय: कठिन हो गया है कि इन दो में से कौन सी स्थिति अधिक दयाजनक थी। दर्शनार्थियों के प्रेम-प्रदर्शन से मुझे बहुत बार गुस्सा आया है और मन से तो उससे भी अधिक बार मैं दु:खी हुआ हूँ, इतना मैं जानता हूँ। तीसरे दरजे की कठिनाइयों से मुझे असुविधा हुई है, पर क्रोध शायद ही कभी आया है, और उससे मेरी उन्नति ही हुई है।

उन दिनों मुझ में घूमने-फिरने की काफी शक्ति थी। इससे मैं काफी भ्रमण कर सका था। उस समय मैं इतना प्रसिद्ध नहीं हुआ था कि रास्तों पर चलना भी मुश्किल से संभव हो। इन भ्रमण में मैंने लोगों की धर्म-भावना की उपेक्षा उनका पागलपन, उनकी चंचलता, उनका पाखंड और उनकी अव्यवस्था ही अधिक देखी। साधुओं का तो जमघट ही इकट्‌ठा हो गया था। ऐसा प्रतीत हुआ मानो वे सिर्फ मालपुए और खीर खाने के लिए ही जनमे हों। यहाँ मैंने पाँच पैरोंवाली एक गाय देखी। मुझे तो आश्चर्य हुआ, किंतु अनुभवी लोगों ने मेरा अज्ञान तुरंत दूर कर दिया। पाँच पैरोंवाली गाय दुष्ट और लोभी लोगों के लोभ की बलिरूप थी। गाय के कंधे को चीरकर उसमें जिंदे बछड़े का काटा हुआ पैर फँसाकर कंधे को सी दिया जाता था और इस दोहरे कसाईपन का उपयोग अज्ञानी लोगों को ठगने में किया जाता था। पाँच पैरोंवाली गाय के दर्शन के लिए कौन हिंदू न ललचाएगा? उस दर्शन के लिए वह जितना दान दे, उतना कम है।

कुंभ का दिन आया। मेरे लिए वह धन्य घड़ी थी। मैं तीर्थ यात्रा की भावना से हरिद्वार नहीं गया था। तीर्थ क्षेत्र में पवित्रता के शोध में भटकने का मोह मुझे कभी नहीं रहा। किंतु 96 लाख लोग पाखंडी नहीं हो सकते थे। कहा गया कि मेले में 17 लाख लोग आए होंगे। इनमें असंख्य लोग पुण्य कमाने के लिए, शुद्धि प्राप्त करने के लिए आए थे, इसमें मुझे कोई शंका न थी। यह कहना असंभव नहीं तो कठिन अवश्य है कि इस प्रकार की श्रद्धा आत्मा को किस हद तक ऊपर उठाती होगी।

मैं बिछौने पर पड़ा-पड़ा विचार-सागर में डूब गया। चारों ओर फैले पाखंड के बीच ये पवित्र आत्माएँ भी हैं। ये ईश्वर के दरबार में दंडनीय नहीं मानी जाएँगी। यदि ऐसे अवसर पर हरिद्वार में आना ही पाप हो, तो मुझे सार्वजनिक रूप से उसका विरोध करके कुंभ के दिन तो हरिद्वार त्याग ही करना चाहिए। यदि यहाँ आने में और कुंभ के दिन रहने में पाप न हो, तो मुझे कोई-न-कोई कठोर व्रत लेकर प्रचलित पाप का प्रायश्चित करना चाहिए, आत्मशुद्धि करनी चाहिए। मेरा जीवन व्रतों की नीव पर रचा हुआ है। इसलिए मैंने कोई कठिन व्रत लेने का निश्चय किया। मुझे उस

अनावश्यक परिश्रम की याद आई, जो कलकत्ते और रंगून में यजमानों को मेरे लिए उठाना पड़ा था। इसलिए मैंने आहार की वस्तुओं की मर्यादा बाँधने और अंधेरे से पहले भोजन करने का व्रत लेने का निश्चय किया। मैंने देखा कि यदि मैं मर्यादा की रक्षा नहीं करता हूँ, तो यजमानों के लिए मैं भारी असुविधा का कारण बन जाऊँगा और सेवा करने के बदले हर जगह लोगों को अपनी सेवा में ही उलझाए रहूँगा। अतएव चौबीस घंटों में पाँच चीजों से अधिक कुछ न खाने का और रात्रि-भोजन के त्याग का व्रत तो मैंने ले ही लिया। दोनों की कठिनाइयों का पूरा विचार कर लिया। मैंने इन व्रतों में एक भी गोली न रखने का निश्चय किया। बीमारी में दवा के रूप में बहुत सी चीजें लेना या न लेना, दवा की गिनती खाने की वस्तुओं में करना या न करना, इन सब बातों को सोच लिया और निश्चय किया कि खाने के कोई भी पदार्थ मैं पाँच से अधिक न लूँगा। इन दो व्रतों के लिए अब तेरह वर्ष हो चुके हैं। इन्होंने मेरी काफी परीक्षा की है, उसी प्रकार ये व्रत मेरे लिए ढाल रूप भी सिद्ध हुए हैं। मेरा यह मत है कि इन व्रतों के कारण मेरा जीवन बढ़ा है, और मैं मानता हूँ कि इनकी वजह से मैं अनेक बार बीमारियों से बच गया हूँ।

लछमन झूला

जब मैं पहाड़ से दिखनेवाले महात्मा मुंशीरामजी के दर्शन करने और उनका गुरुकुल देखने गया, तो मुझे वहाँ बड़ी शांति मिली। हरिद्वार के कोलाहल और गुरुकुल की शांति के बीच का भेद स्पष्ट दिखाई देता था। महात्मा ने मुझे अपने प्रेम से नहला दिया। ब्रह्मचारी मेरे पास से हटते ही न थे। रामदेवजी से भी उसी में मुलाकात हुई और उनकी शक्ति का परिचय मैं तुरंत पा गया। यद्यपि हमें अपने बीच कुछ मतभेद अनुभव हुआ, फिर भी हम परस्पर स्नेह की गाँठ में बँध गए। गुरुकुल में औद्योगिक शिक्षा की आवश्यकता के बारे में रामदेवजी और दूसरे शिक्षकों के साथ मैंने काफी चर्चा की। मुझे गुरुकुल छोड़ते हुए दुःख हुआ।

मैंने लछमन झूले की तारीफ सुनी थी। बहुतों ने मुझे सलाह दी थी कि ऋषिकेश गए बिना मैं हरिद्वार न छोड़ूँ। मुझे वहाँ पैदल जाना था। इसलिए एक मंजिल ऋषिकेश की ओर, दूसरी लछमन झूले की थी।

ऋषिकेश में अनेक संन्यासी मुझसे मिलने आए थे। उनमें से एक को मेरे जीवन में बड़ी दिलचस्पी पैदा हुई। फीनिक्स मंडल मेरे साथ था। उन सबको देखकर उन्होंने अनेक प्रश्न पूछे। हमारे बीच धर्म की चर्चा हुई। उन्होंने देखा कि मुझमें धर्म की तीव्र भावना है। मैं गंगा-स्नान करके आया था, इसलिए शरीर खुला

था। मेरे सिर पर शिखा और जनेऊ न देखकर उन्हें दु:ख हुआ और उन्होंने मुझसे कहा, ''आप आस्तिक होते हुए भी जनेऊ और शिखा नहीं रखते हैं, इससे हमारे समान लोगों को दु:ख होता है। ये दो हिंदू धर्म की बाह्य संज्ञाएँ हैं और प्रत्येक हिंदू को इन्हें धारण करना चाहिए।''

लगभग दस साल की उम्र में पोरबंदर में ब्राह्मणों के जनेऊ में बँधी हुई चाबियों की झंकार सुनकर मुझे उनसे ईर्ष्या होती थी। मैं सोचा करता था कि झंकार करनेवाली कुंजियाँ जनेऊ में बाँधकर मैं भी घूमूँ तो कितना अच्छा हो! उन दिनों काठियावाड़ के वैश्य परिवारों में जनेऊ पहनने का रिवाज नहीं था, पर पहले तीन वर्णों को जनेऊ पहनना चाहिए, इस आशय का नया प्रचार चल रहा था। उसके फलस्वरूप गांधी-कुटुंब के कुछ व्यक्ति जनेऊ पहनने लगे थे। जो ब्राह्मण हम दो-तीन भाइयों को राम रक्षा का पाठ सिखाते थे, उन्होंने हमें जनेऊ पहनाया और अपने पास कुंजी रखने का कोई कारण न होते हुए भी मैंने दो-तीन कुंजियाँ उसमें लटका लीं। जनेऊ के टूट जाने पर उसका मोह उतर गया था या नहीं, सो तो याद नहीं है। पर मैंने नया जनेऊ नहीं पहना।

बड़ी उम्र होने पर हिंदुस्तान और दक्षिण अफ्रीका में भी दूसरों ने मुझे जनेऊ पहनाने का प्रयत्न किया था, पर मेरे ऊपर उनकी दलीलों का कोई असर न हुआ था। यदि शूद्र जनेऊ न पहन सकें, तो दूसरे वर्ण क्यों पहनें? जिस बाह्य वस्तु की प्रथा हमारे कुटुंब में नहीं थी, उसे आरंभ करने का मुझे एक भी सबल कारण नहीं मिला था। मेरा जनेऊ पहनने से कोई विरोध नहीं था, परंतु उसे पहनने का कोई कारण नहीं दिखाई देता था। वैष्णव होने के कारण मैं कंठी पहनता था। शिखा तो गुरुजन हम भाइयों के सिर पर रखवाते ही थे, पर विलायत जाने के समय मैंने इस शर्म के मारे शिखा कटा दी थी कि वहाँ सिर खुला रखना होगा, गोरे शिखा को देखकर हँसेंगे और मुझे जंगली समझेंगे। मेरे साथ रहनेवाले मेरे भतीजे छगनलाल गांधी दक्षिण अफ्रीका में बड़ी श्रद्धा से शिखा रखते थे। यह शिखा उनके सार्वजनिक काम में बाधक होगी, इस भ्रम के कारण मैंने उनका मन दु:खाकर भी उसे कटवा दिया था। यूँ शिखा रखने में मुझे शर्म लगती थी।

मैंने स्वामीजी को उपयुक्त बातें कह सुनाईं, ''मैं जनेऊ तो धारण नहीं करूँगा, जिसे न पहनते हुए भी असंख्य हिंदू; हिंदू माने जाते हैं, उसे पहनने की मैं अपने लिए कोई जरूरत नहीं देखता। फिर, जनेऊ धारण करने का अर्थ है दूसरा जन्म लेना, अर्थात स्वयं संकल्पपूर्वक शुद्ध बनना, ऊर्ध्वगामी बनना। आजकल हिंदू समाज और हिंदुस्तान दोनों गिरी हालत में हैं। उनमें जनेऊ धारण करने का

हमें अधिकार ही कहाँ है? हिंदू समाज को जनेऊ का अधिकार तभी हो सकता है, जब वह अस्पृश्यता का मैल धो डाले, ऊँच-नीच की बात भूल जाए, जड़ जमाए हुए दूसरे दोषों को दूर करे और चारों ओर फैले हुए अधर्म तथा पाखंड का अंत कर दे। इसलिए जनेऊ धरण करने की आपकी बातें मेरे गले नहीं उतरतीं, किंतु शिखा के संबंध में आपकी बात मुझे अवश्य सोचनी होगी। शिखा तो मैं रखता था, लेकिन उसे मैंने शर्म और डर के मारे ही कटा डाला है। मुझे लगता है कि शिखा धारण करनी चाहिए। मैं इस संबंध में अपने साथियों से चर्चा करूँगा।''

स्वामीजी को जनेऊ के बारे में मेरी दलील अच्छी नहीं लगी। जो कारण मैंने न पहनने के लिए दिए थे, वे उन्हें पहनने के पक्ष में दिखाई पड़े। जनेऊ के विषय में ऋषिकेश में मैंने जो विचार प्रकट किए थे, वे आज भी लगभग उसी रूप में कायम हैं। जब तक अलग-अलग धर्म मौजूद हैं, तब तक प्रत्येक धर्म को किसी विशेष बाह्य पहचान की आवश्यकता हो सकती है, लेकिन जब बाह्य संज्ञा केवल आडंबर बन जाती है अथवा अपने धर्म को दूसरे धर्म से अलग बताने के काम आती है, तब वह त्याज्य हो जाती है। मैं नहीं मानता कि आजकल जनेऊ हिंदू धर्म को ऊपर उठाने का साधन है। इसलिए उसके विषय में मैं तटस्थ हूँ।

शिखा का त्याग स्वयं मेरे लिए लज्जा का कारण था। इसलिए साथियों से चर्चा करके मैंने उसे धारण करने का निश्चय किया, पर अब हमें लछमन झूले की ओर चलना चाहिए।

ऋषिकेश और लछमन झूले के प्राकृतिक दृश्य मुझे बहुत भले लगे। प्राकृतिक कला को पहचानने की पूर्वजों की शक्ति के विषय में और कला को धार्मिक स्वरूप देने की उनकी दीर्घदृष्टि के विषय में मैंने मन-ही-मन अत्यंत आदर का अनुभव किया।

किंतु मनुष्य की कृति से चित्त को शांति नहीं मिली। हरिद्वार की तरह ऋषिकेश में भी लोग रास्तों को और गंगा के सुंदर किनारों को गंदा कर देते थे। गंगा के पवित्र जल को दूषित करने में भी उन्हें किसी प्रकार का संकोच न होता था। पाखाना जानेवाले दूर जाने के बदले जहाँ लोगों की आमद-रफ्त होती, वहीं हाजत रफा करने बैठ जाते थे। यह देख कर हृदय को बहुत आघात पहुँचा।

लछमन झूला जाते हुए लोहे का झूलता पुल देखा। लोगों से सुना कि यह पुल पहले रस्सियों का था और बहुत मजबूत था। उसे तोड़कर एक उदार-हृदय मारवाड़ी सज्जन ने बड़ा दान देकर लोहे का पुल बनवा दिया और उसकी चाबी सरकार को सौंप दी।

रस्सियों के पुल की मुझे कल्पना नहीं है, पर लोहे का पुल प्राकृतिक वातावरण को कलुषित कर रहा था और बहुत अप्रिय मालूम होता था। यात्रियों के इस रास्ते की चाबी सरकार को सौंप दी गई, यह चीज मेरी उस समय की वफादारी को भी असह्य लगी।

वहाँ से भी अधिक दु:खद दृश्य स्वर्गाश्रम का था। टीन की चादरों की तबेले-जैसी कोठरियों को स्वर्गाश्रम का नाम दिया गया था। मुझे बतलाया गया कि ये साधकों के लिए बनवाई गई थीं। उस समय उनमें शायद ही कोई साधक रहता था। उनके पास बने हुए मुख्य भवन में रहनेवालों ने भी मुझ पर अच्छा असर न डाला, पर हरिद्वार के अनुभव मेरे लिए अमूल्य सिद्ध हुए। मुझे वहाँ बसना और क्या करना चाहिए, इसका निश्चय करने में हरिद्वार के अनुभवों ने मेरी बड़ी मदद की।

आश्रम की स्थापना

कुंभ की यात्रा मेरी हरिद्वार की दूसरी यात्रा थी। सन् 1915 के मई महीने की 25 तारीख के दिन सत्याग्रह-आश्रम की स्थापना हुई। श्रद्धानंदजी की इच्छा थी कि मैं हरिद्वार में बसूँ। कलकत्ते के कुछ मित्रों की सलाह बैद्यनाथ धाम में बसाने की थी। कुछ मित्रों का प्रबल आग्रह राजकोट में बसने का था।

किंतु जब मैं अहमदाबाद से गुजरा, तो बहुत से मित्रों ने अहमदाबाद पसंद करने को कहा और आश्रम का खर्च खुद ही उठाने का जिम्मा लिया। उन्होंने मकान खोज देना भी कबूल किया।

अहमदाबाद पर मेरी नजर टिकी थी। गुजराती होने के कारण मैं मानता था कि गुजराती भाषा द्वारा मैं देश की अधिक-से-अधिक सेवा कर सकूँगा। यह भी धारणा थी कि चूँकि अहमदाबाद पहले हाथ की बुनाई का केंद्र था, इसलिए चरखे का काम यहीं अधिक अच्छी तरह हो सकेगा। साथ ही, यह आशा भी थी कि गुजरात का मुख्य नगर होने के कारण यहाँ के धनी लोग धन की अधिक मदद कर सकेंगे।

अहमदाबाद के मित्रों के साथ मैंने जो चर्चाएँ कीं, उनमें अस्पृश्यों का प्रश्न भी चर्चा का विषय बना था। मैंने स्पष्ट शब्दों में कहा था कि यदि कोई योग्य अंत्यज भाई आश्रम में भरती होना चाहेगा, तो मैं उसे अवश्य भरती करूँगा।

"आपकी शर्तों का पालन कर सकनेवाले अंत्यज कौन रास्ते में पड़े हैं?" यूँ कहकर एक वैष्णव मित्र ने अपने मन का समाधान कर लिया और आखिर अहमदाबाद में बसने का निश्चय हुआ।

मकानों की तलाश करते हुए कोचरब में श्री जीवणलाल बैरिस्टर का मकान

किराए पर लेने का निश्चय हुआ। श्री जीवणलाल मुझे अहमदाबाद में बसानेवालों में अग्रणीय थे।

तुरंत ही प्रश्न उठा कि आश्रम का नाम क्या रखा जाए? मैंने मित्रों से सलाह की। कई नाम सामने आए। सेवाश्रम, तपोवन आदि नाम सुझाए गए थे। सेवाश्रम नाम मुझे पसंद था, पर उससे सेवा की रीति का बोध नहीं होता था। तपोवन नाम पसंद किया ही नहीं जा सकता था, क्योंकि यद्यपि मुझे तपश्चर्या प्रिय थी, फिर भी यह नाम बहुत भारी प्रतीत हुआ। हमें तो सत्य की पूजा, सत्य का शोध करना था, उसी का आग्रह रखना था और दक्षिण अफ्रीका में मैंने जिस पद्धति का उपयोग किया था, उसका परिचय भारतवर्ष को कराना था तथा यह देखना था कि उसकी शक्ति कहाँ तक व्यापक हो सकती है। इसलिए मैंने और साथियों ने सत्याग्रह-आश्रम नाम पसंद किया। इस नाम से सेवा का और सेवा की पद्धति का भाव सहज ही प्रकट होता था।

आश्रम चलाने के लिए नियमावली की आवश्यकता थी। अतएव मैंने नियमावली का मसविदा तैयार करके उस पर मित्रों की राय माँगी। बहुत सी सम्मतियों से सर गुरुदास बनर्जी की सम्मति मुझे याद रह गई है। उन्हें नियमावली तो पसंद आई, पर उन्होंने सुझाया कि व्रतों में नम्रता के व्रत को स्थान देना चाहिए। उनके पत्र की ध्वनि यह थी कि हमारे युवक वर्ग में नम्रता की कमी है। यद्यपि नम्रता के अभाव का अनुभव मैं जगह-जगह करता था, फिर भी नम्रता व्रतों में स्थान देने से नम्रता न रह जाने का भय लगता था। नम्रता का संपूर्ण अर्थ तो शून्यता है। शून्यता की प्राप्ति के लिए दूसरे व्रत हो सकते हैं। शून्यता मोक्ष की स्थिति है। मुमुक्षु अथवा सेवक के प्रत्येक कार्य में नम्रता अथवा निरभिमानता न हो, तो वह मुमुक्षु नहीं है, सेवक नहीं है। वह स्वार्थी है, अहंकारी है।

आश्रम में इस समय लगभग तेरह तमिल भाई थे। दक्षिण अफ्रीका से मेरे साथ पाँच तमिल बालक आए थे और दूसरे यहीं के थे। लगभग पच्चीस स्त्री-पुरुषों से आश्रम आरंभ हुआ था। सब एक रसोई में भोजन करते थे और इस तरह रहने की कोशिश करते थे मानो एक ही कुटुंब के हों।

□

स्वदेश वापसी पर प्रेस की प्रतिक्रिया

जब गांधीजी 9 जनवरी, 1915 को बंबई के बंदरगाह पर उतरे तो दक्षिण के हीरो का भव्य स्वागत हुआ। अखबारों ने भी बड़ी दिलचस्पी से उनकी गतिविधि का नोटिस लिया—

भेंट : 'बॉम्बे क्रॉनिकल' के प्रतिनिधि से (9 जनवरी, 1915)

9 जनवरी, 1915 को, जिस दिन गांधीजी विदेश से भारत आए, उनसे 'बॉम्बे क्रॉनिकल' के प्रतिनिधि ने भेंट की। भेंट में उन्होंने कहा—

यह कहने की आवश्यकता नहीं कि लगातार 13 वर्ष तक और कुल मिलाकर लगभग पच्चीस वर्ष तक भारत से बाहर रहने के बाद हम पति-पत्नी, दोनों अपनी प्यारी मातृभूमि के फिर से दर्शन करके अत्यंत प्रसन्न हुए हैं और जनता ने हमारा जो प्रेमपूर्वक हार्दिक स्वागत किया, उससे हमारी खुशी और भी बढ़ गई है, हम अभिभूत हो गए हैं। मैं चाहता हूँ कि भविष्य में हम अपने व्यवहार से इस स्वागत की अपनी पात्रता सिद्ध करें।

जैसा कि लोग जानते हैं, मैंने अपने कई देशभाइयों के साथ अधिकारियों को लिख कर भेजा था कि हमें युद्ध में सेवा करने का अवसर दिया जाए। हम लोगों की सेवाएँ स्वीकार भी कर ली गईं। फिर मैंने चाहा था कि मुझे ऐसे अस्पतालों में किसी की सेवा के लिए भेजा जाए जो कि घायल सैनिकों के लिए निर्धारित कर दिए गए हैं, किंतु दुर्भाग्यवश मैं उस समय प्लूरिसी से पीड़ित था, इसलिए विभिन्न विभागों के अधिकारी (कमांडिंग अफसर) मुझे किसी भी अस्पताल में भेजने के लिए तैयार नहीं हुए। इसी बीच मेरी पत्नी का एक पुराना रोग फिर उभर आया।

भारत-उपमंत्री ने यह खबर पाते ही तत्काल मुझे पत्र लिखा कि आखिर मेरा सब कार्य दल के संगठन की हद तक तो समाप्त हो ही चुका है। फिर हम दोनों बीमार भी हैं, इसलिए हमें तुरंत भारत लौट जाना चाहिए। इसी से हम जरा पहले यहाँ आ गए।

मैं जानता हूँ कि जनता दक्षिण अफ्रीका की स्थिति के संबंध में कुछ जानना चाहेगी। इस संबंध में तो मैं फिर वही कहूँगा, जो पहले कई बार कह चुका हूँ, अर्थात जिन मुद्दों को लेकर सत्याग्रह किया गया था, वे सभी पूर्णतः स्वीकार कर लिय गए हैं। यह सफलता उस महत्त्वपूर्ण सहायता का परिणाम है, जो हमें अपने नेक वायसराय से और माननीय श्री गोखले के नेतृत्व में भारत की उदार जनता से मिली। मुझे यह स्वीकार करना चाहिए कि वहाँ के मंत्री बहुत ही निश्छल थे और उन्होंने हमारे संघर्ष के पीछे जो भावना काम कर रही थी, उसे समझा था। जैसा कि आप जानते हैं, जनरल स्मट्स ने रेलवे हड़ताल के नेताओं के निर्वासन से संबंधित बहस में बोलते हुए सत्याग्रह और हड़ताल का अंतर बताकर हमारी स्थिति को उचित ठहराया था। अब वहाँ सहानुभूति की भावना व्याप्त है और मेरा खयाल है, सरकार हमारे दक्षिण अफ्रीकी भाइयों को प्रभावित करनेवाला कोई भी विशेष कानून पास कराने की जिम्मेदारी हाथ में लेने से पूर्व भारतीयों की राय लेने की इच्छा रखती है। इसलिए भविष्य के संबंध में मैं पूर्णतः आशावान हूँ। ऐसी बात नहीं है कि समस्त समस्याएँ दूर कर दी गई हैं, फिर भी अधिकांश दूर कर दी गई हैं और यदि हम अपना व्यवहार ठीक रखें और सरकार का प्रशासन सहानुभूतिपूर्ण हो तो फिर उन कष्टों के पुनः सामने आने की कोई शंका नहीं होनी चाहिए, जो हममें जाने कितने लोगों को उठाने पड़े थे।

भावी गतिविधियों के संबंध में पूछे जाने पर श्री गांधी ने कहा कि भारत में स्थायी रूप से रहने के इरादे से आया हूँ और यदि परिस्थितियों ने मजबूर नहीं कर दिया तो मैं दक्षिण अफ्रीका वापस नहीं जाऊँगा। मैं नहीं जानता कि मैं यहाँ क्या करूँगा, किंतु मेरी सेवाएँ श्री गोखले के सुपूर्द हैं। मैं उन्हें वर्षों से अपना मार्गदर्शक और नेता मानता आया हूँ और मेरी गतिविधियों का नियंत्रण तथा निर्देशन बहुत-कुछ वे ही करेंगे। श्री गांधी ने अंत में कहा—

फिलहाल, जैसा श्री गोखले ने कहा है, चूँकि मैं इतने लंबे अरसे तक भारत से बाहर रहा हूँ, इसलिए जो मामले मुख्यतः भारत से संबंधित है, उनके बारे में कोई निश्चित निष्कर्ष निकालने की मुझे कोई जरूरत नहीं हैं और मुझे यहाँ एक

प्रेक्षक तथा विद्यार्थी के रूप में कुछ समय व्यतीत करना चाहिए। मैंने ऐसा करने का वचन दिया है, और मैं आशा करता हूँ कि मैं इस वचन को निभा सकूँगा।

(अंग्रेजी से)

बॉम्बे क्रॉनिकल, 11-1-1915

भेंट : 'टाइम्स ऑफ इंडिया' के प्रतिनिधि से
9 जनवरी, 1915

दक्षिण अफ्रीका में भारतीयों की स्थिति के संबंध में प्रश्न किए जाने पर, उन्होंने (गांधीजी) कहा कि उनकी स्थिति जैसा समझौते से पहले थी, अब उससे बहुत अधिक अच्छी है, क्योंकि जिन मुद्दों को लेकर सत्याग्रह प्रारंभ किया गया था, वे सब मंजूर कर लिये गए हैं। मेरे खयाल से भारतीय समाज कुल मिलाकर भारतीयों को राहत देनेवाले उस कानून से, जो अब पास भी हो चुका है, संतुष्ट है। भविष्य में बहुत-कुछ स्वयं भारतीयों पर और मंत्रिमंडल के सदस्यों पर निर्भर है।

मेरे खयाल से एक बड़ी चीज यह मिली है कि सरकार ने दक्षिण अफ्रीकी भारतीयों से संबंधित कोई भी कानून बनाते समय उनके बारे में भारतीयों की राय लेने का सिद्धांत स्वीकार कर लिया है और यह मान लिया है कि जहाँ तक संभव हो, उनकी इच्छाओं का ध्यान रखा जाना चाहिए। मेरा खयाल है कि यह एक प्रगति-सूचक कदम है और प्रगति ठीक दिशा में हुई है। हमारे इस महान् और पुनीत उद्देश्य की पूर्ति में परमश्रेष्ठ लॉर्ड हार्डिंग ने अमूल्य सहयोग दिया तथा मेरे आदरणीय सुहृद, माननीय श्री गोखले के ओजपूर्ण नेतृत्व में उसके प्रति मातृभूमि की प्रतिक्रिया बड़ी ही शोभनीय रही। इस सुखद परिणाम का श्रेय निस्संदेह इन्हीं दो बातों को जाता है।

दक्षिण अफ्रीका में भारतीय प्रवासियों के वर्तमान रुख का वर्णन करते हुए श्री गांधी ने कहा कि सारा भारतीय समाज इस युद्ध के दौरान स्थानीय सरकार और साम्राज्य-सरकारों को अपनी सेवाएँ देने में आगा-पीछा नहीं कर रहा है। यद्यपि इन सेवाओं को स्वीकार करने का अवसर अभी नहीं आया है, किंतु दोनों सरकारों ने इस प्रस्ताव को बहुत पसंद किया है। श्री गांधी ने आगे कहा है कि कुल मिलाकर वर्तमान मंत्रिमंडल का रुख सहानुभूति-शून्य नहीं है और चूँकि वह भारतीयों के प्रश्नों को समझता है, इसलिए शायद वह भारतीयों की भावना को भी अधिक अच्छी तरह समझ सकता है और इसी कारण किसी अन्य मंत्रिमंडल की अपेक्षा वह भारतीयों के हितों का अधिक पोषण और परिवर्द्धन कर सकता है।

उपनिवेश में भारतीयों की माली हालत वैसी तो नहीं जैसी हम चाहते हैं, किंतु उसका सुधार व्यापारिक संभावनाओं पर निर्भर है।

श्री गांधी ने कहा कि वे अपना शेष जीवन भारतीय समस्याओं के अध्ययन में लगाना चाहते हैं और यदि कोई अनपेक्षित परिस्थिति उन्हें बाध्य नहीं कर देती, तो वे अपने पिछले कार्य क्षेत्र में वापस नहीं जाना चाहते।

(अंग्रेजी से)

टाइम्स ऑफ इंडिया, 11-1-1915

भाषण : घाटकोपर के स्वागत समारोह में
11 जनवरी, 1915

सोमवार को घाटकोपर (बंबई) में श्री गांधी और श्रीमती गांधी के स्वागत में एक समारोह किया गया। श्री गांधी को सोने की जंजीरों से मंडित रजत-मंजूषा में एक मानपत्र भेंट किया गया। समारोह की अध्यक्षता राय बहादुर वसनजी खीमजी ने की।

श्री गांधी ने भेंटों के लिए आभार मानते हुए कहा कि रजत-मंजूषा और सोने की जंजीरें मेरे सरीखे व्यक्ति के लिए कुछ अनुपयुक्त हैं, मेरे रहने के लिए न तो कोई घर है और न जहाँ मैं रहता हूँ, वहाँ ऐसे दरवाजे हैं, जो ताला लगाकर बंद किए जाते हों। जंजीरें चाहे सोने की हों या लोहे की, मेरे लिए तो वे एक सी हैं, क्योंकि वे हैं तो आखिर जंजीरे हीं। आपने जैसा समारोह किया है, वह मेरे स्वभाव से बिलकुल मेल नहीं खाता और इसमें जो प्रलोभन निहित है, उससे मुझ जैसा व्यक्ति, जिसके मन में केवल मातृभूमि की सेवा का ही खयाल है, चाहे कोई उनकी प्रशंसा करें या निंदा और जो किसी भी प्रकार के पुरस्कार की इच्छा नहीं करता, बिगड़ेगा ही।

मेरे कार्य के पीछे केवल कर्तव्य की भावना ही होती है। मैं उसका पालन अभी तक तो रुपए में एक आना-भर ही कर पाया हूँ और इतने वर्ष बाद इसी खयाल से स्वदेश लौटा हूँ कि अपने जीवन का शेष काल बाकी पंद्रह आने-भर में से जितना कर सकूँ, उतना करने का यथाशक्ति प्रयत्न करूँ। मैं केवल उस कर्तव्य का पालन कर सकूँ, जो मेरे सामने उपस्थित है। इससे अधिक मैं कोई आशा नहीं करता, कोई चाह नहीं रखता। मैं आप सबसे प्रार्थना करता हूँ कि मैं जो भी सेवा कर सकूँ, आप उसे स्वीकार करें और मुझे ऐसी मूल्यवान वस्तुएँ भेंट न दें, जिनका मैं कोई उपयोग नहीं कर सकता और जिनका इससे अधिक अच्छा उपयोग किया

जा सकता है। मैं सच्चाई के साथ विश्वास करता हूँ कि आप मेरी बात का अर्थ गलत न समझेंगे। मैं तो केवल अपने हृदय के भाव ही व्यक्त कर रहा हूँ।

(अंग्रेजी से)

बॉम्बे क्रॉनिकल, 15-1-1915

पत्र : मगनलाल गांधी को

पौष बदी 10, 1971, सोमवार

(11 जनवरी, 1915)

तुम्हारा पत्र मुझे मिल गया है। बंबई पहुँचने पर जैसे ही किनारा दिखा, मेरी आँखों में खुशी के आँसू आ गए। अभी तक खुशी से पागल हूँ, फिर भी बंबई तो अच्छा नहीं लगता। लगता है जैसे लंदन की जूठन हो। मुझे उसमें लंदन के समस्त दोष दिखाई देते हैं, किंतु उसकी सुविधाएँ नहीं। यह भी भारत की खूबी है। ऐसा लगता है कि सुविधाओं के कारण हम भुलावे में न पड़ जाएँ, इसलिए भारत-माता ने हमें लंदन की बुराइयाँ भर दिखाने का निश्चय किया है। आदर-सत्कार से उकता गया हूँ। एक क्षण के लिए भी शांति नहीं मिलती। लोगों का ताँता लगा रहता है। इससे मेरा या उनका, किसी का उपकार नहीं होगा।

मेरा स्वास्थ्य कुल मिलाकर ठीक है। बा की तबीयत भी वैसी ही है। मेरा मन तीन स्थानों के लिए व्याकुल है, राजकोट, पोरबंदर और बोलपुर। मुझे वहाँ 'बोलपुर' पहुँचने में अभी एक माह से अधिक लगेगा। तुम सब वहाँ धैर्यपूर्वक टिक गए, यह ठीक किया। किसान बहुत आ-जा नहीं सकता। किसान का बेटा बुवाई छोड़कर अपने किसान बाप से मिलने के लिए जाए तो अधर्म होगा। तुम सब की कीर्ति वहाँ सर्वत्र फैलने लगी है, शायद यह तुम्हारे और मेरे किसी पुण्योदय का फल ही है। श्री एंड्रूज ने तुम्हारी बहुत प्रशंसा की है। अब हम जल्द ही मिलेंगे, इसलिए मैं अधिक नहीं लिखता। यह पत्र तुम सभी के लिए है।

मेरा खयाल है, हम सबको हिंदी, उर्दू, तमिल और बांग्ला लिपि सीख लेनी चाहिए। यदि सब बच्चों को ये सिखाई जाएँ तो अच्छा हो। मैंने इस संबंध में जहाज में काफी विचार किया था।

मैंने बांग्ला का अध्ययन अच्छा कर लिया है। मैं यहाँ से 16 तारीख को राजकोट रवाना हो जाऊँगा। वहाँ से 5 फरवरी को लौटकर पूना जाऊँगा और पूना से बोलपुर को रवाना होऊँगा। बोलपुर का सबसे सीध रास्ता कौन सा है, यह लिखना। श्री एंड्रूज और श्री पियर्सन से पूछ लेना। तुम्हाने खान-पान का ठीक

प्रबंध हो गया, यह अच्छा हुआ। मैं बिलकुल फलाहार कर रहा हूँ। मुख्यत: केला, मूँगफली और नींबू से निर्वाह होता है।

बापू के आशीर्वाद

(पुन:श्च)

मुझे कुछ लाना है तो लिखना। मैं इंग्लैंड से पुस्तकें नहीं ला सका हूँ। नाम लिखो तो यहाँ से भिजवा दूँ। श्री कैलेनबैक को आने की अनुमति नहीं मिली, इसलिए वे अभी नहीं आ सके हैं।

गांधी के स्व अक्षरों में मूल गुजराती पत्र (सी डब्ल्यू 5660) से।

सौजन्य : राधाबेन चौधरी

भाषण : बंबई के सार्वजनिक स्वागत-समारोह में 12 जनवरी, 1915

12 जनवरी, 1915 को माउंट पेटिट में बंबई के गण्यमान्य लोगों की ओर से गांधी और श्रीमती कस्तूरबा गांधी का सार्वजनिक स्वागत किया गया। इसमें 600 से अधिक प्रमुख नागरिक उपस्थित थे, जिनमें कुछ यूरोपीय थे। माननीय सर फिरोजशाह मेहता ने अध्यक्षता करते हुए अतिथियों का हार्दिक स्वागत किया।

शुभकामना का उत्तर देते हुए श्री गांधी ने कहा कि मैं नहीं जानता कि आज इस समय मेरे अंत:स्थल में जो भाव उमड़ रहे हैं, उनको प्रकट करने के लिए मुझे ठीक शब्द मिलेंगे या नहीं। मुझे लगता था कि दक्षिण अफ्रीका में अपने देशवासियों के बीच मुझे घरेलूपन की जैसी अनुभूति होती थी, उससे अधिक अपनी मातृभूमि में होगी, किंतु हमने बंबई में जो तीन दिन बिताए हैं, उनमें हमने यह अनुभव किया है और मेरा खयाल है कि मैं यह कहकर अपनी पत्नी के भाव भी व्यक्त कर रहा हूँ, कि हमें उन गिरमिटिया लोगों के बीच, जो भारत के सच्चे सपूत हैं, इससे अधिक घरेलूपन की अनुभूति होती थी। हमें लगता है कि हम यहाँ बंबई में सचमुच अजनबियों के साथ रह रहे हैं, और इससे मुझे किसी महान अंग्रेज की कही हुई एक बात याद आ जाती है। उसने मुझसे कहा था—

मैंने जो कुछ किया है वह अपने कर्तव्य का पालन भर किया है, उससे अधिक कुछ नहीं है और यह देखना अभी शेष है कि मैं अपने कर्तव्य का पालन करने में कहाँ तक सफल हुआ हूँ। यह केवल जबानी जमा-खर्च नहीं है? आप विश्वास कीजिए कि मेरे भाव ये ही हैं। मेरे गुरुजनों ने मेरे लिए जो कुछ किया है,

राजनीतिक नेताओं ने मेरे लिए जो कुछ किया है और सर फिरोजशाह मेहता ने मेरे लिए जो कुछ किया है, उन सबके लिए मैं हृदय से कृतज्ञ हूँ। मैं ऐसी अनेक घटनाएँ याद कर सकता हूँ, जब निराशा के क्षणों में फिरोजशाह मेहता ने मुझे सांत्वना और प्रोत्साहन दिया था। मैं तब एक युवक बैरिस्टर था और मेरे पास मुकदमे नहीं आते थे। मुझे अपने देश के कई अन्य प्रमुख लोगों से भी निर्देश, मार्गदर्शन और परामर्श प्राप्त करने का सौभाग्य मिला है तथा उन्होंने मुझे जो कुछ करने के लिए कहा है, यदि मैं वह सब न करूँ तो क्या यह मेरी कृतघ्नता न होगी? मैंने आज प्रातःकाल भारत के पितामाह श्री दादाभाई नौरोजी से भेंट की है। मुझे उनके जीवन से बहुत प्रेरणा मिली है और इस संबंध में एक अन्य नाम को कभी नहीं भूल सकता। यह नाम है मेरे मार्गदर्शक-कम-से-कम कहूँ तो मेरे राजनीतिक नेता-माननीय श्री गोखले का (हर्ष-ध्वनि)। उनका जीवन मेरे लिए मात्र प्रेरणा का एक स्रोत ही नहीं, उससे कुछ अधिक है। श्री गोखले मेरे लिए सहोदर से भी बढ़कर रहे हैं। मेरे ऊपर मेरे समस्त देशभाइयों का जो भारी ऋण है, उसका उल्लेख करना भी मुझे न भूलना चाहिए और अपने माता-पिता के संबंध में तो मैं क्या कहूँ, जिन्होंने मुझे अपना सम्मान करना सिखाकर सारे देश का सम्मान करना सिखाया।

आप लोग हमारा सम्मान कर रहे हैं, किंतु हम तो तुच्छ प्राणी हैं, असली वीर तो गिरमिटिया लोग हैं। मैं आपको उस गिरमिटिया भारतीय की याद दिलाना चाहता हूँ, जिसने मुझे जेल में चकित कर दिया था। जब मैं उस भारतीय से मिला तो मैं नहीं जानता था कि उसे किस बात से जेल जाने की प्रेरणा मिली थी और उसने जो शब्द कहे, वे किस बात से प्रेरित होकर कहे थे। मैंने उस भारतीय से कहा कि उसे जेल में जाने की कोई आवश्यकता नहीं थी। और मैंने हरबत सिंह जैसे अपने देशभाइयों को जेल जाने की सलाह कभी नहीं दी, किंतु उस वृद्ध पुरुष ने कहा, "जब मैंने अपने गरीब भाइयों और बहनों को देश के सम्मान की रक्षा के लिए जेल जाते देखा, तो मैं अपने आपको रोक नहीं सका। मैं बाहर कैसे रह सकता था? मैं तो यहाँ अपने प्राण दे देना चाहता हूँ" और सचमुच हम तो जीवित रहे, किंतु उसने अपने प्राण वहीं दे दिए। यही मनुष्य वीर पुरुष था और उसके जैसे अन्य अनेक लोग भी हैं। यदि वह जीवित होता और भारत आता तो यहाँ के लोगों ने उसकी ओर कोई ध्यान नहीं दिया होता और कदाचित् मैंने भी ऐसा ही किया होता। हरबत सिंह का स्मरण हमें समस्त सम्मान भाव से करना चाहिए।

आपने गांधी महान् की पत्नी के रूप में श्रीमती गांधी का भी सम्मान किया

है। मैं इस महान् गांधी को नहीं जानता, किंतु इतना कह सकता हूँ कि जो स्त्रियाँ अपने बच्चों को लेकर जेल दौड़ गई थीं और आंदोलन में शामिल हो गई थीं, उनके कष्टों के संबंध में आपको मेरी अपेक्षा श्रीमती गांधी अधिक बता सकती हैं।

अंत में श्री गांधी ने उनसे अनुरोध किया कि आप मेरी और मेरी पत्नी की सेवाएँ स्वीकार करें। हमें ईश्वर जितनी सामर्थ्य देगा, उतनी सेवा करने के लिए ही हम भारत आए हैं। उन्होंने कहा कि हम इस तरह का भारी स्वागत-सत्कार करवाने के लिए नहीं आए हैं, क्योंकि हम अपने आपको ऐसे पुरस्कारों का पात्र नहीं समझते। मुझे तो लगता है कि यदि ऐसी बातों के परिणामस्वरूप कहीं हमारे मस्तिष्क में यह खयाल आया कि हमने कोई ऐसा कार्य किया है जिससे हम अपने सम्मान में आयोजित इस प्रकार के भारी तमाशों के सही पात्र बन गए हैं तो आप अपने इन आचरणों से हमें बिगाड़ेंगे ही। फिर भी आपने आज की इस अपराह्न में हमारा जो भारी सम्मान किया है, उसके लिए मैं अपनी पत्नी की ओर से और अपनी ओर से आपको हार्दिक धन्यवाद देता हूँ तथा आशा करता हूँ कि मातृभूमि सेवा के हमारे प्रयत्न में हमें पूरे देश का आशीर्वाद प्राप्त होगा। अभी तक आपको मेरी असफलताओं का कोई ज्ञान नहीं है। आपको सारी खबरें मेरी सफलताओं की ही मिली हैं। यहाँ आप हमें अपने अनावृत रूप में देखेंगे और तब आपको हमारे दोष भी दिखाई देंगे। इन संभावित दोषों और असफलताओं को ध्यान में रखकर मैं आपसे प्रार्थना करता हूँ कि आप उन्हें नजरअंदाज कर दें। इस अनुरोध के साथ हम विनम्र सेवकों के रूप में अपने देश की सेवा आरंभ करने जा रहे हैं। श्री गांधी ने अपना और अपनी पत्नी का भारी सम्मान करने के लिए एक बार फिर लोगों को हार्दिक धन्यवाद दिया।

(अंग्रेजी से)

बॉम्बे क्रॉनिकल, 13-1-1915

भाषण : नेशनल यूनियन की सभा में
13 जनवरी, 1915

13 जनवरी को हीराबाग (बंबई) में बंबई की नेशनल यूनियन की ओर से श्री गांधी और श्रीमती गांधी के स्वागतार्थ एक सभा की गई। इसमें श्री तिलक भी उपस्थित थे, यद्यपि उन्हें औपचारिक आमंत्रण नहीं भेजा गया था। सभा में लगभग 250 लोग थे। श्री तिलक ने सभा में बोलते हुए कहा कि हम श्री गांधी और श्रीमती

गांधी का सम्मान करके अपने कर्तव्य का ही पालन कर रहे हैं, क्योंकि वे एक दूरस्थ देश में भारत के सम्मान की रक्षा के लिए लड़े हैं। उन्होंने कहा कि भारत में हमारे इन सम्मानित अतिथियों की सी आत्मत्याग की भावना से युक्त और अधिक स्त्री-पुरुष उत्पन्न होने चाहिए। उन्होंने श्रोताओं के मन में यह बात बिठाई कि यह वही शिक्षा है, जो कि उन्हें श्री गांधी के जीवन-कार्य से ग्रहण करनी है।

श्री गांधी का भाषण फीका और औपचारिक था। उन्होंने कहा कि दक्षिण अफ्रीका के भारतीय मातृभूमि के कृतज्ञ हैं, जिन्होंने पिछले संघर्ष में उनकी सहायता के लिए स्थापित कोष में खुलकर धन दिया। उन्होंने कहा कि श्री तिलक को बंबई में देखकर मुझे बहुत प्रसन्नता हुई है, क्योंकि पूना जाने पर उनकी सेवा में उपस्थित होने और अपनी सम्मानांजलि भेंट करने की बात तो मैंने सोच ही रखी थी।

श्री बैपटिस्टा ने कहा कि जब तक श्री गांधी सत्यपरता और आत्मसम्मान के आदर्श पर दृढ़ हैं, जैसा कि वे अब तक अपने जीवन में रहे हैं, तब तक इससे कोई अंतर नहीं पड़ता कि वे अपना गुरु किसे चुनते हैं ; श्री बैपटिस्टा का संकेत श्री गांधी के इस कथन की ओर था कि श्री गोखले उनके गुरु हैं। श्री बैपटिस्टा और श्री अली मुहम्मद भीमजी, दोनों ने वर्तमान युद्ध में न्याय के पक्ष का समर्थन करने में भारतीय सेना की बहादुरी का उल्लेख किया।

(अंग्रेजी से)

बॉम्बे गवर्नमेंट पुलिस एब्स्ट्रैक्ट्स, 1915,
पृष्ठ 40, पैरा 60

भाषण : सर्वेंट्स ऑफ इंडिया सोसाइटी, बंबई द्वारा आयोजित स्वागत समारोह में

14 जनवरी, 1915

14 जनवरी को सायंकाल भारत सेवक समाज की बंबई शाखा के सदस्यों तथा उसके सहायकों, समर्थकों और कार्यकर्ताओं के रूप में उससे संबद्ध कुछ लोगों की ओर से मंडल के भवन में श्री गांधी और श्रीमती गांधी का स्वागत किया गया। भवन के प्रांगण को बड़े सुरुचिपूर्ण ढंग से सजाया गया था। उपस्थित लोगों में सर भालचंद्र कृष्ण, सर विट्ठल दास, सर जगमोहनदास, सेठ दानी, सेठ हंसराज प्रागजी, श्रीमती गांधी, रमाबाई रानाडे, श्रीमती जगमोहन दास, श्रीमती

सोनाबाई जयकर, श्रीमती बहादुरजी आदि शामिल थे। श्री गांधी और श्रीमती गांधी के आ जाने पर एकत्रित लोगों की ओर से श्री देवधर बोले।

उसके बाद श्री गांधी ने एक संक्षिप्त भाषण देते हुए कहा कि भारत सेवक समाज को, जो जल्दी ही मेरा कार्यक्षेत्र बनेगा, सहायता देनेवाले इतने स्त्री-पुरुषों को देखकर मुझे गर्व होता है। मैंने श्री गोखले को अपना राजनीतिक नेता और गुरु स्वीकार कर लिया है और मैं उन लोगों को भाग्यशाली समझता हूँ, जिन्हें श्री गोखले के साथ काम करने का सुअवसर प्राप्त हुआ है। मैं एक साल तक देश के भिन्न-भिन्न भागों का दौरा करके स्वयं स्थिति का अध्ययन करूँगा और इसके बाद ही अपने कर्तव्य का निश्चय कर पाऊँगा। अंत में उन्होंने अपनी और श्रीमती गांधी की ओर से भी अपने सम्मान के लिए समस्त स्त्री-पुरुषों को धन्यवाद दिया।

सर भालचंद्र ने श्री गांधी को और श्रीमती रमाबाई ने श्रीमती गांधी को माला पहनाई। पुष्प-वितरण आदि के पश्चात् समस्त जनसमुदाय ने जलपान में भाग लिया।

(अंग्रेजी से)

इंडियन ओपिनियन, 10-3-1915

भाषण : गुर्जर-सभा द्वारा आयोजित स्वागत-समारोह में 14 जनवरी, 1915

श्री गांधी और श्रीमती कस्तूरबा गांधी के सम्मान में 14 जनवरी, 1915 को मंगलदास भवन के प्रांगण में गुर्जर सभा, बंबई की ओर से एक उद्यान-भोज दिया गया। समारोह की अध्यक्षता गुर्जर सभा के सभापति मुहम्मद अली जिन्ना ने की। श्री जिन्ना तथा श्री कन्हैयालाल माणिकलाल मुंशी ने (अंग्रेजी) में बोलते हुए अतिथियों का स्वागत किया।

श्री गांधी ने गुजराती में बोलते हुए श्री जिन्ना को समारोह की अध्यक्षता करने के लिए धन्यवाद दिया और कहा कि जब मैं दक्षिण अफ्रीका में था, उन दिनों गुजरातियों के संबंध में जब भी कुछ कहा जाता था, तो लोग यही मानते थे कि तात्पर्य केवल हिंदू समाज से है और पारसियों तथा मुसलमानों से उसका कोई संबंध नहीं है। इसलिए मुझे एक मुसलमान को गुर्जर सभा के सदस्य और इस समारोह के अध्यक्ष के रूप में देखकर बड़ी प्रसन्नता हो रही है।

मेरी प्रशंसा और स्वागत में जो शब्द कहे गए हैं, उनके संबंध में मुझे नहीं

सूझता कि मैं क्या कहूँ, जैसा कि मैं पहले अनेक बार कह चूका हूँ, मैंने और मेरी पत्नी ने अपने कर्तव्य से अधिक कुछ नहीं किया है। मैं उसी बात को फिर नहीं कहना चाहता हूँ, किंतु मैं यह कहना चाहता हूँ कि मैं इन सारी सद्‌भावनाओं और स्नेहपूर्ण शब्दों को आपका आशीर्वाद मानता हूँ तथा ईश्वर से प्रार्थना करता हूँ कि आपका यह आशीर्वाद मुझे और मेरी पत्नी को ईमानदारी से अपने देश की सेवा करने की शक्ति प्रदान करे। हमारा इरादा पहले सभी भारतीय प्रश्नों का अध्ययन करने और तब देश की सेवा आरंभ करने का है। मैं श्री गोखले को अपना मार्गदर्शक तथा नेता मानता हूँ और उनमें मेरी पूरी आस्था है। मुझे विश्वास है कि श्री गोखले मुझे कभी भी गलत रास्ते पर नहीं ले जाएँगे। आज सवेरे ही मैं गवर्नर महोदय से मिला हूँ। मैंने उन्हें इस सम्मान के लिए धन्यवाद देते हुए उनसे भी यही कहा कि मैं माननीय श्री गोखले के मार्गदर्शन में कार्य करते हुए ठीक मार्ग का अवलंबन करूँगा, इसका मुझे पूरा विश्वास है।

श्री गांधी ने आगे कहा कि सभापति महोदय ने दक्षिण अफ्रीकी प्रश्न का उल्लेख किया है। मुझे इस संबंध में बहुत कुछ कहना है और मैं निकट भविष्य में बंबई की जनता के सम्मुख और उसके द्वारा समस्त भारत के सम्मुख पूरी स्थिति का स्पष्टीकरण कर दूँगा। समझौता संतोषजनक है और मुझे विश्वास है कि जो कुछ प्राप्त करना शेष है, वह भी मिल जाएगा। अब दक्षिण अफ्रीकियों ने यह जान लिया है कि वे भारतीयों की बिलकुल उपेक्षा नहीं कर सकते और न उनकी भावनाओं को ठुकरा सकते हैं।

हिंदू-मुसलिम समस्या के संबंध में मुझे बहुत कुछ जानना बाकी है, किंतु मैं अपने दक्षिण अफ्रीका के इक्कीस वर्ष के अनुभव को सदा अपने सम्मुख रखूँगा और मुझे सर सैयद अहमद का वह एक वाक्य अब भी स्मरण है। उन्होंने कहा था कि हिंदू और मुसलमान भारत माता की दो आँखें हैं तथा यदि एक आँख एक ओर देखे और दूसरी दूसरी ओर, तो दो में से कोई कुछ भी नहीं देख सकेगी और यदि एक आँख चली जाती है, तो दूसरी आँख की ज्योति भी उसी हद तक कम हो जाएगी। दोनों जातियों को भविष्य में यह बात ध्यान में रखकर चलना चाहिए।

(अंग्रेजी से)

बॉम्बे क्रॉनिकल 15-1-1915

राजकोट के नागरिकों द्वारा भेंट किए गए मान-पत्र का उत्तर
17 जनवरी, 1915

मेरी तबीयत इन दिनों अच्छी नहीं रहती और पिछले 36 घंटे से तो बहुत ही खराब है। फिर भी, मैं अपने भीतर इतनी शक्ति बचाए रखा हूँ कि मैं अपनी जन्मभूमि राजकोट आ सकूँ। यहाँ आकर ही मैं इस बात का अनुभव पूरी तरह कर पाया हूँ कि श्रीयुत केवलराम भाई की मृत्यु से कितनी बड़ी क्षति हुई है। उन्हें मैं अपने गुरुजन की तरह मानता था। उनके निधन की बात सोचकर मुझे बहुत दुःख होता है। मैं पंडितजी का बहुत कृतज्ञ हूँ, जिन्होंने अपने सद्गुणों से इस प्रकार के लोगों का प्रेम प्राप्त कर लिया है और मेरे प्रति शुभकामना प्रकट की है। स्वर्गीय केवल राम भाई की अनुपस्थिति में आप सरीखे उनके परमप्रिय मित्र के हाथ से मुझे यह मानपत्र प्राप्त हुआ है, इसे मैं अपना सौभाग्य मानता हूँ। मुझे माननीय गवर्नर साहब ने कहा था कि भारत में आपके प्रति जो लोकभावना उमड़ रही है, उसको देखते हुए आपका कार्य लाभकर सिद्ध होगा। आज मुझे उसका प्रत्यक्ष प्रमाण मिल गया है। सबसे पहले मेरे मित्र शुक्लजी की पुत्री ने मुझे तिलक लगाया और अक्षत-फूल से मेरा स्वागत किया। इसे मैं आशीर्वाद-रूप मानता हूँ। मुझे राजकोट में जो सम्मान मिल रहा है, वह हद से ज्यादा है। भारत में इस प्रकार असीम सम्मान देने की प्रथा सी हो गई है।

कहावत है कि 'दूर के ढोल सुहावने'। आपने अभी तक मेरी जो प्रशंसा सुनी है, वह इसी कहावत को चरितार्थ करती है। वास्तव में हमने कुछ विशेष नहीं किया है। हम तो यहाँ सीखनेवालों के रूप में आए हैं। यह तो सभी ने अनुभव किया होगा कि आज दुनिया में लोग अनेक उद्देश्यों से कार्य करते हैं। किसी व्यक्ति के हृदय में क्या है, यह जानना बहुत कठिन है। अब हम स्वदेश आ गए हैं और हम जो कार्य कर रहे हैं, उसके आधार पर हमारे संबंध में सही राय कायम करना आपके लिए सुगम होगा। संसार आज स्वार्थी लोगों से भरा हुआ है और लोग किसी-न-किसी रूप में स्वार्थ से प्रेरित होकर काम करते हैं, किंतु ऐसे स्वार्थभाव से कार्य करना दूध में विष मिलाने के समान होता है। हमें काठियावाड़ से बहुत कुछ सीखना है और हमारा यह प्रशिक्षण पूरा हो जाने के बाद आपको हमारी परीक्षा लेने का अवसर मिलेगा, किंतु मुझे कहना चाहिए कि संभव है, इस प्रसंग में आपको हमारी असफलताएँ भी देखने को मिलें। मैं आपसे अनुरोध करता हूँ कि आप तब भी हमारे प्रति यही स्नेह भाव बनाए रखें, जो आज प्रदर्शित कर रहे

हैं। मेरी किसी असफलता के कारण इस देश के दूसरे भागों के लोग भले ही मेरा त्याग कर दें, किंतु यदि राजकोट के लोग मेरी खामियों को उदारतापूर्वक दरगुजर करेंगे, तो मैं मानूँगा कि आपने आज जो स्नेह दिखाया है, वह वस्तुतः आपके अंत:करण की ऊर्मियों से उद्भूत हुआ है और उस समय आपके इस स्नेह की खरी कसौटी होगी। दक्षिण अफ्रीका में हमने जो कुछ किया है, उसके संबंध में मैं आपको बता दूँ कि हमसे निम्न श्रेणी के लोगों ने उसकी तुलना में लाख दरजे अच्छा काम कर दिखाया है। एक 75 वर्ष का वृद्ध पुरुष और एक 17 वर्ष की बालिका, दोनों जेल में मर गए। मेरे पास तो बैरिस्टरी की सनद है। इसलिए मुझे उसके बल पर कार्य करने की प्रेरणा होना स्वाभाविक है, किंतु बेचारे असंख्य स्त्रियों-पुरुषों ने मात्र श्रद्धा के आधार पर और अपना कर्तव्य मानकर जेल के कष्ट सहते हुए देश-सेवा में अपने जीवन अर्पित कर दिए हैं। आप उन्हें क्या सम्मान देंगे? इन लोगों ने सच्चे शूरवीरों की भाँति अपने प्राणों की आहुतियाँ दे दी हैं। अब, आपने हमारा आज जो सम्मान किया है, उसे आशीर्वाद-रूप में स्वीकार करके हम अपनी सेवाएँ इस देश के लिए अर्पित करते हैं और इस घोषणा के साथ उपकार मानते हैं कि यदि अपने कर्तव्य पालन के लिए हम निरंतर उत्सुक बने रहे तो हम राजकोट के सपूत हैं और यदि उससे पीछे हटे तो कपूत हैं।

(अंग्रेजी से)

काठियावाड़ टाइम्स, 17-2-1915

राजकोट में मोढ़-समाज द्वारा भेंट किए गए मान-पत्र का उत्तर

20 जनवरी, 1915

मान-पत्र का उत्तर देते हुए गांधीजी ने बताया कि सार्वजनिक जीवन में प्रवेश करनेवालों को अपना हृदय कितना कड़ा करना पड़ता है। मेरे भाई स्वर्गवासी हो गए हैं। मुझे ऐसे ही कई अन्य वियोग भी सहने पड़े हैं। फिर भी मुझे भोज आदि समारोहों में जाना पड़ता है और ऐसी शोकपूर्ण स्थिति के बावजूद कविता, गायन आदि सुनने पड़ते हैं। ऐसे कष्टप्रद मनोभाव को अलग रखकर मैं जो मानपत्र लेता हूँ, वह जनता के स्नेह के रूप में ही लेता हूँ। मैंने जो थोड़ा-बहुत किया है, लोगों को उसका असली मर्म समझना चाहिए और जब कभी मैं अपनी जाति अथवा सामान्य जनसमुदायों के हितार्थ कुछ करने को तैयार होऊँगा, तो आप लोगों के स्नेह का भरोसा करके आपसे सहायता माँगूँगा।

यदि आप उस गाढ़े वक्त में मेरे प्रति सहानुभूति दिखाएँगे, तो मैं समझूँगा कि इस समय आपने मेरे प्रति जो स्नेह दरशाया है, वह सच्चे हृदय से दरशाया है और यदि ऐसी मदद नहीं मिली, तो मैं मानूँगा कि आपने इस समय जो कुछ किया, वह अपनी गतानुगतिक प्रवृत्ति के कारण और आप मानपत्र चाहे सोने या चाँदी पर लिखकर दें अथवा कागज पर, तीनों एक-से होंगे, धूल के समान होंगे। मुझे यहाँ स्वीकार करना चाहिए कि जब मैं बैरिस्टर होकर स्वदेश लौटा था, तो अन्य स्थानों के मोढ़-समाज ने मुझे त्याग दिया था और तब राजकोट के मोढ़-समाज ने ही मेरा हाथ थामा था। यदि मैं उस बात को भूल जाऊँ, तो कृतघ्न माना जाऊँगा और इसी से आज मुझे जो सम्मान मिल रहा है, उसे मैं आशीर्वाद रूप में स्वीकार करता हूँ।

(गुजराती से)

काठियावाड़ टाइम्स, 24-1-1915

दरबारगढ़ में भेंट किए गए मान-पत्र का उत्तर

22 जनवरी, 1915

श्री गांधी ने कहा कि इस अवसर पर हिंदू और मुसलमानों को एक हुआ देखकर मुझे बहुत प्रसन्नता हुई है और आपने भी ऐसी एकता कायम की है, यही जानकर मैंने धेराजी आने का आमंत्रण स्वीकार किया। भविष्य में मैं दोनों जातियों को और भी निकट लाने तथा इनके बीच अधिक सद्भावनापूर्ण संबंध स्थापित करने का काम हाथ में लूँगा।

(अंग्रेजी से)

काठियावाड़ टाइम्स, 24-1-1915

पोरबंदर के मोढ़-समाज द्वारा भेंट किए गए मान-पत्र का उत्तर

25 जनवरी, 1915

मैं थोड़ा घूम-फिरकर यहाँ आ जाऊँगा। यहाँ की पहाड़ियों में औषधियाँ बहुत होती हैं। उनके संबंध में बहुत-कुछ जानना है। मैं अपने मित्र भूतपूर्व क्यूरेटर श्री जयकृष्णभाई के साथ सप्ताह-भर घूमूँगा और फिर आपके पास आ जाऊँगा।

(गुजराती से)

काठियावाड़ टाइम्स, 31-1-1915

पोरबंदर में नागरिकों द्वारा भेंट किए गए मान-पत्र का उत्तर
25 जनवरी, 1915

अपनी बाल्यावस्था की भूमि में आपका आशीर्वाद स्वीकार करते हुए मुझे असीम आनंद का अनुभव हो रहा है। मैंने देश सेवा की है, इस संबंध में मुझे कहना चाहिए कि सत्य का पालन सिर्फ मैं ही कर सकता हूँ, ऐसी बात नहीं है। यदि मन में निश्चय कर लें, तो हम सभी उसका पालन कर सकते हैं और हम ऐसा करें तो अकेला मैं ही नहीं, बल्कि सभी सम्मान के पात्र होकर किसी उत्तम कार्य में भाग ले सकेंगे।

(गुजराती से)

काठियावाड़ टाइम्स, 31-1-1915

□

राज कुमार शुक्ल–एक समर्पित जीवन

(जिनके अथक प्रयास से गांधीजी चंपारण आए)

–प्रमोदानंद दास

(प्रोफेसर, इतिहास विभाग, पटना विश्वविद्यालय)

श्री राजकुमार शुक्ल का जन्म 23 अगस्त, 1875 को चंपारण के सतवरिया नामक गाँव में हुआ था। इनके पिता का नाम कोलाहल शुक्ल था। इनकी प्रारंभिक शिक्षा चंपारण में ही हुई थी और इन्हें कैथी लिपि का पर्याप्त ज्ञान था। इन्होंने चार वर्षों तक बेतिया राज में मुहर्रिर के पद पर काम किया और इनकी नियुक्ति महारानी जानकी कुँवर के गार्डेन महल में थी। बाद में नौकरी छोड़कर ये कृषि कार्य में लग गए। इनकी जमीन सतवरिया और शिकारपुर थाना के मुरली भरहवा गाँव में थी। इसके अतिरिक्त सतवरिया में 1500 रुपए मासिक एवं कटहरिया में 60 रुपए मासिक आमदनी लगान से थी। 1914 में इनके पास 60 भैंस और 300 गाएँ थीं। ये चंपारण के संपन्न किसान थे।

शुक्लजी का सतवरिया गाँव बेलवा कोठी के अंतर्गत आता था, जिसका मालिक ए.सी. एम्मन नामक नील उत्पादक था। उन दिनों किसानों पर नीलहे तरह–तरह के अत्याचार करते थे और 46 तरह का गैर–कानूनी अबवाब लेते थे। अपने घर के पास के खेत (कोला) में शुक्लजी ने आलू की खेती की थी। बेलहा कोठी के गुमाश्ता ने (एक तरह का नौकर) उनके घर पर आकर शुक्लजी से कहा कि इस खेत की आधी उपज कोठी में पहुँचा दें। शुक्लजी ने कहा कि सरकार द्वारा बनाए गए कानून के अनुसार घर और कोले की लगान माफ है। एम्मन को संदेह हो गया कि शुक्लजी की बात अन्य किसानों तक पहुँचने के बाद उनसे जबरदस्ती करना कठिन हो जाएगा। खेतों में मछली मारने के नाम पर शुक्लजी पर मुकदमा दायर कर दिया गया और इसमें उन्हें तीन सप्ताह की जेल हो गई। जेल से वापस

आने के बाद शुक्लजी ने प्रतिज्ञा की कि वे नीलहों के अत्याचारों से चंपारण की जनता को छुटकारा दिलाकर ही रहेंगे। जेल यात्रा ने उनके उत्साह को दुगुना कर दिया। चंपारण के किसानों के बीच आदरणीय होने के कारण आपसी झगड़े में पंचायत करने के लिए उन्हें बुलाया जाता था। इस कारण नीलहे उनके प्रति दुर्भावना रखते थे, क्योंकि किसानों के झगड़ों से उन्हें लाभ नहीं मिल पाता।

साठी के शेख गुलाब के साथ मिलकर शुक्लजी ने बेतिया के आस-पास के गाँवों के किसानों को नीलहों के विरुद्ध एकजुट करना आरंभ कर दिया। अब किसान नीलहों के अत्याचारों के विरुद्ध सरकार को आवेदन देते थे और यहाँ तक कि न्यायालय में मुकदमा करने से भी नहीं हिचकते थे। किसानों के इन कृत्यों के कारण नीलहे परेशान होने लगे और किसी भी तरह राजकुमार शुक्ल और शेख गुलाब को यातना देने की तरकीब भी निकालने लगे। 1906 में तेलहुडा कोठी के अंग्रेज मैनेजर मिस्टर ब्लूम फिल्ड को किसानों ने मार डाला और इसके बाद स्थिति विस्फोटक होने लगी। मार्च 1907 में शेख गुलाब ने सरकार के पास नीलहों के अत्याचारों के खिलाफ आवेदन दिया और 14 अगस्त, 1907 को मजिस्ट्रेट के न्यायालय में मुकदमा भी दायर कर दिया। चंपारण के जिला पदाधिकारी टी.एस. मैकफर्सन ने बेतिया के एस.डी.ओ. मिस्टर टेनर को सारे तथ्यों की जाँच का आदेश दिया, लेकिन किसानों का गुस्सा शांत नहीं हुआ और उपद्रव की घटनाएँ जारी रहीं। बेतिया में एस.डी.ओ. रह चुके मिस्टर गोर्ले को पुनः जाँच का जिम्मा मिला, जिसने अपना प्रतिवेदन अप्रैल 1909 में दिया। कोई फलाफल नहीं निकलता देख सरकार ने सर एडवर्ड बेकरी की अध्यक्षता में पुनः एक समिति का गठन किया।

इधर नीलहों के विरुद्ध किसानों को संगठित करने के प्रयास में शुक्लजी लगे रहे और उनका साथ शेख गुलाब, मठिया गाँव के शीतल राय आदि लोगों ने भी दिया। इन लोगों ने मशविरा किया कि 1908 में बेतिया में लगनेवाले दशहरा मेला में क्षेत्र के किसानों को एकजुट कर एक सभा का आयोजन किया जाए। शुक्लजी को लौरिया, पिपरहिया, लौकरिया, जोगापट्टी, लोहिंअरिया, टिकुला, धेकराहाँ, कुडिया कोठी आदि गाँवों का जिम्मा मिला। इस सभा में किसानों को नीलहों के विरुद्ध काररवाई के लिए विस्तार से बताया गया। 1911 में जॉर्ज पंचम शिकार के लिए भिखना ठोरी पहुँचे थे। नरकटियागंज स्टेशन पर करीब पाँच हजार किसानों ने मिलकर सम्राट से चंपारण के किसानों की समस्या दूर करने के लिए आवेदन दिया, परंतु इसका कोई फलाफल नहीं निकला। बाद में 1913 में सेटलमेंट ऑफिसर जे.ए. स्वीनी को चंपारण किसानों की जाँच की जिम्मेवारी मिली। 1914 में बेलवा प्लांट

के मैनेजर द्वारा शुक्लजी पर पुनः मुकदमा दायर कर दिया गया और इन्हें जेल की सजा मिली।

1907 के बाद से लेकर अब तक नीलहों के विरुद्ध किए गए संघर्ष की चर्चा बिहार सहित देश के अन्य समाचार पत्रों में छपने लगी। कानपुर से निकलनेवाले अखबार 'प्रताप' के संपादक गणेश शंकर विद्यार्थी ने अपने अखबार में चंपारण आंदोलन के लिए अलग से लेख लिखना आरंभ कर दिया। नीलहों एवं अंग्रेज अधिकारियों में खलबली मचनी आरंभ हो गई। बाद में बिहार से निकलनेवाले अखबारों पर अंकुश लगा दिया गया। शुक्लजी लखनऊ पहुँचे और प्रताप के संपादक से मिलकर सारे तथ्यों को रखा। उन्होंने शुक्लजी को बताया कि दक्षिण अफ्रीका से गांधी भारत आनेवाले हैं, यदि चंपारण संघर्ष में उनका मार्गदर्शन लिया जाए तो चंपारण के किसानों को 'तिनकठिया' प्रथा से मुक्ति मिल सकती है।

बिहार विधान परिषद् के सदस्य और दरभंगा से आनेवाले कांग्रेस के नेता ब्रजकिशोर प्रसाद से मिलकर शुक्लजी ने सारी बातें बताईं और चंपारण में किसानों की समस्याओं को ब्रजकिशोर बाबू ने विधान परिषद् में उठाया। सरकार की ओर से कोई खास जवाब नहीं दिया गया। 10 अप्रैल, 1914 को बिहार प्रांतीय सम्मेलन की बैठक बांकीपुर में ब्रजकिशोर प्रसाद की अध्यक्षता में हुई। इसमें चंपारण के रैयतों के कष्टों का वर्णन करते हुए इसकी जाँच के लिए सरकारी और गैर-सरकारी सदस्यों की एक समिति गठित करने की माँग की गई। पुनः 13 अप्रैल, 1915 को बिहार प्रांतीय सम्मेलन छपरा में हुआ और इसमें शुक्लजी ने विस्तार से जाँच की आवश्यकता पर बल दिया, परंतु सरकार पर कोई असर नहीं पड़ा। कांग्रेस का 31वाँ अधिवेशन 26-30 दिसंबर, 1916 को लखनऊ में होना निश्चित हुआ और बिहार के प्रतिनिधि के तौर पर अन्य सदस्यों के साथ शुक्लजी भी लखनऊ पहुँचे और मालवीयजी से चंपारण की व्यथा कही।

मालवीयजी ने कहा कि अभी तो कांग्रेस के समक्ष देश की राजनीतिक स्वतंत्रता का प्रश्न सबसे अहम् है। शुक्लजी को लगा कि यहाँ भी उनकी फरियाद नहीं सुनी जाएगी। वे ब्रजकिशोर प्रसाद के साथ सीधे गांधीजी के तंबू में जा पहुँचे और उनसे जुल्म की मुक्ति हेतु नेतृत्व करने के लिए चंपारण आने का अनुरोध किया। उस समय गांधीजी की नजर में ब्रजकिशोर प्रसाद एक चतुर वकील एवं शुक्लजी साधारण किसान से लगे। उन्होंने लगभग टालते हुए कहा कि उन्हें चंपारण के बारे में कोई खास जानकारी नहीं है और जब तक उन्हें इसकी पूरी जानकारी नहीं हो जाएगी, वे कुछ नहीं कह सकते हैं। चंपारण आने के प्रश्न पर उन्होंने कहा कि

अभी समय नहीं है, बाद में कभी इस पर विचार किया जाएगा, लेकिन शुक्लजी को अधिवेशन के दूसरे दिन चंपारण समस्या पर भाषण करने का मौका मिल गया और अपनी भोजपुरी मिश्रित हिंदी में चंपारण के किसानों की व्यथा प्रकट की। सम्मेलन के बाद वे गांधीजी से मिलने कानपुर भी गए। बाद में इस विषय पर गांधीजी को पत्र लिखते रहे। उनकी ओर से पीर मुहम्मद मूनिस गांधीजी को पत्र लिखा करते थे। वे गांधीजी से मिलने गुजरात के साबरमती आश्रम भी गए।

राजकुमार शुक्ल की ओर से 27 फरवरी, 1917 को पीर मुहम्मद मूनिस ने साबरमती आश्रम के पते पर गांधीजी को पत्र लिखा, परंतु उन्हें गांधीजी का कोई उत्तर नहीं मिला। समाचार पत्रों से शुक्लजी को ज्ञात हुआ कि गांधीजी 7 मार्च, 1917 को कलकत्ता पहुँच रहे हैं। उनसे मिलने शुक्लजी कलकत्ता पहुँच गए। जब तक वे वहाँ पहुँचते, गांधीजी कलकत्ता से जा चुके थे। निराश होकर वे पुन: चंपारण लौट आए। 3 अप्रैल, 1917 को गांधीजी का तार शुक्लजी को मिला कि वे 7 अप्रैल को कलकत्ता पहुँच रहे हैं और भूपेंद्रनाथ बसु के मकान पर रुकेंगे। यह तार भगवान प्रसाद महावीर प्रसाद रौनियार, पुरानी गुदरी, बेतिया के पते पर आया था। 5 अप्रैल को शुक्लजी मुजफ्फरपुर होते कलकत्ता के लिए प्रस्थान कर गए और 7 अप्रैल को वहाँ पहुँचे। कलकत्ता में कांग्रेस की बैठक में शामिल होने के लिए गांधीजी आए थे और इस बैठक में राजेंद्र प्रसाद भी शामिल थे। न तो गांधीजी ने राजेंद्र बाबू को कुछ बताया और न राजेंद्र बाबू ने कुछ पूछा। राजेंद्र बाबू पुरी चले गए और शुक्लजी गांधीजी को लेकर 10 अप्रैल, 1917 को बांकीपुर पहुँचे। ट्रेन में गांधीजी ने शुक्लजी से उन जमीनों की कानूनी बारीकियों के बारे में जानना चाहा। शुक्लजी ने सोचा कि इन बारीकियों का जवाब राजेंद्र प्रसाद जैसे वकील ही दे सकते हैं और इसलिए गांधीजी को लेकर वे राजेंद्र प्रसाद के घर पहुँच गए। राजेंद्र बाबू के नौकरों ने गांधीजी को मकान के भीतर का शौचालय और कुआँ का उपयोग तक नहीं करने दिया। गांधीजी को याद आया कि मजहरुल हक उनके साथ लंदन में बैरिस्टरी पढ़ते थे। उन्होंने एक पुरजा लिखकर शुक्लजी को दिया कि वह इसे मजहरुल हक तक पहुँचा दें। सूचना मिलते ही मजहरुल हक अपनी मोटरगाड़ी से राजेंद्र बाबू के घर पर आए और गांधी को लेकर अपने आवास 'सिकंदर मंजिल' ले गए। उन्होंने गांधीजी को चंपारण जाने का रास्ता भी बताया।

गांधी ने एक तार मुजफ्फरपुर में कार्यरत प्रोफेसर जे.बी. कृपलानी को दिया और शुक्लजी के साथ स्टीमर से गंगा पार कर ट्रेन से रात में मुजफ्फरपुर पहुँचे। गांधीजी 11 अप्रैल को प्लांटर्स एसोसिएशन के सचिव विल्सन से मिले। उधर

शुक्लजी ने अपने सूत्रों के जरिए चंपारण के गाँव-गाँव तक सूचना पहुँचा दी कि गांधीजी आ चुके हैं। गांधीजी के नेतृत्व में चंपारण संघर्ष आरंभ हुआ। राजेंद्र प्रसाद को मोतिहारी कार्यालय का और शुक्लजी को बेतिया कार्यालय के प्रबंधन का जिम्मा दिया गया। 10 जून, 1917 को जाँच समिति के गठन की घोषणा हुई। एफ.जी. स्लाई अध्यक्ष बनाए गए। एल. सी. अदामी, राजा हरिहर नारायण सिंह, डी. जे. रीड, जी. रेनी, भारत सरकार के वित्त विभाग के उपसचिव और गांधीजी को जाँच समिति का सदस्य बनाया गया। समिति ने 2821 गाँवों के 5000 रैयतों के बयान और 8000 से अधिक रैयतों के संक्षिप्त बयान लिये। समिति के समक्ष राजकुमार शुक्ल ने 18 जुलाई, 1917 को अपना बयान दर्ज करवाया। समिति ने अपना प्रतिवेदन 4 अक्तूबर को बिहार सरकार को दिया। 17 अक्तूबर को सरकार का मंतव्य प्रकाशित हुआ। बिहार विधान परिषद् ने चंपारण भूमि विधेयक प्रस्तुत किया। 20 फरवरी, 1918 को इसे सरकारी गजट में प्रकाशित किया गया और 4 मार्च, 1918 को परिषद् द्वारा इस विधेयक को स्वीकृति प्रदान की गई। इस प्रकार राजकुमार शुक्ल का सपना पूरा हुआ और 'तीनकठिया' प्रथा का समूल नाश हो गया।

शुक्लजी को 3 अक्तूबर, 1917 को जानकारी मिली कि साठी गाँव के आस-पास बकरीद के अवसर पर हिंदू-मुसलमानों में झगड़ा हो गया है। उन्होंने गांधीजी से मिलकर उन्हें सारे तथ्यों से अवगत कराया। 12 अक्तूबर को बेतिया में हिंदू-मुसलिम पंचायत बुलाई गई। गांधी, शुक्ल के अलावा दोनों पक्षों के पंचों को भी आमंत्रित किया गया। मुसलमानों की ओर से शेख गुलाब, राजबली और शेख अदावत पंच थे, जबकि हिंदुओं की ओर से बच्चू नाथ तिवारी, प्रभुनाथ तिवारी और रामबहादुर सिंह थे। पंचायत सफल हुई। इसी में गांधीजी ने ऐतिहासिक भाषण दिया कि हिंदू या मुसलिम जबरदस्ती धार्मिक प्रक्रिया नहीं छोड़ सकते हैं। दोनों संप्रदायों को मिलकर विचार करना चाहिए कि गोहत्या किस प्रकार रोकी जा सकती है और किस प्रकार सांप्रदायिक सद्भाव को बढ़ावा दिया जा सकता है। शाम में मुसलिम क्लब में मुसलमानों की ओर से एक भोज का आयोजन किया गया, जिसमें गांधीजी, शुक्लजी समेत सभी लोग सम्मिलित हुए।

शुक्लजी इस बात से अवगत थे कि चंपारण की जनता अशिक्षित है और जब तक समाज में शिक्षा का अलख नहीं जगाया जाएगा, सामाजिक समस्याओं का अंत नहीं हो सकता है। उन्होंने गांधीजी का ध्यान समाज की अशिक्षा की ओर खींचा और विचार आया कि इसके लिए विद्यालय खोले जाएँ। समस्या भूमि, भवन,

उपस्कर एवं शिक्षकों की थी। शुक्लजी ने इसमें भी अपना योगदान दिया। ढाका थाना के शिवगुलाम लाल जमीन, मकान और पाठशाला के अन्य खर्च देने के लिए तैयार हो गए। बड़हरवा लखनसेन में 10 नवंबर, 1917 को गांधीजी, ब्रजकिशोर प्रसाद आदि ने मिलकर प्रथम पाठशाला की नींव डाली। शिक्षक के रूप में बबन गोखले, अवंतिमा बाई गोखले, गांधीजी के छोटे पुत्र देवदास गांधी आदि थे। रामनगर के राजा ने भितिहरवा मठ की स्थापना की थी और इसकी जमीन रामजानकी के नाम से थी। इस मंदिर के पुजारी एक संत थे, जिनका नाम बाबा राम नारायण दास था। शुक्लजी ने संत से मिलकर विद्यालय के लिए जमीन की व्यवस्था की और गाँववालों से सामान माँगकर झोंपड़ी बनाई।

गांधीजी, राजेंद्र बाबू, गोरख प्रसाद, रामनवमी प्रसाद, ब्रज किशोर प्रसाद के नाम से एक ट्रस्ट बनाकर आश्रम की जमीन की रजिस्ट्री रामनगर रजिस्ट्री ऑफिस में कर दी गई। 20 नवंबर, 1917 को गांधीजी, गोरख प्रसाद, जनकधरी प्रसाद, महादेव देसाई, हरवंश सहाय आदि भितिहरवा पहुँचे और वहाँ भी विद्यालय का संचालन आरंभ हुआ।

1929 ई. में गांधीजी से मिलने के लिए शुक्लजी साबरमती आश्रम गए और वहाँ 15-16 दिनों तक रुके। इस बीच उनकी काया काफी कमजोर हो चुकी थी। कस्तूरबा तो उन्हें देखकर रोने लगीं।

गांधीजी से उन्होंने पूछा कि कब तक देश आजाद होगा? गांधी ने उन्हें सिर्फ आश्वस्त ही किया। शुक्लजी ने कहा कि यदि विलंब हुआ तो वे इस दिन को देखने के लिए जिंदा नहीं रह पाएँगे।

54 वर्ष की अवस्था में 20 मई, 1929 को राजकुमार शुक्ल का निधन मोतिहारी में हो गया। उनकी छोटी पुत्री देवपति ने उन्हें अग्निदान दिया। मृत्यु के समय उनके परिवारजनों के पास इतने पैसे भी नहीं बचे थे कि उनकी अंतिम क्रिया की जा सके। स्थानीय युवकों ने चंदा माँगकर राम बाबू के बगीचा में उनका दाह-संस्कार करवाया। शुक्लजी की मृत्यु की खबर बेलवा कोठी के नीलहा एम्मन को पहुँची और वे बहुत दुःखी हो गए। अगले दिन एम्मन ने अपने चपरासी को बुलाया और 300 रुपए दिया कि जाओ, जाकर शुक्लजी के परिजनों को दे आओ, ताकि उनका श्राद्ध ठीक से हो सके। चपरासी अवाक् रह गया और सिर्फ इतना ही कहा कि शुक्लजी तो आपके दुश्मन थे, फिर आर्थिक सहायता क्यों? एम्मन ने समझाया कि तुम राजकुमार शुक्ल को नहीं पहचानोगे। उसने अपने जीवन के पच्चीस वर्ष और 60 बीघा जमीन अपने अधिकारों की रक्षा के लिए हम नीलहों के साथ लड़ाई

में गँवा दिया। अभी उसके पास कुछ नहीं बचा रह गया है कि उनके परिवारजन उसका श्राद्ध भी ठीक से कर सकें।

शुक्लजी के श्राद्ध में राजेंद्र बाबू, अनुग्रह नारायण सिंह, ब्रजकिशोर प्रसाद आदि पहुँचे और ए.सी. एम्मन भी पहुँचा। राजेंद्र बाबू ने एम्मन से कहा कि आप तो खुश होंगे, क्योंकि आपका सबसे बड़ा दुश्मन सदा के लिए खत्म हो गया। एम्मन ने दु:खी होकर राजेंद्र बाबू से कहा कि वह हमारा दुश्मन नहीं था, वह तो अपने अधिकारों के लिए हमसे लड़ा। चंपारण का वह अकेला मर्द था, जो मुझसे पच्चीस वर्षों से लड़ रहा था। अब वह खत्म हो गया है और अब मैं भी जिंदा नहीं रह सकूँगा। एम्मन ने शुक्लजी के बड़े दामाद सरयू राय को अगले दिन अपने घर पर बुलाया और चंपारण के पुलिस कप्तान के नाम एक गोपनीय चिट्ठी दी और इस आधार पर पुलिस जमादार के रूप में उनकी नौकरी हो गई। शुक्लजी की मृत्यु के तीन महीने बाद एम्मन की भी मृत्यु हो गई।

शुक्लजी में नेतृत्व के सभी गुण मौजूद थे। 1907 में चंपारण संघर्ष के दरम्यान उन्हें यह बात समझ में आ गई कि नीलहे भी अंग्रेज हैं और सरकार के अधिकारी भी अंग्रेज हैं एवं इनसे लड़ने के लिए नेता में जिन गुणों की आवश्यकता है, वह न तो उनके पास है और न चंपारण के अन्य लोगों में। जैसे ही गणेश शंकर विद्यार्थी ने गांधीजी का नाम लिया, वे उनके पीछे लग गए और चंपारण समस्या से गांधी को जोड़कर ही दम लिया। शुक्लजी, शेख गुलाब, शीतल राय एवं अन्य स्थानीय नेताओं ने किसानों में अलख जगा दिया था और जब गांधीजी नेतृत्व के लिए चंपारण पहुँचे तो हजारों-हजार लोग उनका साथ देने के लिए तैयार मिले। चंपारण के किसानों ने अंत-अंत तक गांधीजी के नेतृत्व में भरोसा किया और सहयोग किया। यह सब राजकुमार शुक्ल की मेहनत की देन थी। गांधीजी को सामने रखकर शुक्लजी ने चंपारण आंदोलन के संघर्ष का ताना-बाना तैयार किया और एक महान् नेता की तरह सारा श्रेय गांधीजी को ही लेने दिया। शुक्लजी यहीं आकर नहीं रुके। चंपारण के सामाजिक व धर्मिक सद्भाव को टूटने से बचाने के लिए भी उन्होंने गांधीजी के नेतृत्व में संघर्ष किया। शिक्षा एवं स्वास्थ्य के क्षेत्र में भी शुक्लजी ने उनकी नेतृत्व क्षमता का उपयोग चंपारण के लिए किया। यह दु:ख की बात है कि आजादी के बाद जितने राजनीतिक सत्तासीन हुए, उनके लिए राजकुमार शुक्ल उपेक्षित ही रहे। यही कारण है कि उनके योगदान की चर्चा चंद शब्दों में कहकर खत्म की दी जाती है कि उन्होंने गांधी को चंपारण लाया।

□

महात्मा गांधी के प्रभाव में आया सदाकत आश्रम का संस्थापक राजनीतिक फकीर : मौलाना मजहरुल हक

(चंपारण जाते, जिनके निवास पर पटना में 10 अप्रैल, 1917 को जब आजादी की सत्याग्रही इतिहास की पहली पंक्ति लिखी गई)

—कर्मेंदु शिशिर

(हिंदी विभाग, बी.डी. इवनिंग कॉलेज, पटना)

जब हम भारतीय नवजागरण के मुसलिम इलाके में प्रवेश करते हैं, थोड़ी छानबीन करते हुए भटकते हैं, तो यहाँ भी ऐसे जननायकों की लंबी कतार दिखती है, जिन्होंने आधुनिक भारत के निर्माण में अपनी पूरी जिंदगी खाक कर दी। उनके विचारों, संघर्षों और कारनामों की अनदेखी हमें चकित करती है और खिन्न भी। आखिर इस स्वर्णिम अध्याय को ओट में रखकर हम भारतीय नवजागरण को समग्रता में कैसे समझ सकते हैं? हमें यह नहीं भूलना चाहिए कि समकालीन भारत की उस महान् विरासत को बिना समझे, हम आनेवाले भारत का निर्माण नहीं कर सकते। आखिर भारतीय नवजागरण के ये जननायक कैसा भारत बनाना चाहते थे? क्या थे उनके स्वप्न, जिसे मूर्त करने के लिए वे संघर्ष कर रहे थे, मुसीबतें झेल रहे थे। उन्हीं जननायकों में एक थे—मौलाना मजहरुल हक। उन्हें लोग 'छोटा गांधी' कहते थे और यह सच है, इसमें तनिक अतिशयोक्ति नहीं थी। जिन आदर्शों के लिए उनका जीवन समर्पित रहा, जिन उसूलों के लिए वे जीवन-भर

संघर्ष करते रहे, वे भारत के बुनियादी उसूल थे। विचार और कर्म की ऐसी विरल एकता के उदाहरण तब भी बहुत ज्यादा नहीं थे; आज तो वैसी मिसालें शायद ही ढूँढें मिलें।

मजहरुल हक साहब का जन्म 22 दिसंबर, 1866 को पटना से 25 किलोमीटर दूर बहपुरा में हुआ था। उनके पिता शेख अहमदुल्ला साहब नील-उत्पादक एक मध्यवर्गीय जमींदार थे। उनके चचेरे दादा काजी फर्जंद अली ने 1857 की राजक्रांति में भाग लिया था। 1857 के पूर्व अंग्रेजों के विरुद्ध चले जबरदस्त वहाबी आंदोलन से उनके परिवार का संबंध रहा था। दरअसल, 1845 से ही पटना वहाबी आंदोलन का मुख्य केंद्र था और महान् शहीद पीर अली समेत अनेक क्रांतिकारी उसी आंदोलन के दीक्षित योद्धा थे। 1857 के बाद लगभग 1880 तक अंग्रेजों का दमन लगातार चलता रहा था, ऐसे में जाहिर था संस्कार, सोच और परिवेश के असर से मजहरुल हक साहब भी अछूते नहीं रहे होंगे।

उनकी प्रारंभिक शिक्षा घर में ही हुई और उन्होंने मौलवी सज्जाद हुसैन से अरबी-फारसी सीखी। 1874 में मिडिल पास कर वे पटना कॉलेजिएट स्कूल में भरती हुए। इस दौरान एक फकीर के असर में वे घर से भाग गए और पूर्वी बंगाल के एक गाँव में रहने लगे। बचपन में रूहानी तसव्वुर के बावलेपन में उनके प्रवचन गाँववासियों को मुग्ध कर लेते थे। तकरीरों का यह रियाज आगे बड़े काम का सिद्ध हुआ। इधर पिता बेचैन कि बेटा मजहरुल गया कहाँ? दिन-रात तलाश के बाद खबर लगी तो दौड़े-दौड़े गए। देखा, उनका बेटा बाल फकीर बना हुआ है। उसे घर लाकर फिर स्कूल में दाखिला कराया और 1886 में वे मैट्रिक पास हुए। पटना कॉलेज में प्रवेश तो लिया, लेकिन तब तक उनकी आजादखयाली का आलम ऐसा था कि प्राध्यापकों से भी बहस हो जाती और एक दिन एक अंग्रेज प्राध्यापक से बुरी तरह उलझ गए। हाल-बेहाल पिता ने बेटे को कैनिन कॉलेज लखनऊ में भेजा। बचपन का रूहानी बावलापन व्यक्तित्व का ऐसा हिस्सा बन चुका था कि उनका मन वहाँ भी नहीं रमा। ढाका के परिचित नवाब से कुछ पैसे उधर लिये और कानूनी पढ़ाई के लिए सात समुंदर पार इंग्लैंड रवाना हो गए। घर में किसी को कुछ पता नहीं। अब अदन से बेटे का खत मिला तो पिता को पता चला कि वह लखनऊ में नहीं, इंग्लैंड की राह में है। खत में बेटे का ऐलान था कि बिना कानूनी डिग्री लिये लौटनेवाला नहीं। आखिर बाप क्या करते? कुछ गाँवों की जमींदारी बेची और बेटे को पैसे भेजे। तीन महीने अदन में रुककर सितंबर 1888 में मजहरुल इंग्लैंड पहुँचे।

इंग्लैंड में सहपाठी मिले-मोहनदास करमचंद गांधी। उनकी मैत्री जीवन के आखिर तक बनी रही और उनके रूहानी खयालात में बुनियादी परिवर्तन हुए। सामाजिक सरोकारों और सक्रियता का एक नया अध्याय जुड़ा, लेकिन उनकी सक्रियता को आगामी रूपाकार देनेवाले उन्हें दो अंतरंग दोस्त मिले-अली इमाम और 1890 में इंग्लैंड पहुँचे डॉ. सच्चिदानंद सिन्हा। इंग्लैंड में मुसलिम छात्रों की अच्छी-खासी संख्या थी और उन लोगों ने एक संस्था बनाई थी, 'अंजुमन-ए-इसलामिया', जो बाद में 'पंजाब इसलामिक सोसाइटी लंदन' हो गई। इसमें गैर-मुसलिम छात्र भी थे और डॉ. सच्चिदानंद सिन्हा अकसर इसकी बैठकों में शामिल होते थे। बंगाल से बिहार के स्वतंत्र राज्य बनने में इसी मैत्री ने केंद्रीय भूमिका का निर्वाह किया था। हक साहब ने कानून के साथ-साथ फ्रांसीसी भाषा भी सीखी; साथ ही उन्होंने वक्तृत्व कला का भी अध्ययन किया। यह बात गौर करनेवाली है कि अधिकांश जननायक वक्तृत्व कला का भी अलग से अध्ययन करते थे। सच्चिदानंद सिन्हा, अली इमाम या बदरुद्दीन तैयबजी इन सबसे इसमें विशेष दक्षता हासिल की। राधमोहन गोकुल ने तो वक्तृत्व कला पर एक पुस्तिका भी लिखी थी। लोगों को जाग्रत करने के लिए वक्तृत्व एक कारगर हथियार था और इसके लिए अतिरिक्त योग्यता प्राप्त की जाती थी। हक साहब और अली इमाम दोनों को शेक्सपियर के नाटकों के जीवंत पाठ में महारत हासिल थी। तैयब साहब ने तो इसमें पुरस्कार भी प्राप्त किया था और शेक्सपियर के नाटकों में उनके अभिनय की इंग्लैंड के समाचार-पत्रों में भूरि-भूरि प्रशंसा भी हुई थी।

मजहरूल हक 1891 में स्वदेश लौटे और उसी साल जुलाई में कलकत्ता उच्च न्यायालय में नाम दर्ज करा, पटना में वकालत करने लगे। जल्द ही उनकी गणना श्रेष्ठ वकीलों में होने लगी। कुछ महीनों बाद वे उत्तर प्रदेश न्यायिक सेवा में मुंसिफ हो गए। कुछ वर्ष ही हुए थे कि उनकी टक्कर अंग्रेज कमिश्नर से हो गई, जिसका बड़ा ही दिलचस्प वाकया है। हक साहब के पास दुर्लभ कुत्ते की जोड़ी थी। कमिश्नर ने उसे देखा, मुग्ध हो गया और उसे पाने के लिए बेचैन हो उठा। इधर-उधर से कहलवाकर जब वह नाकाम रहा तो उसने खुद एक पत्र लिखकर कुत्तों की माँग की। हक साहब ने साफ-साफ कह दिया मैं देने के लिए कुत्ते नहीं पालता। इतना ही शौक है तो बाजार से खरीद लें। जाहिर है यह बात कमिश्नर को अत्यंत बुरी लगी। एक हिंदुस्तानी अंग्रेज कमिश्नर को भला यों टका सा जवाब देगा? उसने जिला जज से शिकायत की। जिला-जज ने ताव में आकर कहा कि तुमने एक अंग्रेज कमिश्नर का अपमान किया है। हक साहब का पारा सातवें

आसमान पर, उन्होंने तुरंत त्यागपत्र दे दिया, लेकिन कुत्तों की जोड़ी नहीं दी। पटना कॉलेज के अंग्रेज प्राध्यापक के बाद किसी अंग्रेज से यह उनकी दूसरी भिड़ंत थी।

1896 में त्यागपत्र देकर वे अपने गाँव अंदार चले आए और छपरा में वकालत करने लगे। इसी दौरान उन्होंने फरीदपुर में जमीन खरीदी। अपने यहाँ एक मकान और बगीचा बनवाया, जो आशियाना नाम से आगे प्रसिद्ध हुआ। तभी 1897 में भयानक अकाल पड़ा और हक साहब का सार्वजनिक जीवन शुरू हुआ। उन्होंने राहत समिति बनाकर ऐसे कार्य किए कि उनकी ख्याति पूरे प्रदेश में फैल गई। सभी वर्गों और समुदायों में उनकी प्रतिष्ठा ऐसी फैली कि 1903 में उन्हें छपरा नगरपालिका का सर्वसम्मति से उपाध्यक्ष चुन लिया गया। उस समय अध्यक्ष पदेन जिलाधीश हुआ करते थे। शहर की सफाई और कर प्रणाली में उनके सुधारों की चर्चा पूरे प्रदेश में हुई तथा उन्होंने इन तीन वर्षों में जो आदर्श स्थापित किए, उसकी कभी आवृत्ति नहीं हुई। 1906 में उनकी दूसरी शादी किश्वरजहाँ से हुई, जिससे दो पुत्र हसन और हुसैन हुए। पहली शादी तो 1892 में ही गौसिया बेगम से हुई थी, जो नि:संतान मर गई थीं। सार्वजनिक जीवन के शुरुआती दौर में ही उनका व्यक्तित्व इतना बड़ा हो गया कि छपरा छोटा पड़ने लगा। 1908 में उन्होंने पटना में दुबारा वकालत शुरू की। सामाजिक और राजनीतिक गतिविधियों के विस्तार की यहाँ गुंजाइश भी ज्यादा थी।

हम अपने तत्कालीन राष्ट्रीय नेताओं की दूरदर्शिता और योग्यता की चाहे जितनी तारीफ करें, यह बात सच है कि अंग्रेज जिस दक्षता और गंभीरता से हिंदू-मुसलिम विभेद की बारीक एवं विस्तृत कार्यनीति बना रहे थे, जिस अचूक तरीके से उसे लागू कर रहे थे, वह बेजोड़ थी। बेशक हमारे नेताओं में इसकी समझ हो, लेकिन वे विवश थे। काट की कोई कारगर रणनीति इनके पास नहीं थी। आज हम चाहे जिन कारणों को गिनाएँ, जिस-तिस को दोषी ठहराएँ, लेकिन यह नेतृत्व की अक्षमता और पराजय ही थी। विचार और सिद्धांत ही नहीं, संगठन, कार्यनीति तथा रणनीति की भी यह असफलता थी। हिंदू-मुसलिम दोनों अपना हित अलग-अलग सोच रहे थे और यही अंग्रेज चाहते थे। एक-दूसरे को समय-समय पर तुष्ट करते हुए दोनों के बीच फासले को वे लगातार बढ़ा रहे थे। अंग्रेजी शिक्षा में हिंदुओं के कुछ पहले और बड़ी संख्या में प्रवेश ने मुसलिम कौम को चिंतित कर दिया था। हिंदुओं में दक्षिण और बंगाल के प्रभु वर्ग तथा उच्च जातियों के बढ़ते प्रभाव से सामाजिक एवं क्षेत्रीय असंतुलन अलग बढ़ रहा था। इसके असर से बीसवीं शताब्दी के प्रारंभ में दो बड़ी घटनाएँ घटीं। एक तो मुसलिम लीग की स्थापना और

दूसरी बंगाल से बिहार के अलगाव का आंदोलन।

पूर्वी बंगाल के मुसलमानों ने अपने कौम के हितों के लिए दिसंबर, 1906 में ढाका में एक मुसलिम सम्मेलन बुलाया। उसकी विज्ञप्ति में यह बात स्पष्ट रूप से कही गई कि इसका उद्‌देश्य एक ऐसी संस्था का गठन करना है, जो अंग्रेजों के हर कर्म की हिमायत करेगी और कांग्रेस के हर कार्य का विरोध भी करेगी। यह सैयद अहमद खान के विचारों की पुन:प्रतिष्ठा थी, जबकि उनके विचारों का प्रतिकार उनके जीवन-काल में ही बदरुद्‌दीन तैयबजी ने शुरू कर दिया था। बाद में तो उनके द्वारा स्थापित अलीगढ़ मुसलिम कॉलेज के छात्र रहे हसरत मोहानी, शिबली नूमानी और लाहौर से प्रकाशित प्रसिद्ध अखबार 'जमींदार' के संपादक जफर अली खान तो खुलकर अंग्रेजों के खिलाफ सक्रिय हो गए थे। अनेक राष्ट्रवादी मुसलमान इस सम्मेलन की गंभीरता को, खतरे को अच्छी तरह समझ रहे थे और इसके नतीजे से वे बुरी तरह बेचैन थे।

इस सम्मेलन में बिहार से मजहरुल हक और अली इमाम साहब ने भी भाग लिया। हक साहब ने इसमें सक्रिय भूमिका निभाई और अपने प्रभावशाली भाषण में देश के वर्तमान हालात तथा मुसलिम कौम की स्थिति पर विस्तार से रोशनी डाली। उन्होंने हिंदू-मुसलिम एकता की जरूरत पर जोर दिया और पूरे सम्मेलन के उद्‌देश्य तथा आशय को ही बुनियादी तौर पर बदल दिया। उनको विभिन्न प्रतिनिधियों से समर्थन भी मिला और वे अखिल भारतीय मुसलिम लीग की स्थापना के साथ उसके मूल उद्‌देश्य में यह प्रस्ताव शामिल कराने में सफल रहे कि 'भारत के मुसलमानों में अन्य समुदायों के प्रति वैमनस्य की भावना रोकने के लिए' भी यह संगठन काम करेगा। हक साहब की यह बहुत बड़ी सफलता थी। वे लीग के बिहार प्रांतीय सचिव भी बने और इसी विचार एवं भाव से उन्होंने प्रदेश में इस मंच से कार्य भी किया। यही कारण था कि 1915 में लीग का बंबई अधिवेशन उनकी ही अध्यक्षता में हुआ।

उस समय ब्रिटिश हुकूमत की राजधानी कलकत्ता थी। तब बिहार और उड़ीसा उसी के साथ जुड़े थे। बिहार में बंगालियों का प्रभुत्व था और वे अंग्रेजी शिक्षा में बहुत आगे थे। इससे ऐसा क्षेत्रीय असंतुलन पैदा हो गया था कि बिहार एक तरह से बंगाल का उपनिवेश बनकर रह गया था। बिहार को अलग करने की मुहिम में 1894 में 'बिहार टाइम्स' नामक एक अखबार महेश नारायण के संपादन में निकलता था, जिसमें सच्चिदानंद सिन्हा एवं अली इमाम के साथ और कई प्रभावशाली लोग शामिल थे। 'बिहार प्रादेशिक सम्मेलन' नाम से 12-13 अप्रैल,

1908 को पटना में इसका पहला अधिवेशन हुआ, जिसकी अध्यक्षता अली इमाम साहब ने की। 9–10 अप्रैल, 1909 में इसका अधिवेशन भागलपुर में हुआ, जिसकी अध्यक्षता सच्चिदानंद सिन्हा ने की और यह आंदोलन जोर पकड़ने लगा। इसके समानांतर बिहार प्रादेशिक कॉन्फ्रेंस नाम से एक और संगठन कार्य कर रहा था। इसमें सबसे महत्त्वपूर्ण बात यह थी कि हिंदू–मुसलिम दोनों ने अपनी जबरदस्त एकता का मुजायरा किया था। नवंबर, 1911 में मजहरूल हक साहब की अध्यक्षता में गया में जो सम्मेलन हुआ, वह तो एक तरह से निर्णायक साबित हुआ। मजहरूल हक साहब अत्यंत सुपठित और बहुविज्ञ व्यक्ति थे। उनके विचार और सामाजिक, राजनीतिक सक्रियता का इतना गहरा असर था कि हिंदू–मुसलिम दोनों कौमों में वे बेहद लोकप्रिय थे।

अक्तूबर, 1908 को सोनपुर मेले में बिहार प्रादेशिक कांग्रेस कमेटी का गठन हुआ। अध्यक्षता नवाब सरफराज हुसैन खान ने की। अध्यक्ष हसन इमाम साहब और मजहरूल हक साहब, सरफराज हुसैन, परमेश्वर नारायण मेहता एवं कृष्णा सहाय उपाध्याय, दीपनारायण सिंह, परमेश्वर लाल और नाजमुल हुदा सचिव तथा सच्चिदानंद सिन्हा कोषाध्यक्ष चुने गए। हिंदू–मुसलमानों के श्रेष्ठ प्रादेशिक जनों के चयन का प्रदेश में अनुकूल संदेश गया। 25–29 दिसंबर, 1910 को इलाहाबाद में आयोजित 25वाँ कांग्रेस अधिवेशन हुआ तो बिहार के प्रतिनिधिमंडल का नेतृत्व मजहरुल हक साहब ने किया। वहाँ मुसलमानों के अलग प्रतिनिधित्व के मार्ले–मिंटो सुधार के विरुद्ध मुहम्मद अली जिन्ना ने प्रस्ताव रखा तो समर्थन में हक साहब ने जोरदार तकरीर की। भारतीय राष्ट्रीय कांग्रेस इलाहाबाद 1910 में उनकी तकरीर शामिल है। उन्होंने बड़े बेबाक तरीके से यह कहा कि मैं कांग्रेस और मुसलिम लीग; दोनों का सदस्य हूँ। उनके अनुसार प्रत्येक मुसलमान को दोनों का सदस्य होना चाहिए। मुझे यह कहने में तनिक हिचक नहीं कि निजी रूप से मैं अलग प्रतिनिधित्व का विरोधी हूँ। यह सिद्धांततः गलत है। देश की सबसे बड़ी समस्या है—हिंदू और मुसलमानों की एकता। मातृभूमि के विकास के लिए दोनों को मिलकर काम करना होगा। बेशक हिंदू बड़ी संख्या में हैं, बड़े भाई हैं, उनको थोड़ी उदारता भी दिखानी पड़ सकती है। असल चीज है एकता और देश का विकास। यह सत्य है कि निकायों और स्थानीय परिषदों में मुसलमानों को विशेष प्रतिनिधित्व मिला है। अब अगर वे इससे आगे बढ़कर अलग प्रतिनिधित्व की माँग करेंगे तो यह अनुचित बात होगी। उन्होंने मुसलमानों को चेताया कि भावुकता में बहने से न आपका हित सधनेवाला है, न ही देश का। उनके भाव और विचार इतने

दृढ़ थे कि उन्होंने ऐलान किया कि मैं हिंदू और मुसलमानों की एकता के लिए दस हजार सिद्धांतों और दस हजार अलग निर्वाचक मंडलों को कुरबान कर सकता हूँ। हिंदू-मुसलिम एकता के प्रति ऐसा था उनका चट्टानी विश्वास! मार्ले-मिंटो सुधार के अंतर्गत वे दो बार केंद्रीय विधान परिषद् में चुने गए। वहाँ उन्होंने निःशुल्क प्राथमिक शिक्षा की जोरदार माँग की। वे भी तैयबजी की तरह मुसलिम बालिकाओं की शिक्षा के प्रबल समर्थक थे।

उनकी बड़ी राजनीतिक भूमिका 26-28 दिसंबर, 1912 की पटना कांग्रेस में उभरकर सामने आई, जिसके वे स्वागताध्यक्ष थे। उस अवसर पर उनका दिया गया व्याख्यान उनके गहन अध्ययन और विचारों का दस्तावेज है। उन्होंने भारत के गौरवशाली इतिहास में पाटलिपुत्र के 2500 वर्षों के स्वर्णिम इतिहास का अत्यंत विद्वत्तापूर्वक सार रखा। बिहार की नई-नई बनी इस राजधानी का ऐसा गौरवगान इसके पहले शायद ही किसी ने किया था। उन्होंने इस नए प्रदेश की शासन-व्यवस्था का स्वागत किया और विश्वास दिलाया कि अगर प्रशासन उदारता से काम लेगा तथा लोगों को विश्वास में लेकर उनके प्रति सहानुभूति से पेश आएगा तो उसे जरूर व्यापक सहयोग मिलेगा। आगे उन्होंने बड़ी गंभीर बातें कहीं, जिनमें एक अभिभावक या शिक्षक का टोन था। 'लोगों का भविष्य उन्हीं के हाथों में है। चरित्र और क्षमता दो ऐसी पूँजी हैं, जिससे आदमी चाहे तो सफलता की सीढ़ियाँ चढ़ सकता है।'

सावधानी, धीरज, दूरदर्शिता तथा आत्मविश्वास के बूते ही कोई तरक्की या सभ्यता की ओर जाता है। अधीरता, अदूरदर्शिता, अवसरवादिता और चाटुकारिता हमेशा आदमी को पतन के गर्त में ले जाती हैं। आप इन आदर्शों को विश्लेषित करें तो इसमें तत्कालीन राजनीति के तमाम नैतिक-अनैतिक मूल्यों की पहचान मिलगी। ये बातें उनके दिमाग की उपज नहीं, बल्कि जीवन में शामिल आदर्श थे। नवजागरण के जननायकों के व्यक्तित्व के ये ही वे दुर्लभ गुण थे, जो उन्हें अमूल्य और अद्वितीय बनाते हैं। वे बिहार के सांप्रदायिक सौहार्द पर भी बोले। वे तत्कालीन यूरोप की तुर्कों के साथ की जा रही ज्यादतियों पर विस्तार से बोले। यहाँ दो बातें और करनेवाली हैं। एक तो यह कि वे लोग विश्व राजनीति को गहराई से जानते थे। दूसरी बात यह कि उनका पक्ष स्पष्ट था और वे इसे सामान्य जनता तक संप्रेषित भी करते थे। ये बातें राजनीतिक जागरूकता के नजरिए से अत्यंत महत्त्वपूर्ण हैं।

मजहरुल हक साहब के जीवन का मूल उद्देश्य हिंदू-मुसलिम एकता था।

इसे वे केंद्र में रखते थे। इस पर बोलते हुए उनका लहजा हमेशा परिवार के बुजुर्गोंवाला होता था। वे गंभीर और सैद्धांतिक पचड़े में बिना पड़े सरल और सीधी बातें करते थे। किसी तरह छोटी-छोटी बातें तिल का ताड़ बन जाती हैं। इस प्रसंग में उन्होंने अखबारों से अपील की थी कि वे हिंदू-मुसलिम एकता से जुड़े मामलों में अतिरिक्त सावधानी बरतें। तुच्छ बातों को प्रमुखता न दें और विश्लेषण, विवेचन में संवेदनशीलता का परिचय दें। तुच्छ चीजों को छोटे दिमागवालों पर छोड़ देना चाहिए, जो अपने स्तर से ऊँचे नहीं उठ सकते। हमारे आदर्श ऊँचे होने चाहिए और प्राप्त करने के प्रयत्न करने चाहिए।' जब वे जनता को कहते थे तो अंदाज वहीं बुजुर्गीयाना, मुझे अपने हिंदू भाइयों से कहना है कि अपने मुसलमान भाइयों के प्रति सहानुभूति से पेश आएँ। अपने दिमाग में ऐसी बातें नहीं आने दें कि सारे मुसलमान खराब हैं और उन्हें नई दिशा की ओर प्रेरित करना नामुमकिन है। ऐसी बात नहीं है।' उनका कहना था कि हिंदू अपने को उनकी जगह रखकर सोचें। उन्होंने यह भी समझाया कि भारत के मुसलमानों के मुख्य स्थल मक्का और मदीना अरब में हैं, इसलिए वे वहाँ के बारे में भी सोचते हैं। इसको गलत नहीं समझना चाहिए। इसका यह मतलब नहीं होता कि उनकी देशभक्ति कमजोर है। उन्होंने मुसलमानों को इंगित करके कहा कि आपको अपनी मातृभूमि को कभी भी नहीं भूलना चाहिए। अपने हिंदू भाइयों' अथवा 'मातृभूमि को कभी भी' नहीं भूलने पर गौर कीजिएगा तो लगेगा कि उनके विचार रूह से निकलते थे। उनका दिल-दिमाग एक था और वे इससे कभी नहीं भटके। वे दोनों की एकता के लिए तरह-तरह से सोचते थे। यह कोशिश उनके लिखे और दिए गए व्याख्यानों में बार-बार दिखती है। वे लिखते हैं कि मैं चाहता हूँ कि दोनों संप्रदायों के लोग एक-दूसरे को समझें, एक-दूसरे की कमजोरियों के प्रति सहिष्णु बनें और साथ काम करने को तत्पर रहें। यह सबसे बड़ा काम है, जिस पर हर भारतीय अपने को न्योछावर कर दे।' अकारण ही उनको 'छोटे गांधी' नहीं कहा जाता था।

तुर्की के विघटन के विरुद्ध प्रसिद्ध नेता विपिनचंद्र पाल भी थे। उन्होंने कलकत्ता की एक सभा में तुर्की की अखंडता बनाए रखने पर जोर दिया। वे तुर्की के विघटन को विश्व सभ्यता के विनाश के रूप में देखते थे। उनका कहना था कि तुर्की का वास्तविक स्वरूप संघीय है। वह राजनीति और आर्थिक आधार पर नहीं, बल्कि सभ्यता और धर्म के आधार पर टिका है। 6 मई, 1913 को लखनऊ में अब्दुल बारी के नेतृत्व में 'अंजुमन-ए-खुदाय-ए-काबा' की स्थापना हुई। इससे प्रेरित होकर बिहार में भी मक्का, मदीना जैसे धार्मिक स्थलों की रक्षा के लिए कई

संस्थाएँ बनीं, जिसमें मजहरूल हक की बड़ी सक्रियता रही। उस दौरान पूरे देश में मुसलमान क्रोध से उबल रहे थे और आंदोलन कर रहे थे। तभी कानपुर के मछली बाजार के सड़क चौड़ीकरण का काम चल रहा था, जिसमें एक मसजिद आड़े आ रही थी। मसजिद के एक भाग को तोड़ते ही आंदोलन लहक उठा। 2 जुलाई, 1913 को यह घटना घटी, लेकिन सरकार इसकी संवेदनशीलता को समझ नहीं पाई। मुसलमानों ने तुरंत एक बैठक की और अगले दिन ध्वस्त भाग के निर्माण में लग गए। सरकार ने इसे गैर-कानूनी कहा और पुलिस ने गोलियाँ चलाईं तथा गिरफ्तारी की। ऊपर से उत्तर प्रदेश के उपराज्यपाल ने इस काम के लिए पुलिस को प्रशंसा पत्र दिए। इसकी अत्यंत तीखी प्रतिक्रिया हुई। मुसलमानों के साथ हिंदुओं ने भी इस काररवाई का विरोध किया।

10 अगस्त, 1913 को मजहरूल हक की अध्यक्षता में अंजुमन इस्लामिया हॉल, पटना में एक सभा हुई और इस घटना पर रोष प्रकट किया गया। मजहरुल हक साहब ने इस मुकदमे में बिना फीस लिये वकालत की। मामला इतना तूल पकड़ गया कि वायसराय को खुद कानपुर आकर मामला सुलझाना पड़ा। मुकदमे वापस लेने पड़े। मजहरुल हक साहब ने इसमें बड़ी भूमिका निभाई। समझौते को लेकर कुछ गलतफहमी भी हुई, जिस पर अबुल कलाम आजाद ने मजहरुल हक साहब के पक्ष में लेख लिखा। 4 अप्रैल, 1914 को अलीगढ़ में विश्वविद्यालय खोलने के लिए जो सभा हुई, इसमें कानपुर मसजिद कांड के कोष में जमा एक हजार रुपए उन्होंने दान में दे दिए। उनकी लगातार यह कोशिश रहती थी, मुसलिम कौम आधुनिक बने और अपनी संकीर्णता से बाहर निकल नई सभ्यता का वरण करे। वे इस बात को शिद्दत से महसूस कर रहे थे कि बिना आधुनिक शिक्षा के इस कौम में नवजागरण संभव नहीं है।

□

ब्रजकिशोर प्रसाद

(1916 के लखनऊ कांग्रेस में चंपारण के किसानों की समस्याओं से जिन्होंने गांधीजी को अवगत कराया।)

—सुरेंद्र गोपाल

(पूर्व विभागाध्यक्ष, इतिहास विभाग, पटना विश्वविद्यालय)

निलहे रैयतों के प्रति ब्रजकिशोर बाबू की सतत् चिंता का आभास उनके उस भाषण से हो जाता है, जिसे उन्होंने बिहार प्रांतीय सम्मेलन 'बिहार प्राविंशियल कॉन्फ्रेंस' के अध्यक्ष के रूप में 10 अप्रैल, 1914 ई. को पटना में दिया था। उन्होंने कहा था कि 'यहाँ के उच्चतम अधिकारियों ने अपने उत्तर में उसी बात का हवाला दिया है जिसे निलहे खेतिहर समुदाय द्वारा सम्राट के स्वागत अभिभाषण में दिया गया था, इसमें तिरहुत के लिए निलहे खेतिहरों द्वारा की गई महत्त्वपूर्ण सेवाओं के लिए उनका गुणगान किया गया था, किंतु वे इससे सहमत नहीं थे अर्थात उनकी राय भिन्न थी।

मैं निलहे खेतिहरों के बारे में की गई इन प्रशंसाओं से द्वेषभाव नहीं रखता। मैं चाहता हूँ कि वे इसके लिए खुशी मनाएँ, किंतु खेतिहरों ने जो कुछ भी अच्छा किया हो, पर मेरे विचार से विषय का एक दूसरा कम स्पष्ट पक्ष भी है। पटना के एक उदीयमान वकील श्री अनुग्रह नारायण सिंह ने काउंसिल की काररवाइयों को देखा था। उन्होंने अपनी 'आत्मकथा' में लिखा है, ''एक बार हम लोगों ने काउंसिल की काररवाई देखने के लिए गुलजारबाग जाने का निश्चय किया। उस समय काउंसिल की बैठक पटना कॉलेज या गुलजारबाग अफीम कारखाना में होती थी। जिस दिन काउंसिल की काररवाई देखने गए थे, उसी दिन ब्रजकिशोर प्रसाद ने नील के खेतिहर रैयतों की शिकायतों की जाँच के लिए एक समिति बनाने का

प्रस्ताव रखा था। काउंसिल के अध्यक्ष सर एंड्रूसर उस समय उन्हें क्रुद्ध दृष्टि से देख रहे थे, जब ब्रजकिशोर बाबू प्रस्ताव पर बोल रहे थे। काउंसिल में इस विषय पर वाद-विवाद भोजनावकाश तक चला। भोजनावकाश के समय सभी सदस्य बाहर चले गए थे, पर ब्रजकिशोर बाबू वहीं बैठे रह गए थे। ऐसा लगा कि किसी को उनकी चिंता नहीं है। भोजनावकाश के समय सभी सदस्य जुटे। प्रस्ताव पर मतदान हुआ। संभवतः केवल चार ही मत प्रस्ताव के पक्ष में पड़े।''

प्रस्ताव गिर गया। लेजिसलेटिव काउंसिल के सदस्य के रूप में नील की खेती करनेवाले रैयतों की हित-रक्षा के लिए ब्रजकिशोर प्रसाद लगातार अथक परिश्रम करते रहे थे।

वह समय ऐसा था, जब भारतीय यूरोपवासियों और औपनिवेशिक अधिकारियों से बहुत डरते थे। ब्रजकिशोर बाबू सच बोलने में जरा भी नहीं हिचकिचाते थे। भारतवर्ष के नौजवान इनके कार्यों की सराहना करते थे।

चंपारण के निलहे खेतिहरों की समस्याओं के समाधान के लिए ब्रजकिशोर बाबू कृतसंकल्प थे। उन्हें खेतिहरों का विश्वास प्राप्त हो गया था। खेतिहर किसान उनके प्रशंसक बन गए थे। इसलिए जाँच के प्रस्ताव के प्रति काउंसिल का समर्थन नहीं मिलने पर भी वे निराश नहीं हुए थे। ब्रजकिशोर प्रसाद और राजकुमार शुक्ल ने मिलकर भारतीय जनता का समर्थन जुटाने का निश्चय किया। वे लोग इस मामले को दिसंबर, 1916 के अंत में लखनऊ में आयोजित होनेवाले इंडियन नेशनल कांग्रेस के वार्षिक अधिवेशन में ले गए। ब्रजकिशोर बाबू और राजकुमार शुक्ल इस निमित्त लखनऊ गए।

अपने विषय में ब्रजकिशोर बाबू ने कहा था, ''मैं निलहे खेतिहरों से न द्वेष करता हूँ और न ही घृणा करता हूँ। मैं चाहता हूँ कि वे खुश रहें, पर विषय का एक दूसरा पहलू भी है। निलहे खेतिहरों ने जो कुछ भी अच्छा किया हो, किंतु रैयतों के प्रति उनके व्यवहार ने गंभीर कृषि संबंधी समस्या पैदा कर दी है। परिणामतः असहाय ग्रामीणों को बहुत दुःखों एवं कष्टों का सामना करना पड़ रहा है। सुविदित है कि निलहे खेतिहरों के प्रति रैगतों द्वारा लगाए गए आरोप जिन्हें न्यायालय ने सामान्यतः निराधर नहीं कहा है, वे इस प्रकार हैं। निलहे खेतिहरों के आदेश के पालन नहीं करने पर रैयतों से दुर्व्यवहार किया जाता है तथा झूठे एवं कष्टदायी मुकदमों में फँसा दिया जाता है तथा अन्य प्रकार से पीड़ित कर अवैध सट्टा लिखवा लिया जाता है। जहाँ तक सट्टा निष्पादन (लिखवाने) की बात है, आश्चर्य है कि निलहे खेतिहरों की सुविधा के लिए उनके कारखाना में ही निबंधन

कार्यालय खोल दिए जाते थे।

सभी प्रकार से ये आरोप जाँच समिति बिठाने के लिए पर्याप्त थे। जाँच समिति का गठन न केवल रैयतों के हित में है, अपितु मेरी राय में सरकार को यह सलाह देना उचित होगा कि ऐसी गंभीर समस्या को टरकाने से अच्छा होगा कि इसके लिए सुयोग्य सरकारी अधिकारियों और गैर-सरकारी व्यक्तियों की एक संयुक्त समिति नियुक्त की जाए, जो मामले की सम्यक जाँचकर अपनी अनुशंसा दे और सरकार उन अनुशंसाओं के अनुसार काम करे, अन्यथा मैं सरकार को चेतावनी देना चाहता हूँ कि आगे के रास्ते रोड़े-पत्थर से भरे हैं और उन्हें साफ कर ही आगे बढ़ना बेहतर हो सकता है।

निलहे खेतिहरों से रैयतों की सहायता के लिए प्रार्थना करने के बदले ब्रजकिशोर बाबू अपनी प्रभावोत्पादक भाषा में उनके न्यायिक अधिकार और सम्यक तथा विधि-संगत व्यवहार की माँग कर रहे थे।

नीलोत्पादक रैयतों की भावनाएँ यथावत रूप में ब्रजकिशोर बाबू की वाणी में प्रतिध्वनित होती थी। उत्तर भारत से प्रकाशित 'अमृत बाजार पत्रिका' (कलकत्ता), 'भारतमित्र', 'प्रताप', 'कानपुर' और 'अभ्युदय' में लगातार निलहे खेतिहरों के अत्याचारों से पीड़ित किसानों की दुर्दशा के आलेख छपते रहे थे। ये सभी पत्र इस ओर सरकार का ध्यान आकृष्ट करना चाहते थे।

1912 ई. के अंत तक महेश्वर प्रसाद ने निलहे खेतिहरों और रैयतों के संबंधों को लेकर 'दि बिहारी' में कई लेख लिखे। उन्होंने यूरोपीयन निलहे खेतिहरों के अन्यायपरक आचरण की ओर ध्यान आकृष्ट करते हुए गौरले रिपोर्ट के प्रकाशन और 1908 ई. के विद्रोह में सजा पाए बंदियों की रिहाई की रैयतों की शिकायत के संबंध में जाँच करने की इच्छा व्यक्त की थी, किंतु ऐसा करने के पूर्व ही वे संपादक पद से हटा दिए गए। चंपारण के किसानों की शिकायतों की ओर शिक्षित आमजनों ने तब तक ध्यान देना शुरू कर दिया था।

ब्रजकिशोर बाबू के क्रियाकलापों में किसानों के हित की बात स्पष्टत: देखी जा सकती थी। इन्होंने बिहार और उड़ीसा 'अब ओडिशा' के लेफ्टिनेंट गवर्नर की काउंसिल की बैठकों में इस विषय की ओर बार-बार ध्यान आकृष्ट किया था। उल्लेख्य है कि ब्रजकिशोर बाबू इस परिषद् के सदस्य थे।

काउंसिल में केवल 25 सदस्य भारतीय थे, जिनमें पाँच मुसलमान थे। ब्रजकिशोर बाबू के प्रश्नों का उत्तर देते हुए सरकार के मुख्य सचिव ने 13 मार्च, 1913 ई. को स्वीकार किया था कि भू-स्वामियों और रैयतों के खराब संबंधों के

शिकायत संबंधी रैयतों के आवेदन उन्हें प्राप्त हुए थे। उन्होंने स्थानीय पदाधिकारियों से प्राप्त प्रतिवेदन के आधार पर काररवाई करने का आश्वासन दिया, पर जाँच की नियमित माँग को ठुकरा दिया।

इससे आहत होने पर भी ब्रजकिशोर बाबू रैयतों के हित के लिए संघर्ष करते रहे। उन्होंने कहा कि अगर सरकार जाँच रिपोर्ट को प्रकाशित करने का वचन दे तो वे अपने प्रस्ताव पर जोर नहीं देंगे।

लेफ्टिनेंट गवर्नर चार्ल्स स्टुअर्ट बेली ने ब्रजकिशोर बाबू की इच्छानुसार जाँच रिपोर्ट प्रकाशित करने का वादा करना स्वीकार नहीं किया, किंतु ब्रजकिशोर बाबू ने अपना प्रयास नहीं छोड़ा। उन्होंने पुनः 1915 ई. के प्रारंभ में काउंसिल में चंपारण के रैयतों का प्रश्न उठाया। उन्होंने सरकार के सामने कई ऐसे मामले रखे, जो निलहे खेतिहरों और रैयतों के बीच कराए गए सट्टों से संबंधित थे। 7 अप्रैल, 1915 ई. को ब्रजकिशोर बाबू ने पुनः काउंसिल में एक प्रस्ताव रखा, जिसमें लेफ्टिनेंट गवर्नर से कहा गया था कि वे चंपारण के निलहे खेतिहरों और रैयतों के बीच के कटु संबंधों के कारणों की जाँच के लिए सुयोग्य सरकारी व्यक्तियों की एक जाँच समिति नियुक्त करें, जो इनके उपचार के लिए सुझाव दे। सरकारी पक्ष के विरोध के कारण यह प्रस्ताव गिर गया। प्रस्ताव के विरोध में 27 और पक्ष में मात्र 4 मत ही पड़े।

ब्रजकिशोर प्रसाद इस समस्या पर काउंसिल में सदा प्रश्न उठाते रहे ताकि कभी तो निलहे किसानों की दयनीय दशा की ओर सरकार का ध्यान आकृष्ट हो। निलहे किसानों के हित-समर्थन संबंधी ब्रजकिशोर बाबू के विचारों से देश में उनकी समस्याओं के संबंध में सामाजिक चेतना जग गई।

जब अप्रैल, 1915 में छपरा में बिहार प्रांतीय सम्मेलन हुआ तो उसके अध्यक्ष नंदकिशोर लाल ने चंपारण के किसानों की शिकायत की ओर ध्यान आकृष्ट किया। उन्होंने बताया कि निलहे खेतिहरों द्वारा किसानों पर किए जा रहे अत्याचारों के संबंध में किसान बराबर सरकार को आवेदन देते रहे हैं। जब भी यह प्रश्न काउंसिल में उठा, सरकार का एक ही जवाब रहा; "उचित सरकारी माध्यम से मूल आवेदन प्रतिवेदन के लिए अग्रसारित कर दिया गया है। कोई ठोस काररवाई करने में सरकार विफल रही। वस्तुतः इन आवेदनों की हालत वही रही, जो 1905 ई. के चंपारण दंगे के संबंध में गौरले रिपोर्ट की रही। यह रिपोर्ट कभी इसलिए प्रकाशित ही नहीं हुई कि इससे निलहे खेतिहरों के हित की क्षति होगी।" रिपोर्ट प्रकाशित करने के लिए विधानमंडल में बार-बार माँग की जाती रही, लेकिन

इसका कुछ भी असर सरकार पर नहीं पड़ा। उसी महीने (अप्रैल, 1915) में ब्रजकिशोर बाबू ने एक प्रस्ताव पेश किया, जिसमें कहा गया था, काउंसिल लेफ्टिनेंट गवर्नर से अनुशंसा करती है कि चंपारण जिला के निलहे खेतिहरों और रैयतों के बीच कटु संबंधों की जाँच के लिए शीघ्र सुयोग्य सरकारी पदाधिकारियों और गैर-सरकारी व्यक्तियों की एक समिति नियुक्त की जाए, जो जाँच कर उपचार सुझाए। जैसा हो रहा है, सरकार ने यह भी प्रस्ताव स्वीकार नहीं किया।

ऐसा कहा गया कि इस संबंध में जाँच के लिए कई बार स्थानीय पदाधिकारियों को प्रतिनियुक्त किया गया था। यह भी कहा गया कि सर्वेक्षण का कार्य प्रगति पर है। इसकी रिपोर्ट निश्चित रूप से रैयतों को सहायता पहुँचाएगी। निलहे खेतिहरों के प्रतिनिधि और बिहार खेतिहर संघ 'बिहार पलांटर्स एसोसिएशन' के सचिव श्री पिलगेट ने सरकार के दावे का समर्थन करते हुए भारत के वायसराय लॉर्ड हार्डिंग्ज के वक्तव्य को उद्‌धृत किया था, जिसमें कहा गया था कि निलहे खेतिहरों और रैयतों का आपसी संबंध संतोषजनक था। इसलिए किसी प्रकार की जाँच की जरूरत नहीं थी।

एंग्लो-इंडियन प्रेस और निलहे खेतिहरों दोनों ने प्रस्ताव का विरोध किया।

ब्रजकिशोर बाबू ने भी पलटवार किया। उन्होंने 'दि इंडियन प्लांटर्स गजट' से एक उद्धरण सामने रखा, जो इस प्रकार था, "यह निर्विवाद है कि चंपारण के यूरोपीयन जमींदारों और उनके अधीनस्थ किसानों के बीच कुछ समय से वैमनस्य चल रहा है। इसी कारण जिलाधिकारी नियुक्त होने के बाद तुरंत ही रैयतों को भरोसा दिलाने के लिए भी हेकौक ने किसानों के बीच एक परिपत्र परिचारित करना आवश्यक समझा था।"

सरकार को कुछ गैर-सरकारी भारतीय सदस्यों का समर्थन प्राप्त था। उदाहरणार्थ खाँ बहादुर ख्वाजा नूर ने ब्रजकिशोर बाबू को परामर्श दिया था कि प्रस्ताव को वापस ले लें; बाद में नूर शिक्षा मंत्री बने थे।

ब्रजकिशोर बाबू द्वारा लगाए गए आरोपों का सरकार के प्रतिनिधि सदस्यों ने जोरदार ढंग से खंडन किया। सरकार की ओर से उत्तर देते हुए श्री लेविंज ने कहा कि प्रस्ताव प्रस्तुत करनेवाले सदस्य ने सभी यूरोपीयन जमींदारों को निलहे खेतिहर कहने की भूल की है। यूरोपियन जमींदारों में बहुतों ने कभी नील की खेती की ही नहीं है। रैयतों; विशेषकर उत्तर-पश्चिम चंपारण के रैयतों से जो आवेदन प्राप्त हुए हैं, वे सभी यूरोपीयन जमींदारों द्वारा अबवाब वसूली से संबंधित थे। इसलिए निलहे रैयतों की समस्याओं पर विचार करने के लिए किसी जाँच समिति की

नियुक्ति की आवश्यकता उन्हें नहीं प्रतीत होती। प्राप्त सभी आवेदन कारवाई के लिए स्थानीय पदाधिकारियों को भेज दिए गए थे, क्योंकि सब बंगाल भूधृति अधिनियम 'बंगाल टेनेंसी एक्ट' के अधीन अबवाब वसूली से संबंधित थे।

ब्रजकिशोरजी ने इसे मान लिया, पर उन्होंने इस बात की ओर ध्यान आकृष्ट किया कि चंपारण के रैयत निलहे खेतिहर यूरोपीयन और अबवाब लगानेवाले यूरोपीयनों में भेद नहीं कर पाते थे, क्योंकि दोनों ही किसी-न-किसी बहाने रैयतों से पैसा वसूलते थे।

किंतु ब्रजकिशोर प्रसाद द्वारा रैयतों का पक्ष-समर्थन किए जाने के कारण सरकार को किसानों की शिकायतों के निवारण के लिए कारवाई करने को बाध्य होना पड़ा।

1913 ई. में चंपारण में बंदोबस्त कार्य शुरू हो गया था। व्यक्तिगत रूप से पदाधिकारियों ने अबवाब लगाने की समस्याओं की जाँच कर उन्हें अवैध घोषित करने में कोई आनाकानी नहीं की थी।

जाँच कर जिला पदाधिकारी ने एक नोटिस जारी किया, जिसके अनुसार चनतरवा कोठी के मालिक ने उन्हें आश्वासन दिया था कि उनका इरादा प्रति बीघा 15 रु. अतिरिक्त वसूलने का नहीं है। बेलवा, सिकटा, मधुबनी और नरईपुर जैसे कारखानों द्वारा अबवाब वसूली से संबंधित और भी रैयतों के शिकायत-पत्र प्राप्त हुए थे। सभी ने बंदोबस्त रिपोर्ट में आरोप को सही ठहराया और जून, 1915 के बाद उन्हें समाप्त कर दिया। बेतिया राज ने इसे मान लिया, पर रामनगर राज 'इस्टेट' ने इसे नहीं माना।

ब्रजकिशोर प्रसाद के प्रयास लाभदायी हुए, पर उतने नहीं जितना वे चाहते थे। कृषक वर्ग ने अपने हित के लिए उनके द्वारा किए गए कार्यों की सराहना भी की। इससे ब्रजकिशोर बाबू और स्थानीय किसानों को औपनिवेशिक शक्ति से संघर्ष करने की ताकत प्राप्त हुई।

चंपारण जिले के दक्षिणी पूर्वी भाग में प्रचलित तीन कठिया, शरहबेशी और तवन प्रथा के संबंध में बंदोबस्ती रिपोर्ट भ्रामक थी, किंतु बंदोबस्त पदाधिकारियों द्वारा की गई पृच्छाओं ने किसानों को बहुत हद तक यूरोपियन निलहे खेतिहरों के अत्याचारों के विरुद्ध निर्भीकता से बोलने का पाठ पढ़ा दिया था। किसान इतना समझ गए थे कि सरकार ने उनकी माँग के औचित्य को सिद्धांततः स्वीकार कर लिया था। राजेंद्र प्रसाद ने भी बंदोबस्त पदाधिकारियों की इस देन को स्वीकार किया था। जब गांधीजी चंपारण पहुँचे तो रैयतों ने उनसे मिलकर निर्भयतापूर्वक

अपनी शिकायत दर्ज कराई।

यह एक मामूली 'छोटी' जीत थी, किंतु इस छोटी जीत ने ही किसानों की स्थिति में सुधार लानेवाले आंदोलन को तीव्रता प्रदान करने के लिए स्थानीय नेताओं और रैयतों को उत्साहित किया। इन लोगों ने देशवासियों के अन्य वर्गों का समर्थन प्राप्त कर इस आंदोलन को अखिल भारतीय रूप देने का निश्चय किया। इसी पृष्ठभूमि में आगे के चंपारण-किसान आंदोलन के विकास का मूल्यांकन किया जाना चाहिए।

किसानों को पूरा विश्वास हो गया था कि ब्रजकिशोर बाबू उनकी हित-रक्षा के लिए कृत संकल्प थे। वे हृदय से चाहते थे कि ब्रजकिशोर बाबू उनका नेतृत्व करें।

रैयतों के हितार्थ प्रारंभ आंदोलन में ब्रजकिशोर बाबू का उल्लेखनीय योगदान रहा था। वे रैयतों के हित की खुलेआम वकालत करते रहते थे और न्यायालयों में अपनी सेवा उन्हें उपलब्ध कराते रहते थे।

इसमें आश्चर्य नहीं कि गांधीजी को चंपारण लाने में उनकी विशेष भूमिका रही थी और जब गांधीजी चंपारण आ गए तो उनके और रैयतों के बीच संबंध स्थापित कराने में वे मुख्य सहायक बने थे। इस अवसर पर चंपारण के किसानों के हितार्थ मूनिस द्वारा की गई सेवा का स्मरण भी लाभप्रद होगा। 1916 ई. में पूरे वर्ष वे गांधीजी और किसानों के संबंध में लिखते रहे थे। वे अली इमाम, हसन इमाम, सच्चिदानंद सिन्हा और मजहरूल हक जैसे बिहारी नेताओं की आलोचना करते हुए उनसे किसानों के हित के लिए संघर्ष करने का आग्रह करते रहे थे।

मूनिस राजकुमार शुक्ल के मित्र थे। राजकुमार शुक्ल की ओर से वे ही पत्राचार किया करते थे, कारण राजकुमार शुक्ल मात्र साक्षर थे। उन्होंने राजकुमार शुक्ल को ब्रजकिशोर बाबू से संपर्क बनाए रखने को कहा, उन्हें विश्वास था कि वे ही रैयतों के हित के रक्षक और उनके मित्र हैं।

चंपारण में यूरोपियन जमींदारों और निलहे खेतिहरों द्वारा किसानों पर ढाहे जा रहे अत्याचारों के प्रति जन-जागरण पैदा करने में मूनिस ने महत्त्वपूर्ण भूमिका अदा की थी। अत्याचारी उनके द्वारा बार-बार की गई शिकायतों की पूर्णत: अनदेखी करते रहे थे।

यूरोपियन अपने पुराने रास्ते पर ही चलते रहे, इसके बावजूद कि मूनिस के लेखों ने स्थानीय एवं राष्ट्रीय दोनों स्तर पर चंपारण के किसानों की समस्याओं को प्रकाश में ला दिया था।

पीड़ित किसान वर्ग अपनी समस्याओं के समाधान के लिए राष्ट्र की ओर नजर गड़ाए हुए था। गांधीजी 1915 ई. में दक्षिण अफ्रीका से भारत लौट आए थे। उनके पास एक पत्र भेजा गया। भारत आगमन के पूर्व ही भारतीयों के हित के लिए संघर्ष करनेवाले योद्धा के रूप में महात्मा गांधी की ख्याति भारत में पहले ही पहुँच चुकी थी। गांधीजी से इस मामले में हस्तक्षेप करने का अनुरोध किया गया, किंतु गांधीजी ने ब्रजकिशोर बाबू वकील से संपर्क करने को कहा। इसके पूर्व आमजनों के हित के लिए संघर्ष करनेवाले योद्धा के रूप में ब्रजकिशोर बाबू विख्यात हो चुके थे।

मूनिस और राजकुमार शुक्ल ने इंडियन नेशनल कांग्रेस का समर्थन प्राप्त करने का निर्णय किया।

इंडियन नेशनल कांग्रेस ही देश में एक राष्ट्रीय राजनीतिक पार्टी थी। उन लोगों ने यहाँ की समस्याओं से कांग्रेस पार्टी को अवगत कराने का निश्चय किया। यह नहीं जानते हुए कि कांग्रेस इस समस्या को अपने हाथ में लेगी। उन लोगों ने इसके लिए प्रयास करने का मन बनाया। राजकुमार शुक्ल ने इस दिशा में अग्रणी का काम किया और ब्रजकिशोर बाबू ने उनका पूर्ण समर्थन किया। राजेंद्र प्रसाद सेलेक्ट डाक्यूमेंट-पृ.-42

लगभग एक साल पूर्व जबकि राजकुमार शुक्ल और बेलवा प्रतिष्ठान के प्रबंधक के बीच उत्पन्न विवाद के कारण राजकुमार शुक्ल को तीन सप्ताह अथवा एक महीने के लिए जेल की सजा भुगतनी पड़ी थी, राजकुमार शुक्ल ने कुछ काश्तकारों के साथ ब्रजकिशोर बाबू के पास जाकर उनकी समस्याओं को अपने हाथ में लेने का अनुरोध किया और ब्रजकिशोर बाबू ने उसे स्वीकार कर लिया।

1916 के अंत में लखनऊ में होनेवाले कांग्रेस के आगामी अधिवेशन में उन लोगों ने भाग लेने का निश्चय किया। लखनऊ अधिवेशन में भाग लेनेवाले बिहार के प्रतिनिधि दल के वे लोग भी सदस्य थे। उन लोगों ने अधिवेशन में चंपारण पर एक प्रस्ताव रखने का निश्चय किया। प्रस्ताव रखने के पूर्व में दोनों लोग कांग्रेस के कई बड़े नेताओं जैसे तिलक और मालवीयजी इत्यादि से मिले तथा प्रस्ताव पर उनका समर्थन माँगा, पर सभी ने अस्वीकार कर दिया। उन लोगों ने राजकुमार शुक्ल को परामर्श दिया कि वे गांधीजी से मिलें। श्री राजकुमार और ब्रजकिशोर ने गांधीजी से मिलकर अनुरोध किया कि वे इस प्रस्ताव को अधिवेशन में प्रस्तुत करें। चंपारण की हालत से ब्रजकिशोर ने गांधीजी को अवगत कराया। गांधीजी ने पूरे ध्यान से उनकी बात सुनी। अन्य कांग्रेसी नेताओं की भाँति उन्होंने भी इस आधार

पर अस्वीकार कर दिया कि वे चंपारण और वहाँ के किसानों के बारे में कुछ नहीं जानते थे। राजकुमार शुक्ल और ब्रजकिशोर बाबू से गांधीजी ने जो कुछ सुना, उससे वे द्रवित हो गए। धैर्यपूर्वक उन्होंने उनकी बातें सुनीं। इससे राजकुमार शुक्ल के मन में आशा की किरण जगी। उन्हें विश्वास हो गया कि गांधीजी का हृदय उनकी बातों से द्रवित हो चुका है और भविष्य में वे अपने सामर्थ्य के अनुसार उनकी सहायता करेंगे।

चंपारण संबंधी प्रस्ताव ब्रजकिशोर प्रसाद द्वारा पेश किया गया। प्रस्ताव था, ''पूर्ण सम्मान के साथ कांग्रेस सरकार से आग्रह करती है कि वह उत्तरी बिहार में निलहे खेतिहरों और भारतीय रैयतों के बीच तनावपूर्ण संबंधों एवं कृषि संबंधी उत्पन्न विवादों की जाँचकर उनके समाधान के लिए उचित उपचार सुझाने हेतु सरकारी एवं गैर-सरकारी व्यक्तियों की एक समिति गठित करने की आवश्यकता पर विचार करे।''

राजकुमार शुक्ल ने प्रस्ताव का समर्थन किया। चंपारण के किसानों के दुःख-दर्द का उन्होंने चित्रवत् वर्णन प्रस्तुत किया। उन्होंने बताया कि निलहे खेतिहर निर्धन किसानों को बिना कुछ भुगतान किए अपने खेतों में काम करने को मजबूर करते हैं और उनसे तरह-तरह के दुर्व्यवहार करते हैं। वे अपने को इतना शक्तिशाली समझते हैं कि वे दीवानी या फौजदारी सभी तरह के मामलों का स्वयं निपटारा कर देते हैं और मनमाने ढंग से निर्धन रैयतों को दंडित करते हैं। उन्होंने यह कहते हुए अपनी बात समाप्त की, ''मैं चंपारण का एक रैयत हूँ। मैं नहीं जानता कि चंपारण वापस लौटने पर कांग्रेस में यह प्रस्ताव रखने के लिए और किसानों की गाथा सुनाने के लिए मुझे क्या भुगतना पड़ेगा।'' (मित्तल पृ. 121) राजेंद्र प्रसाद ने लिखा है, ''यह पहला अवसर था, जब एक ग्रामीण किसान ने किसी प्रस्ताव पर कांग्रेस के मंच से कुछ कहा था।'' सर्वसम्मति से प्रस्ताव स्वीकृत हुआ। ध्यातव्य है कि ब्रजकिशोर बाबू का प्रथम आमना-सामना गांधीजी से यहीं हुआ था।

राजकुमार शुक्ल केवल इस बात से संतुष्ट नहीं थे कि कांग्रेस ने यूरोपियन खेतिहरों की निंदा करने का प्रस्ताव पारित कर दिया था। कृषक वर्ग के कष्टनिवारण के लिए कुछ ठोस कदम उठाया जाना चाहिए था।

उनके मन में आशा जगी थी कि चूँकि गांधीजी ने उनकी बातें धैर्यपूर्वक सुनी थीं, अतः वे ही इस संबंध में कुछ कर सकेंगे, अगर वे उनके साथ लगे रहें। इस उद्देश्य से कांग्रेस का अधिवेशन समाप्त होने के बाद भी वे गांधीजी से मिलते

रहे। उनके साथ वे कानपुर गए और कानपुर से साबरमती। आखिर में गांधी से उन्होंने वचन लिया कि वे चंपारण के किसानों की स्थिति का जायजा लेने स्वयं चंपारण आएँगे। गांधीजी ने उन्हें आश्वासन दिया कि निकट भविष्य में जब वे कलकत्ता आएँगे, तब ही वे चंपारण आ सकेंगे; बशर्ते कि वे उन्हें आकर ले जाएँगे।

राजकुमार शुक्ल का दबाव रंग लाया। गांधीजी ने उन्हें वचन दे दिया। भावी इतिहास की पृष्ठभूमि इस प्रकार तैयार हो रही थी।

□

श्री पीर मुहम्मद मूनिस

(जिन्होंने अपनी लेखनी से चंपारण सत्याग्रह की सफलता का वातावरण बनाया)

–श्रीकांत

(डायरेक्टर, जगजीवन राम इंस्टीट्यूट ऑफ पार्लियामेंटरी स्टडीज ऐंड पॉलिटिकल रिसर्च, पटना)

अकसर ऐसा होता है कि जो इतिहास रचता है, उसका इतिहास में नाम नहीं होता, लेकिन जो इतिहास रचता है और इतिहास लिखता भी है, उसका नाम इतिहास में छूट जाए, ऐसा शायद ही होता है। किसी देश की आजादी के साठ साल के बाद भी ऐसा होना महज संयोग नहीं, यह विडंबना है, जो बताती है कि समाज में इतिहास और वर्तमान के बीच सरोकार का पुल आज भी कितना टूटा हुआ है।

चंपारण-सत्याग्रह के विश्व विश्रुत इतिहास में पीर मुहम्मद मूनिस ऐसा ही 'छूटा' हुआ नाम है। आजाद भारत की नई पीढ़ी के लिए चंपारण सत्याग्रह का इतिहास पंडित राज कुमार शुक्ल के आमंत्रण से शुरू होता है और महात्मा गांधी के आगमन पर खत्म होता है। गुलाम भारत में पैदा हुई पीढ़ी की भूली-बिसरी यादों में भी सिर्फ इतना दर्ज है कि 'बिहार में 1917 में चंपारण सत्याग्रह शुरू हुआ।' भारत में महात्मा गांधी का यह पहला अहिंसक सत्याग्रह का प्रयोग था। उस प्रयोग की प्रेरणा था, चंपारण में निलहों के अत्याचारों से पीड़ित निरीह किसान पंडित राज कुमार शुक्ल की ओर से गांधीजी को भेजा गया पत्र। यह चर्चित पत्र पीर मोहम्मद ने लिखा था। उस पत्र में दक्षिण अफ्रीका में हो रहे अत्याचारों की चर्चा करते हुए लिखा गया कि हमारी दु:ख भरी गाथा उस अफ्रीका के अत्याचार

से, जो आप और आपके अनुयायी वीर सत्याग्राही भाइयों और बहनों के साथ हुआ, कहीं अधिक है।

अंग्रेज शासकों के दस्तावेज कहते हैं कि पीर मुहम्मद अपने 'संदेहास्पद साहित्य' के जरिए, चंपारण जैसे बिहार के पीड़ित क्षेत्र से देश-दुनिया को अवगत करानेवाला और 'मि. गांधी' को चंपारण आने के लिए प्रेरित करनेवाला पहला 'खतरनाक' और 'बदमाश' पत्रकार था।

वह 'बदमाश' था, क्योंकि उसने अपनी निर्भीक लेखनी में चंपारण में हो रहे निलहों के अमानुषिक अत्याचारों की खबरें हिंदी में सबसे पहले 'ब्रेक' की थीं। उसने सबसे पहले 'प्रताप' के जरिए देश-दुनिया को उन अत्याचारों को आँखों देखा हाल सुनाया था, वह भी महात्मा गांधी के चंपारण आगमन के तीन-चार साल पहले। वह खतरनाक था, क्योंकि उसने निलहों के अत्याचारों के खिलाफ चंपारण की पीड़ित जनता में प्रचंड विद्रोह की ज्वाला धधकाई और जब महात्मा गांधी आए तो उनका आगमन उस ज्वाला में घी की आहूति साबित हुआ। इसके गवाह हैं, प्रतापी गणेश शंकर विद्यार्थी के संपादकत्व में कानपुर से प्रकाशित 'प्रताप' में छपे वे दर्जनों लेख, जिनके माध्यम से पीर मुहम्मद ने आततायी गोरों के भीषण कुकृत्यों का भंडाफोड़ किया था।

पीर मुहम्मद सिर्फ कलम का सिपाही नहीं, बल्कि कलम का सत्याग्रही था, क्योंकि उसने चंपारण की पीड़ा और संघर्ष के बारे में सिर्फ लिखा नहीं, बल्कि वह उस लड़ाई में शामिल था। चंपारण सत्याग्रह के इतिहास के उपलब्ध, लेकिन अनछुए पन्ने इसके साक्षी हैं। वस्तुतः सत्याग्रही पीर मुहम्मद मूनिस बिहार में चंपारण की धरती से शुरुआती अभियानी पत्रकारिता के जन्मदाता थे।

चंपारण के किसान नेता शेख गुलाब आदि के सुझाव पर राजकुमार शुक्ल और पीर मुहम्मद मूनिस लखनऊ गए तथा गांधीजी से चंपारण चलने का आग्रह किया। लखनऊ पहुँचने के बाद राजकुमार शुक्ल ने पीर मुहम्मद मूनिस से गांधीजी के नाम पत्र लिखवाया।

पंडित राजकुमार शुक्ल द्वारा पीर मुहम्मद मूनिस से लिखवाए गए इस पत्र के उत्तर में महात्मा गांधी ने लिखा, "7 मार्च, 1917 को कलकत्ता जाएँगे" और पूछा कि कहाँ मिल सकेंगे? पोस्ट ऑफिस की गलती से यह चिट्ठी शुक्लजी को सात मार्च के बाद मिली, पर उन्हें पता चल गया था कि महात्माजी दिल्ली वापस चले गए। वे चंपारण लौट आए और यहाँ से उन्होंने पुनः लिखा। महात्माजी ने 16 मार्च, 1917 को पत्र भेजा, "जहाँ तक शीघ्र हो सकेगा, मैं चंपारण आने की चेष्टा

करूँगा'' एक दूसरा पत्र श्रीयुत पीर मुहम्मद मूनिस, बेतिया के एक उत्साही नवयुवक ने महात्मा जी के पास 23 मार्च, 1917 को भेजा, जिसमें चंपारण के संबंध में बहुत बातों और घटनाओं का उल्लेख किया। महात्मा गांधी ने पूछा कि किस रास्ते से पहुँच सकते हैं और यह भी जानना चाहा कि यदि वे तीन दिनों तक चंपारण में ठहरेंगे, तो जो कुछ देखने की आवश्यकता थी, वह सब देख सकेंगे अथवा नहीं, साथ ही महात्माजी ने अप्रैल में वहाँ पहुँच जाने को लिखा। यह पत्र अभी पहुँचा भी नहीं था कि 30 अप्रैल, 1917 को उन्होंने शुक्लजी को तार दिया, ''मैं कलकत्ता जा रहा हूँ और वहाँ श्रीयुत भूपेंद्र नाथ बसु के मकान पर ठहरूँगा। वहाँ आकर मिलें।'' इस तार के पाते ही शुक्ल कलकत्ता चले गए और वहाँ महात्मा गांधीजी से मिले। उनके साथ पटना साथ लौटे। महात्मा गांधी पटना से मुजफ्फरपुर होते हुए बेतिया पहुँचे। उन्होंने चंपारण के किसानों की कई कहानियाँ सुनीं। 23 अप्रैल, 1917 को पाँच बजे शाम महात्माजी पीर मुहम्मद मूनिस के घर पर उनकी माता जी से मिलने के लिए पैदल गए।

श्री मूनिस 'प्रताप' के संवाददाता थे और चंपारण में निलहों के अत्याचार को लेकर उन्होंने अनेक लेख लिखे थे, चिट्ठियाँ छपवाई थीं। कानपुर के हिंदी साप्ताहिक 'प्रताप' में उसके प्रकाशन के आरंभ काल से ही वे पीड़ित प्रजा की दुःखी गाथा नियमित रूप से देशवासियों को सुनाने लगे। प्रताप के प्रतापी संपादक गणेश शंकर विद्यार्थी की प्रेरणा और प्रोत्साहन से वे बड़ी निर्भीकता के साथ आततायी गोरों के भीषण कुकृत्यों का भंडाफोड़ करते रहे। जब बीसवीं सदी के दूसरे दशक के अंतिम चरण में पीड़ित प्रजा की पुकार से आकृष्ट होकर महात्मा गांधी चंपारण में पधारे, तब मूनिसजी विशेष उग्रता के साथ गोरी नौकरशाही के काले कारनामों का रहस्योद्घाटन करने लग गए। उस युग के 'प्रताप' के पाठकों को स्मरण होगा कि मूनिसजी की ओजस्वी लेखनी से निकली असहाय प्रजा की करुण कहानी कैसी मर्मभेदी होती थी। उन्होंने पददलित जनता के हृदय में प्रचंड विद्रोह की ज्वाला धधकाई। महात्मा गांधी के आगमन से विद्रोह की वह ज्वाला और भी भभक उठी।

चंपारण में गांधी के आगमन के पहले पीर मुहम्मद मूनिस 'प्रताप' में चंपारण के अत्याचार को लेकर अनेक लेख लिख चुके थे, कुछ नाम से और कुछ छद्म नाम से। रामवृक्ष बेनीपुरी के संपादकत्व वाले 'बालक' में कहानियाँ भी लिखीं और ज्ञानशक्ति जैसे पत्रों में देशप्रेम से ओत-प्रोत कविताएँ भी। प्रताप के तो वे संवाददाता थे ही!

सत्याग्रही पत्रकार मूनिस चंपारण में गांधीजी के आने के पहले और जाने के बाद निलहों के अत्याचार और चंपारण की प्रजा की कथा 'प्रताप' के माध्यम से सुनाते रहे।

आजादी की लड़ाई में सक्रिय अभियान

पत्रकार मूनिस सामाजिक सरोकार और दायित्व से सीधे जुड़े थे। इसकी उन्हें कीमत भी चुकानी पड़ी। उनकी सारी संपत्ति जब्त कर ले गई। वे मास्टरी से बरखास्त किए गए। 1918 में झूठे मुकदमे में उन्हें जेल तक जाना पड़ा। मूनिस ने न्यायालय में बयान दिया, "फिदवी महात्मा गांधीजी के साथ बेतिया और मोतिहारी में काम करता था तथा जहाँ तक हुआ, मदद पहुँचाई है और पहुँचाता है। बेतिया में जो स्कूल खुला, उसकी देखभाल करता है। इस बात का सख्त रंज मैनेजर व अमलगाव बेतिया राज और पुलिस को है तथा वे लोग बराबर फिदवी को किसी मुकदमे में फँसाकर फिदवी को तंग करने का मौका एवं बहाना ढूँढ़ते रहते हैं और इन मौकों को गनीमत समझकर फिदवी को बेकसूर जानते रहने पर भी फिदवी का नाम मुदालेह में दे दिया है। महात्मा गांधीजी की पार्टी के जितने भी आदमी हैं, उन सब पर पुलिस रंज करती है और उन लोगों को परेशान करती है। इसी किस्म के कई मुकदमे, जैसे कि प्रोफेसर कृपलानी एवं स्वामी सत्येदवजी और बाबू गोरख प्रसाद के लड़के पर हो चुके हैं तथा फिदवी मुदालेह को भी तंग करने का मौका मिल गया है। अगर महात्मा गांधीजी की राय का आदमी होने से फिदवी सजा के काबिल हो, तो फिदवी उसे सहने के लिए तैयार है, लेकिन फिदवी ने कोई कसूर नहीं किया है। 'मूनिस जेल रो रानसनीखेज मुकदमा, 'प्रताप' 30 सितंबर, 1918'। मोतिहारी के डिप्टी मजिस्ट्रेट ने अपना फैसला सुनाया, मामले में, अभियुक्त पीर मुहम्मद मूनिस एक खास आदमी है। अन्य अभियुक्तों की अपेक्षा सामाजिक महत्व की दृष्टि से अधिक उच्च है, पर उसने कुछ बयान नहीं किया और सारे मामले में शहीद की भाँति अपने को दिखाता रहा। अभियुक्त को दस माह का कठिन कारावास का दंड मिला।

बकौल पीर मुहम्मद मूनिस, "मैं राज में इतना बदनाम हूँ कि यदि कोई किसी के ऊपर यह दरख्वास्त दे दे कि अमुक आदमी मूनिस का दोस्त और मददगार है, तो वह बेचारा नौकरी से बरतरफ कर दिया जाए। अभी हाल ही की बात है, अंबु समद नाम का एक आदमी राज में नौकर था। अफसरों से किसी ने यह कह दिया कि वह मूनिसजी का हामी और मददगार है। बस, इसी पर बेचारा

बेकसूर नौकरी से हटा दिया गया।'' (चंपारण में फिर अत्याचार, 'प्रताप' 4 अगस्त, 1919)।

30 अगस्त, 1920 के 'प्रताप' का अंक गवाह है—चंपारण में फिर नादिरशाही छाई। यह लेख दुःखी आत्मा के नाम से लिखा गया। गांधीजी के जाने के बाद चंपारण में फिर अत्याचार शुरू हो गया। उन्होंने लिखा, 'मिस्टर कुक के यहाँ लड़का पैदा हुआ है, हजारों रैयतों से लड़के की मुँह दिखाई एक-एक रुपए फीस हर आदमी से वसूल की गई। कोठी के साहब बहादुर ने मोटरकार खरीदने के लिए 'हुबली टैक्स' लगाया और रैयतों से पैसे वसूल किए। बेतिया कोर्ट में एक रैयत ने नालिश की थी कि मेरे गाँव के ठेकेदार ने मुझसे सौ रुपए जबरन हाथी पाँव में बाँधकर वसूल किए हैं, जब मैंने रुपए देने से इनकार किया तो मुझे जमीन में हाथी द्वारा घसीटवाया गया। रिश्तेदारों के सौ रुपए दिए जाने पर जान बची।''

हिंदुस्तानी पत्रकार

पीर मुहम्मद मूनिस बिहार में अभियानी हिंदी पत्रकारिता के जन्मदाता थे। वे मूनिस ही थे, जिन्हें बिहार हिंदी साहित्य सम्मेलन का पंद्रहवाँ अध्यक्ष बनाया गया था। इस फैसले पर इंडियन नेशन ने लिखा, 'मुसलिम स्कालर टू प्रेजाइड : बिहार हिंदी साहित्य सम्मेलन।' 10 नवंबर, 1937 इंडियन नेशन। वे मूनिस ही थे, जो मुसलमान थे और जिनमें यह माद्दा था कि हिंदी, उर्दू को मिला कर 'हिंदुस्तानी' नाम देने की वकालत कर सके। वे हिंदी-उर्दू विभाजन के खिलाफ थे। वे बिहार हिंदी साहित्य सम्मेलन के संस्थापकों में से एक थे। हिंदू-मुसलिम एकता के प्रबल पक्षधर मूनिस के विचार उनके लेख, हिंदू-मुसलिम एकता में दिखलाई पड़ते हैं। लेखन, साहित्य और पत्रकारिता के मोरचे पर सक्रिय मूनिस जनता की आवाज और दमन व उत्पीड़न को कलम से आवाज देते नजर आते ही हैं, इसके साथ वे सशरीर उत्पीड़ितों के पक्ष में खड़े नजर आते हैं। चंपारण से गांधीजी के जाने के बाद तीनकठिया तो खत्म हो गया, लेकिन अत्याचार रुका नहीं, तो मजहरुल हक की अध्यक्षता और पंडित राजकुमार शुक्ल के साथ 'रैयती सभा' की स्थापना की तथा चंपारण में नादिरशाही के खिलाफ लड़ाई के अगुआ भूमिका में खड़े रहे। (चंपारण में नादिरशाही, 'प्रताप' 30 जून, 1920)। निलहों के अत्याचार के खिलाफ लड़ने-लिखनेवाले योद्धा-1937 में गन्ना उत्पादक किसानों के साथ नजर आते हैं और गन्ना किसानों के आंदोलन में वे बिचौलियों की प्रथा को खत्म करने का पक्ष पोषण करते हैं। (के.डब्ल्यू. 14/34 मुजफ्फरपुर आयुक्त की रिपोर्ट)।

बेतिया में नगरपालिका के हरिजन कर्मचारी हड़ताल का आह्वान करते हैं, तो मूनिस उन्हें संबोधित करते नजर आते हैं। (सर्चलाइट, 19 दिसंबर, 1937)। उसी वर्ष गन्ना किसानों के आंदोलन में सक्रिय होते हैं। (सर्चलाइट, 29 दिसंबर, 1937)। वे चंपारण में कांग्रेस की स्थापना के साथ ही 1921 से जुड़े रहे। 1937 में कांग्रेस के टिकट पर चंपारण जिला परिषद् के सदस्य चुने गए और बेतिया लोकल बोर्ड के अध्यक्ष बनाए गए। 1937 में उन्होंने अध्यक्ष पद से त्यागपत्र दे दिया और व्यक्तिगत सत्याग्रह में जेल गए। नमक आंदोलन के दौरान 1930 में पटना कैंप जेल में तीन महीने की सजा काटी। (तहरीक-ए-आजादी-ए-हिंदू में मुसलिम मुजाहिद्दीन ए-चंपारण का मकाम-अशरफ कादरी, पृष्ठ 56-58 उर्दू से अनुवाद-बदरुद्दीन)।

सच्चा मूनिस

मूनिस का जन्म 1882 में हुआ था और उनकी मृत्यु 24 दिसंबर, 1949 को हुई। वे 67 वर्षों तक निरंतर संघर्षरत रहे। हिंदी, आजादी, सामाजिक सरोकारों और साहित्य के लिए जीवनपर्यंत लड़नेवाले इस शख्स का नाम आज न साहित्य, न पत्रकारिता और न ही गांधी के चंपारण संघर्ष के साथी के रूप में दर्ज होता है। बिहार की आधुनिक पत्रकारिता में तो हिंदी व आजादी के लिए खासतौर से अभियानी पत्रकारिता के लिए मर मिटनेवाला यह आदमी, बिहारी हिंदी पत्रकारिता और इतिहास का छूटा हुआ नाम है। शोध अध्ययन और किताबों के फुटनोटों में अधिक-से-अधिक एक लाइन लिखकर, मूनिस को दफना दिया जाता है। 'अब तो लोग स्वराज मिल जाने के उल्लास में स्वराज की नींव के रोड़ों को ही भूल गए हैं। आज मूनिस जी आँखों से ओझल हो गए, पर हिंदी माता की आँखों में चिरकाल तक बसे रहेंगे; आचार्य शिवपूजन सहाय-पीर मुहम्मद मूनिस-व्यक्तित्व एवं कृतित्व।

आजादी के बरसों-बरस हिंदी के यशस्वी पत्रकार को भूलने का अर्थ अपनी समृद्ध परंपरा को भूलना है। दुर्भाग्यवश, बिहार के बड़े, किंतु इतिहास के हाशिए पर धकेल दिए गए इस पत्रकार-लेखक की रचनाएँ किताब के रूप में उपलब्ध नहीं हैं। आचार्य शिवपूजन सहाय लिखते हैं, ''जब मैं लहेरिया सराय 'दरभंगा' के पुस्तक भंडार में था, तब उन्होंने अपने लेखों का संग्रह एक प्रकाशन के पास भेजा था, किंतु 1934 के भूकंप में उस लेख संग्रह की सारी सामग्री नष्ट हो गई। इस दुर्घटना से वे बड़े दुःखी हुए। उन्होंने पत्र-पत्रिकाओं के पृष्ठों को काटकर कई

नत्थियाँ बनाई थीं। उसकी सूची मेरे पास भेजी थी, किंतु बिहार के साहित्यिक इतिहास की संग्रहीत सामग्री उसी भूकंप में नष्ट हो गई थी। मूनिसजी की स्मृति रक्षा का उपाय होना आवश्यक है। केवल चंपारण को ही नहीं, बिहार राज्य के हिंदीप्रेमियों को इसके लिए प्रयास करना चाहिए। अब उनके साहित्य का प्रकाशन ही उनका सच्चा स्मारक हो सकता है।'' (वही-पृष्ठ 68)

साहित्य सम्मेलन के संस्थापकों में एक

पीर मुहम्मद 'मूनिस' बिहार हिंदी साहित्य सम्मेलन के संस्थापकों में से एक थे। रामवृक्ष बेनीपुरी ने सम्मेलन के 22वें अधिवेशन की अध्यक्षता करते हुए कहा था, ''आप लोगों की कृपा और स्नेह से आज इस आसन पर आते ही मेरी आँखों के सामने इस सम्मेलन के शुभारंभ के दिन मूर्तिमान हो उठते हैं। जब मैं बच्चा था, स्कूल में पढ़ता था, जब भाई मूनिस जी 'पीर मुहम्मद मूनिस' पूज्य राजेंद्र बाबू से प्रेरणा लेकर पटना से लौटते समय मुजफ्फरपुर पधारे थे और वहाँ के साहित्यिक बंधुओं से इस सम्मेलन की स्थापना की बात चलाई थी, जब मुजफ्फरपुर के प्रधान रईस बाबू वैद्यनाथ प्रसाद सिंह ने इसका व्यय भार अपने ऊपर लिया था। मेरे गुरुदेव पं. मथुरा प्रसाद दीक्षितजी के मंत्रित्व काल में जब भाई रामधारी प्रसाद, बंधुवर राघव प्रसाद सिंह, प्यारे नटवरजी आदि ने उनसे अपने तत्कालीन छोटे-छोटे कंधे लगाए थे और मुझे भी उनका सहकारी बनने का सौभाग्य प्राप्त हुआ था। 1919 का वह युग। सोनपुर मेले में प्रांत के सभी गण्यमान्य साहित्यकारों का पदार्पण हुआ। हास्य रसावतार पं. जगन्नाथ प्रसाद चतुर्वेदी के सभापतित्व में इसका पहला शानदार अधिवेशन हुआ। (बिहार साहित्य की प्रगति-बिहार हिंदी साहित्य सम्मेलन, पटना पृष्ठ 241)

सोनपुर में 1919 में प्रथम हिंदी साहित्य सम्मेलन की अध्यक्षता करते हुए पं. जगन्नाथ प्रसाद चतुर्वेदी ने कहा कि बिहार की एक विभिन्नता यह भी है कि यहाँ के मुसलमान भी हिंदी से प्रेम रखते और हिंदी लिखते-पढ़ते हैं। इनमें सबसे पहले मिस्टर हसन इमाम का नाम याद आता है। बेतिया के पीर मुहम्मद मूनिस और मुजफ्फरपुर के लतीफ हुसैन हिंदी के प्रेमी ही नहीं, हिंदी के लेखक भी हैं।'' वही पृष्ठ—12

राजा राधिका रमण प्रसाद सिंह ने 1920 में बेतिया सम्मेलन की अध्यक्षता करते हुए कहा, ''जिस समय अपनी राष्ट्रभाषा हिंदी के प्रचार की आवश्यकता पर

ध्यान जाता है, उसी समय हमारा कृतज्ञ हृदय मजहरुल हक, सैयद हसन इमाम, नवाब सरफराज हुसैन खाँ और पीर मुहम्मद मूनिस जैसे मुसलमान सज्जनों की ओर देख आनंद से भर उठता है। वही पृष्ठ-39

हिंदू-मुसलिम : गुलामी का द्वंद्व

पीर मुहम्मद मूनिस हिंदू-मुसलिम एकता के जबरदस्त पैरोकार थे। दंगा-फसाद की जड़ में पंडितों और मौलवियों का हाथ हुआ करता है और ये ही हिंदू-मुसलमानों की एकता को भंग करते हैं।

श्री मूनिस ने हिंदू-मुसलिम एकता पर 1915 में 'प्रताप' में एक लेख लिखा था, 'हिंदू-मुसलिम एकता।' इस लेख में वे द्वंद्ववादी विचार का पक्षपोषण करते हुए दिखाई पड़ते हैं, "जहाँ एकता है, वहाँ विरोध है और जहाँ विरोध है, वहाँ एकता भी साथ-ही-साथ है।" हिंदू-मुसलिम एकता पर इस सदी के दूसरे दशक में लिखा गया लेख आज भी उतना ही प्रासंगिक है, जितना लिखे जाने के समय था। उन्होंने अपने लेख में हिंदू-मुसलमानों के पर्व-त्योहारों में दोनों समुदायों के लोगों के शरीक होने, सुख-दु:ख में साथ रहने की चर्चा करते हुए आजादी की लड़ाई और स्वराज के लिए संघर्षरत दोनों समुदायों से भारत को सार्थक बनाने का आह्वान किया है।

'शर्त बंधी गुलामी' में वे यह स्पष्ट मानते हैं कि गुलामी से बढ़कर कोई जातीय अपमान नहीं है। फीजी के उत्पीड़न-अत्याचार को वह हिंदू-मुसलमान समुदाय पर अत्याचार नहीं मानते, यह अपमान है सारे भारतीय राष्ट्र का और भारत माता का।'

शाहाबाद में 1917 में दंगा हो गया। पीर मुहम्मद मूनिस ने 'प्रताप' को पत्र लिखा। इस पत्र से उनकी हिंदू-मुसलिम एकता की भावना को समझा जा सकता है। "आरावाली घटना को मजहबी दीवानों और कुछ गैर-समझों ने तूल देकर मुसलमान जनता में अफवाह फैलाने की बड़ी कोशिश की और कुछ कामयाब भी हुए। इस साजिश में जिन हाथों ने काम किया, उनमें हमारा या गैर का भी हाथ था। हम किसी को दोष नहीं देते और न अपराधी ठहराते हैं। विरोधी या झगड़ालू लोग यह जरूर चाहते थे कि बात बढ़े और देशव्यापी झगड़ा उठ खड़ा हो। पटना के हिंदू भाई एक सार्वजनिक सभा करके और घायल मुसलमानों के साथ गहरी सहानुभूति प्रकट करके उनके दु:ख से दु:खी हुए।"

विभिन्न धर्मों को माननेवाले समुदायों के प्रति मूनिस का नजरिया सभी धर्मों के प्रति सम्मान का है—कुरान मजीद भी इस बात की गवाही देता है कि जगत् में कोई जाति ऐसी नहीं हुई, जिसमें सुधारक 'पैगंबर' और डरानेवाला न गुजरा हो। इस सत्य सिद्धांत के अनुसार, हिंदू श्री रामचंद्र और श्रीकृष्ण को, बौद्ध गौतम बुद्ध को, पारसी जरथ्रुष्थ को, चीनी कनफ्यूशियस को, यहूदी हजरत मुहम्मद को नबी और पैगंबर मानते हैं'; 'बालक' वर्ष 3 अंक, 1 मार्च, 1984 में प्रकाशित मूनिस के लेख 'हजरत मुहम्मद साहब' से।

हिंदी-उर्दू : दो जिस्म एक जान

पीर मुहम्मद मूनिस के विचार भाषा के सवाल पर सुलझे हुए थे। वे हिंदी-उर्दू को अलग-अलग भाषा नहीं मानते थे। दोनों भाषाओं को मिलाकर दो जिस्म एक जान की भाषा 'हिंदुस्तानी' नाम देने के प्रबल हिमायती थे।

वे हिंदी को आम जनता की भाषा बनाने के प्रबल समर्थक तो थे ही, उसे पंडितों व विद्वानों की भाषा बनाने के घोर विरोधी भी थे। सरल हिंदी भाषा जनता की भाषा हो सकती है तथा ग्राह्य भी। अलंकरणों से मुक्त हिंदी, जिसे जनता समझ सके। वे चाहते थे कि स्थानीय बोलियों के साथ अरबी, संस्कृत और अंग्रेजी के आसान व प्रचलित शब्दों को हिंदी भाषा में शामिल किया जाना चाहिए, ताकि हिंदी का शब्द भंडार समृद्ध हो सके।

भाषा के इस्तेमाल के सवाल पर पत्रकार मूनिस देवनागरी लिपि के प्रचलन पर जोर देते थे। तीस के दशक में ही उन्होंने देवनागरी के ऊपर रोमन लिपि के खतरे को चर्चित किया था। उन्होंने आरा में बिहार हिंदी साहित्य सम्मेलन में अपने अध्यक्षीय भाषण में चिंता जताई। 'रोमन लिपि में हिंदी और उर्दू का इस्तेमाल होने से पारसी और देवनागरी लिपि का प्रचलन नहीं बढ़ पाएगा।' वैसे उन्होंने तब ईसाई मिशनरियों द्वारा रोमन लिपि में हिंदी-उर्दू के इस्तेमाल पर चिंता जताते हुए यह भी कहा था कि अगर इस प्रयास को रोका नहीं गया और इसका रचनात्मक विरोध नहीं किया गया तो सरकारी आदेश भी रोमन लिपि में जारी होने लगेंगे। मूनिस की 1937 में की गई भविष्यवाणी सत्य साबित हुई। हिंदी की दुर्दशा जग जाहिर है। सरकारी आदेश-निर्देश तो अंग्रेजी में आज भी निकलते हैं। 21वीं सदी में हिंदी का क्या होगा? राम जाने!

हिंदी-उर्दू की खाई को पाटने के प्रबल हिमायती मूनिस हिंदी-उर्दू के

विभाजन को अलगाववादियों की करतूत मानते थे। वे हिंदी के प्रसार के लिए रामायण मंडलियाँ बनाना चाहते थे और स्कूलों को हिंदी के विकास और पुनर्जागरण के केंद्र के रूप में विकसित करना चाहते थे।

हिंदी के अनन्य सेवक पीर मुहम्मद मूनिस के बारे में आचार्य शिवपूजन सहाय ने कहा था, "आज मूनिस तो आँखों से ओझल हो गए हैं, लेकिन हिंदी माता की आँखों में वे चिरकाल तक बसे रहेंगे।" मुसलमान होकर भी उन्होंने जो आत्मोत्सर्ग किया, उसका ऋण चुकाना हिंदी प्रेमियों का कर्तव्य है।

गोरखपुर से निकलनेवाली पत्रिका 'ज्ञानशक्ति' के संपादक ने मो. मूनिस के बारे में लिखा है, "यद्यपि आप मुसलमान हैं, पर हमारे सिद्धांत के अनुसार स्वदेश भक्त होने के कारण हिंदू हैं। उनका हिंदी प्रेम देखकर हिंदुओं को शिक्षा लेनी चाहिए।" (आरा में 24 दिसंबर, 1937 को हिंदी साहित्य सम्मेलन की अध्यक्षता करते हुए मूनिस के विचार-देखें, 'इंडियन नेशन' 25 दिसंबर, 1937, आचार्य शिवपूजन सहाय-मूनिस व्यक्तित्व कृतित्व वाणी-संपादक प्रवाल मैत्रा, खंड एक, स्वतंत्रता आंदोलन और हिंदी पत्रकारिता-डॉ. अर्जुन तिवारी।)

शुक्लजी की ओर से गांधी को लिखे गए पत्र में मूनिस कहते हैं कि किस्सा तो सुनते हो औरों का/ आज मेरी दास्ताँ सुनो।'जिस प्रकार भगवान् श्री रामचंद्रजी के चरण स्पर्श से अहिल्या तर गई, उसी प्रकार श्रीमान के चंपारण में पैर रखते ही हम 19 लाख प्रजा का उद्धार हो जाएगा।' पत्र का वह अंत है।

'शर्त बंधी गुलामी' में मूनिस लेख का आरंभ इस तरह करते हैं, "रंज की घड़ियाँ हैं, लेकिन शादमानी है मुझे। कौम बूढ़ी है, मगर जोशो जवानी है मुझे/ नाउम्मीदी से या कुछ कामरानी है मुझे/ इसी लेख में वे रामायण से उद्धृत करते हैं, 'सुध, वृष्टि भई दोऊ दल माही/जिये, भालू कपि रजनीचर नाहीं/। वे आगे कहते हैं, कि कौरवों द्वारा द्रौपदी पर अत्याचार होने के कारण कर्मयोगी महात्मा श्री कृष्ण ने महाभारत की रचना कराई और आप इसके सूत्राधर बने।"

'चंपारण में अँधेर' शीर्षक अपनी रिपोर्ट की शुरुआत राजनीति शास्त्र से उद्धृत पंक्तियों से शुरू करते हैं कि किसी जाति को, किसी जाति पर मनमाना करने का कदापि अधिकार नहीं हैं-यदि कोई जाति ऐसा करे भी तो वह प्रकृति के नियम के विरुद्ध है। हिंदू-मुसलिम एकता शीर्षक अपने लेख का समापन इस तरह करते हैं, "लाजिम है हिंदुओं को, तन-मन निसार करना, हिंदोस्तां को रश्के, बागो बहार करना।"

मूनिस के लेखों-रिपोर्टों का एजेंडा साफ नजर आता है—वह है गुलामी के खिलाफ विद्रोह और आजादी का संदेश। वे चंपारण मसले पर बिहारी नेताओं व अखबारों को इस मुद्दे को हाथ में लेने के लिए कर्तव्य-बोध कराते नजर आते हैं। समाज को सक्रिय व गतिशील बनाने से ओत-प्रोत 1916 में उन्होंने लिखा-ए कौम, देख तेरी हालत क्या हुई/हैरत है आईना की सूरत को क्या हुआ/ हमको जलील-सुस्त व मजबूर देखकर/'प्रताप' कह रहा है अहमियत को क्या हुआ/ जिसने बड़े-बड़ों के छक्के छुड़ा दिए/ उस शूरवीर कौम की सूरत को क्या हुआ?

□

मुजफ्फरपुर में गांधीजी के मेज़बान आचार्य जे.बी. कृपलानी

—राम बहादुर राय
(वरिष्ठ पत्रकार, नई दिल्ली)

मुजफ्फरपुर में ट्रेन से उतरते ही घोड़ागाड़ी में गांधीजी ने कृपलानी को अपनी यात्रा का प्रयोजन बताया। सुबह उस बारे में विस्तार से बात हुई। इससे पहले कि वे निलहों के अत्याचार का चंपारण पहुँचकर अध्ययन करते, गांधीजी कुछ बुनियादी बातें समझना चाहते थे। वे कानूनी थीं। कृपलानी से गांधीजी ने पूछा था कि चंपारण के किसानों की समस्याओं के बारे में आप कितना जानते हैं। अपने संस्मरण में कृपलानी ने उल्लेख किया है, ''कहा कि किसानों पर ज्यादतियों के किस्से सुने हैं।'' इससे ज्यादा जानकारी उनके पास नहीं थी। उन्होंने गांधीजी से कहा कि मैं इसके जानकार वकीलों को आपसे मिलवाता हूँ। उन वकीलों ने गांधीजी को चंपारण के भू-पट्टेदारी नियमों की जानकारी दी। गांधीजी ने उनसे किसान समस्या के हर कानूनी पहलू पर बात की, उनसे समझा। यह समझने के बाद गांधीजी ने मुजफ्फरपुर के आयुक्त को एक पत्र भेजा और फिर उनसे मिलने गए। वहाँ जो बातचीत हुई, उससे भविष्य के संकेत उभरे। कमिश्नर उन्हें बाहरी व्यक्ति बता रहा था और बार-बार कहता था कि यहाँ सब ठीक-ठाक है। आप शांति भंग करने का प्रयास मत कीजिए और जल्द ही मुजफ्फरपुर छोड़ दीजिए। हम आज भी प्रशासन का किसी भी सुधार प्रयास में यही रुख पाते हैं। उसके बाद गांधीजी निलहों की संस्था प्लांटर्स एसोसिएशन के सचिव से मिलने गए। यह वर्णन नहीं मिलता कि उनके साथ प्रोफेसर कृपलानी गए या नहीं, लेकिन इतना तो स्पष्ट है कि गांधीजी चार दिन मुजफ्फरपुर में रुके। चंपारण की

समस्या को वे हर दृष्टि से समझना चाहते थे। तिरहुत डिविजन की मुजफ्फरपुर कमिश्नरी थी और चंपारण उसका एक जिला था। उन चार दिनों में दो दिन वे प्रोफेसर कृपलानी के बंदोबस्त में थे और शेष दो दिन एक बड़े वकील के निवास पर ठहरे थे।

इस बारे में अपनी आत्मकथा में गांधीजी ने लिखा है, ''उन दिनों आचार्य कृपलानी मुजफ्फरपुर में रहते थे। मैं उन्हें जानता था। जब मैं 'सिंध' के हैदराबाद गया था, तब उनके महान त्याग की, उनके जीवन की और उनके पैसे से चलनेवाले आश्रम की बात डॉ. चोइथ राम के मुँह से मैंने सुनी थी। वे मुजफ्फरपुर कॉलेज में प्रोफेसर थे। इस समय प्रोफेसरी छोड़ चुके थे। मैंने उन्हें तार किया। ट्रेन आधी रात को मुजफ्फरपुर पहुँचती थी। वे अपने शिष्य मंडल के साथ स्टेशन पर आए थे, पर उनका घरबार नहीं था। वे अध्यापक मलकानी के यहाँ रहते थे। मुझे उनके घर ले गए। मलकानी ने मुझे अपने यहाँ टिकाना एक असाधारण बात मानी।'' प्रोफेसर कृपलानी के संस्मरण और गांधीजी के इस संस्मरण में दो बातें बेमेल हैं। एक, कि कृपलानी प्रोफेसर एन.आर. मलकानी के यहाँ रहते थे। दो, कि वे प्रोफेसरी छोड़ चुके थे। ये दोनों बातें संभवत: याद्‌दाश्त से जुड़ी हैं। सच यह है कि कृपलानी तब प्रोफेसर थे और हॉस्टल के एक कमरे में रहते थे।

गांधीजी जब नील उगानेवाले किसानों की समस्या का अध्ययन करने गए थे, तब के बारे में गांधीजी ने अपनी आत्मकथा में यह वर्णन लिखा है, ''कृपलानीजी ने बिहार की और उसमें भी तिरहुत विभाग की दीन-दशा की बात की और मेरे काम की कठिनाई की कल्पना की। कृपलानीजी ने बिहारवालों के साथ घनिष्ठ संबंध जोड़ लिया था। उन्होंने उन लोगों से मेरे काम का जिक्र कर रखा था। सवेरे वकीलों का एक छोटा दल मेरे पास आया। उनमें से रामनवमी प्रसाद मुझे याद रह गए हैं। उन्होंने अपने आग्रह से मेरा ध्यान आकर्षित किया था। उन्होंने कहा कि आप जो काम करने आए हैं, वह इस जगह से नहीं होगा। आपको तो हम जैसों के यहाँ ठहरना चाहिए। गया बाबू यहाँ के प्रसिद्ध वकील हैं। उनकी ओर से मैं आग्रह करता हूँ कि आप उनके घर ठहरिए। उन्होंने लिखा कि मैं गया बाबू के घर गया। उन्होंने और उनके परिवारवालों ने अपने प्रेम से सराबोर कर दिया। उनके वहाँ रहते ही ब्रजकिशोर प्रसाद और डॉ. राजेंद्र प्रसाद मुजफ्फरपुर पहुँच गए। गांधीजी आए थे सिर्फ दो दिन के लिए, लेकिन उन्हें समस्या मुजफ्फरपुर रहते ही समझ में आ गई थी। इसलिए उन्होंने बिहार के उन नामी-गिरामी वकीलों से कहा कि मैं तो दो दिन में जितना देखा जा सके, उतना

देखने आया हूँ, लेकिन अब देख रहा हूँ कि यह काम दो वर्ष भी ले सकता है। इतना समय भी लगे तो मैं देने को तैयार हूँ। मुझे यह तो सूझ रहा है कि इस काम के लिए क्या करना चाहिए, लेकिन इसमें काफी मदद जरूरी है।''

वह बातचीत रोचक है। बिहार के जो बड़े वकील थे, उनकी ओर से ब्रजकिशोर प्रसाद ने गांधीजी से कहा कि हमसे जो मदद बनेगी, देंगे, लेकिन हमें समझाइए कि आप किस प्रकार की मदद चाहते हैं। वह बातचीत रातभर चली। गांधीजी ने उनसे कहा कि मुझे आपकी वकालत के हुनर की खास जरूरत नहीं है। आप लोगों से मैं लेखक और दुभाषिये का काम लेना चाहूँगा। गांधीजी ने उनसे पूछा कि क्या कुछ लोग उनके साथ चंपारण जाएँगे? इस पर आखिर में वहाँ उपस्थित वकीलों की ओर से ब्रजकिशोर बाबू ने कहा, ''हम इतने लोग, आप जो काम हमें सौंपेंगे, वह करने के लिए तैयार रहेंगे। इनमें से जितनों को आप जिस समय चाहेंगे, उतने आपके पास रहेंगे। जेल जाने की बात नई है। उसके लिए हम शक्ति-संचय करने की कोशिश करेंगे।''

गांधीजी ने उन्हें यह भी आगाह किया था कि जेल जाने की जरूरत पड़ सकती है। इसको ही ध्यान में रखकर ब्रजकिशोर बाबू ने उनसे कहा था कि यह बात नई है। इसके बाद गांधीजी चंपारण के जिला मुखयालय मोतिहारी दल-बल सहित रवाना हुए। उन्होंने अपनी आत्मकथा में लिखा है, ''अतएव मैं उसी दिन साथियों को लेकर मोतिहारी के लिए रवाना हो गया।'' वहाँ वे बाबू गोरख प्रसाद के यहाँ ठहरे। वे वहाँ के बड़े वकील थे। गांधीजी के साथ कृपलानी नहीं गए, क्योंकि वे तब एक सरकारी कॉलेज में प्रोफेसर थे और कॉलेज में गरमी की छुट्टियाँ हुई नहीं थीं, लेकिन वे गांधीजी से संपर्क बनाए हुए थे। उनकी चंपारण की गतिविधियों में गहरी दिलचस्पी थी। गांधीजी के लिए जो डाक आती थी, वह उनके ही पते पर आती थी, जिसे वे रोज मोतिहारी भिजवाते थे। मोतिहारी के प्रसंग में जिन ब्रजकिशोर प्रसाद का उल्लेख आया है, वे पहली बार 1916 में राजकुमार शुक्ल के साथ गांधीजी से मिले थे। राजकुमार शुक्ल उन्हें वकील साहेब कहते थे। वे बड़े वकील भी थे। उनके बारे में वेशभूषा और वकीलों की छवि के कारण गांधीजी ने एक अलग धारणा बना ली थी, लेकिन मुजफ्फरपुर और मोतिहारी में आने पर उनकी धारणा बदल गई। वे उन्हें 'चंपारण के मेरे प्रिय साथी, बिहार सेवा जीवन के प्राण ब्रजकिशोर बाबू' के रूप में आत्मकथा में याद करते हैं। चंपारण सत्याग्रह के कुछ सालों बाद ब्रजकिशोर बाबू की एक बेटी प्रभावती गांधीजी के आश्रम में आई, जब उनका जयप्रकाश नारायण से विवाह हो गया था।

एक पखवाड़े बाद कॉलेज गरमी की छुट्टियों के लिए बंद हुआ। उन्हीं दिनों वह कॉलेज बिहार सरकार के अधीन आया और शिक्षा निदेशक से उन्हें एक 'प्रेम पत्र' प्राप्त हुआ कि आपकी सेवा समाप्त की जाती है। एक प्रकार से चंपारण सत्याग्रह के कारण शासन ने प्रोफेसर कृपलानी की सेवा समाप्त कर दी। वे अंग्रजी शासन की नजरों में खतरनाक प्रोफेसर थे, जिनका क्रांतिकारियों से भरोसे का संबंध था। एक क्रांतिधर्मी प्रोफेसर को अंग्रेज सरकार कैसे बरदाश्त कर सकती थी। एक प्रोफेसर, जो राजनीति का इतिहास पढ़ा रहा था, वह मात्र शिक्षक नहीं था। उसका अपना नजरिया था। यही बात अंग्रेजों को खटक रही थी, जिसके कारण उनकी सेवा समाप्त कर दी गई। उन्हें राजनीतिक व्यक्ति समझकर उस कॉलेज के दरवाजे बंद कर दिए गए। प्रोफेसर कृपलानी को इससे कोई अफसोस नहीं हुआ। अगर होता तो वे चंपारण सत्याग्रह के भँवर में नहीं पड़ने जाते। वे गांधीजी के बुलावे पर वहाँ गए, लेकिन वहाँ जाने की पहल उनकी ही थी। गांधीजी के मुजफ्फरपुर से मोतिहारी पहुँचने के बाद की यह घटना है। इससे प्रोफेसर कृपलानी ने स्वयं को खुले आकाश में पाया। वे स्वतंत्र हो गए। प्रोफेसरी जाने का उन्हें कोई मलाल नहीं था। जिस दिन सरकार से उन्हें पत्र मिला, उसी दिन उन्होंने गांधीजी को लिखा कि क्या चंपारण में मेरी सेवाओं की आवश्यकता है? इसका जवाब गांधीजी ने तुरंत भेजा। वह बहुत महत्त्वपूर्ण है। इस पत्र से दोनों के संबंधों को समझना आसान हो जाता है।

मोतिहारी
17 अप्रैल, 1917

मेरे प्रिय मित्र,

मैंने तुम्हारे स्नेह को तुम्हारी आँखों में, तुम्हारी अभिव्यक्तियों में, तुम्हारे हाव-भाव में पढ़ा है। क्या मैं इतने गहन स्नेह के लायक हूँ। हाँ, मुझे यह पता चला है कि तुम मदद करना चाहते हो। तुम्हारी अपनी मरजी है। चाहो तो अहमदाबाद चले जाओ और वहाँ प्रयोगात्मक विद्यालय में काम करो अथवा आ जाओ और यहाँ काम करो, बंदी बनाए जाने का जोखिम उठाकर भी। यदि मुझे बंदी बना लिया गया तो इन बातों का ध्यान रखना। यह देखकर कि तुम यहाँ हो, यदि तुम मुझसे अपना कर्तव्य निर्धारित करना चाहते हो तो तुम्हारा स्वाभाविक कार्य यह होगा कि जब तक किसानों को मनुष्य की भाँति साँस लेने की आजादी नहीं मिल जाती, जब तक तुम यहाँ से नहीं जाओगे। मेरे लिए अब चंपारण ही मेरी

जन्मस्थली है। रोजाना की पड़ताल से मेरी यह राय दृढ़ हो रही है कि परिस्थितियाँ कई मामलों में फीजी से भी बदतर है।

तुम्हारा
शुभेच्छु
एम.के.गांधी

इस पत्र को पाते ही कृपलानी मोतिहारी पहुँचे। हालाँकि पत्र में गांधीजी ने कामों का कुछ खाका खींचा था, पर था वह अधूरा ही। वहाँ पहुँचकर उन्होंने अपने लायक काम खोजे। तब तक अहमदाबाद से कस्तूरबा गांधी और महादेव भाई देसाई भी आ गए थे। बड़े वकील, जो नौकर-चाकर लेकर वहाँ डेरा डाले हुए थे, उन्हें गांधीजी ने सामूहिक भोजनालय में शामिल होने के लिए मना लिया था। सामूहिक भोजनालय कस्तूरबा गांधी के जिम्मे था। कृपलानीजी उनकी मदद में थे। अपनी आत्मकथा में गांधीजी ने कृपलानीजी के काम के बारे में जो लिखा है, उसे पढ़िए, ''अध्यापक कृपलानी इसमें सम्मिलित हुए बिना कैसे रह सकते थे? स्वयं सिंधी होते हुए भी वे बिहारी से भी बढ़कर बिहारी थे। मैंने ऐसे सेवक कम देखे हैं, जिनमें वे जिस प्रांत में जाएँ, उसमें पूरी तरह घुल-मिल जाने की शक्ति हो और जो किसी को यह मालूम न होने दें कि वे दूसरे प्रांत के हैं। इनमें कृपलानी एक हैं। उनका मुख्य काम द्वारपाल का था। दर्शन करनेवालों से मुझे बचा लेने में उन्होंने इस समय अपने जीवन की सार्थकता समझ ली थी। किसी को वे विनोद करके मेरे पास आने से रोकते थे, तो किसी को अहिंसक धमकी से। रात होने पर अध्यापक का धंधा शुरू करते और सब साथियों को हँसाते थे तथा कोई डरपोक पहुँच जाए तो उसे हिम्मत बँधाते थे।'' इससे हम जो समझ पाते हैं, उसे कृपलानीजी ने 'गांधी : जीवन और दर्शन' पुस्तक में इन शब्दों में लिखा है, ''कस्तूरबा के आने पर उन्हें सामूहिक रसोई का प्रभारी बना दिया गया और हममें से कुछ लोग उनकी मदद करते थे। मेरे लिए कोई खास काम नहीं था, बस वहाँ की व्यवस्था देखता था तथा गांधीजी को उन हजारों किसानों से किसी प्रकार बचाकर रखता था, जो जब बयान नहीं देने होते थे, तो उनके दर्शन करने चले आते थे। आरंभ में मैं अपने तथा गांधीजी के लिए भोजन भी पकाता था।''

इसी क्रम में उन्होंने लिखा, ''खाना पकाने के कार्य को सरल करने के लिए मेरे पास कुकर था। उसे मैं अपने साथ ले आया था। गांधीजी ने फिर से अपनी खुराक बदल ली थी। उस समय वे उबले चावल तथा सब्जियों का सेवन कर रहे थे

और उनके साथ स्थानीय बाजार में उपलब्ध फल भी खाते थे। वे नमक अथवा किसी मसाले का सेवन नहीं करते थे। मुझे भी सादे उबले खाने से परहेज नहीं था। मैं उसमें सिर्फ नमक मिला लेता था। उन दिनों गांधीजी के खाने पर रोजाना करीब दो आने खर्च होते थे। चंपारण में चावल और सब्जियाँ सस्ती थीं। स्थानीय फल का मूल्य भी कम था। उन्होंने तब तक दूध पीना शुरू नहीं किया था। मैंने देखा कि गांधीजी को भारतीय फल कोई खास नहीं भाता था। वे दक्षिण अफ्रीकी किस्मों के आदि हो गए थे।' इस वर्णन से स्पष्ट है कि गांधी और कृपलानी में तादात्मय चंपारण में ही कायम होने लगा था। खान-पान की शब्दावली का उपयोग कर कह सकते हैं कि उस तादात्म्य में नमक का ही अंतर था। वहीं कृपलानी ने रचनात्मक कामों में गांधी दृष्टि को समझा। वहाँ जो लोग किसानों की गवाही दर्ज करने के काम में नहीं लगे थे, वे ज्यादातर गैर-बिहारी थे। गांधीजी ने उन्हें दो-दो की टोली में गाँवों में भेजा। कृपलानी कस्तूरबा गांधी के साथ किसी गाँव में जाते थे। वहाँ पढ़ाई और सफाई सिखाने का लक्ष्य था।

चंपारण में ही मोहनदास करमचंद गांधी 'महात्मा' हुए। वहाँ के लोगों ने उन्हें इसी रूप में देखा, जिसे बाद के दिनों में पूरे देश ने मान्यता दी और अपनाया। वहीं पर क्रांतिधर्मी प्रोफेसर का रूपांतरण प्रारंभ हुआ। लक्ष्य में कोई अंतर नहीं आया। लक्ष्य था—स्वाधीनता पाना। मार्ग कौन सा हो? यही कृपलानी तय नहीं कर पाए थे। उन्हें यह लगता ही नहीं था कि 150 साल की गुलामी को अहिंसक उपायों से खत्म किया जा सकता है, लेकिन चंपारण ने उन्हें पुनर्विचार का अवसर दिया। उन्हें याद आया कि एक बातचीत में जब वे अहिंसक तरीकों पर अपना संदेह निःसंकोच और अधिक साफगोई से प्रकट कर रहे थे, तब शांति निकेतन में गांधी ने कहा था कि इतिहास ने अंतिम शब्द अब तक नहीं लिखा है। वह बात कृपलानी को चंपारण में इसलिए याद आती रही, क्योंकि कौन सोच सकता था कि एक अकेला आदमी किसानों को अंग्रेजों के जुल्म और ज्यादती से इतनी आसानी से बचा सकता है। उन्होंने यह बाद में स्वीकार किया कि चंपारण की सफलता से सत्याग्रह की ताकत का पूरे देश के सामने प्रमाण प्रस्तुत हुआ।

कृपलानी ने अपने संस्मरण में लिखा है, "मेरे पहुँचते ही गांधीजी को पुलिस अधीक्षक ने बुलावा भेजा। जाहिर है वह अंग्रेज था। उसने गांधीजी से कहा कि सरकार को उनकी अहिंसा पर भरोसा है, लेकिन उनके साथियों की ओर से निश्चिंतता नहीं है। गांधीजी ने कहा कि वे सब अपने धंधे से जुड़े वकील हैं और वे सिर्फ किसानों के बयान दर्ज करने के लिए आए हैं। उनका राजनीति से कोई लेना-देना नहीं है।" पुलिस अधीक्षक ने कहा, "और प्रोफेसर कृपलानी?" गांधीजी का

उत्तर था, ''वे सज्जन पुरुष हैं। मैं जिन शर्तों पर यहाँ काम कर रहा हूँ, उन्हें उनकी जानकारी है तथा वे भी उनका पालन करेंगे।'' इस पर अधीक्षक का उत्तर था, ''वे गांधीजी को सावधान कर रहे हैं।'' ऐसा नहीं है कि अंग्रेज कृपलानी से तब खौफ खाते थे। इसी तरह के भाव बड़े वकीलों के भी थे। घटना इस प्रकार है— मुजफ्फरपुर से जिस दिन कृपलानी मोतिहारी पहुँचे, उसी दिन गांधीजी बेतिया जा रहे थे, जहाँ उनका जाँच करने का दूसरा केंद्र था। कृपलानी दोपहर में पहुँचे थे। गांधीजी को बेतिया के लिए शाम को रवाना होना था। जैसे ही कृपलानी के पहुँचने की खबर आई कि दरभंगा के बड़े वकील धरनीधर बाबू गांधीजी के पास आए। याद रखें कि वे गांधीजी की वहाँ मदद कर रहे थे। जब तक डॉ. राजेंद्र प्रसाद और ब्रजकिशोर प्रसाद आ नहीं गए थे, वे तब तक सबसे बड़े वकील थे। उनका शासन से वास्ता पड़ता ही रहता होगा। अधिक संभावना है कि शासन ने ही उन्हें इस्तेमाल किया हो और जो बात कहने के लिए वे गांधीजी के पास गए थे, उसे कहलवाया हो। बहरहाल, जो भी हो, इतना तो सच है कि वे गांधीजी के पास गए और उन्होंने कहा कि बेहतर होगा, आप अपने साथ कृपलानी को मत ले जाइए। वे उग्रवादी राजनीतिक माने जाते हैं। उनके रहने से अधिकारियों के माथे पर बल पड़ जाएगा। वे अपना आपा खो भी सकते हैं। उनकी इस नेकनीयत सलाह को गांधीजी ने सुना। मुसकराए। फिर कहा कि प्रोफेसर मेरे साथ जाएँगे। वकील धरनीधर बाबू कोई कृपलानी के विरोधी नहीं थे। वे यह नहीं चाहते थे कि कृपलानी की छाया से अंग्रेज भड़क जाएँ और गांधीजी का मिशन क्षतिग्रस्त हो जाए। उनकी सलाह में भोलापन अधिक था।

इस पर कृपलानी जो सोचते थे, उसे उन्होंने लिखा भी है कि 'मेरा ऐसा कुछ भी करने का इरादा नहीं था, जिससे गांधीजी को परेशानी हो या वैसा कुछ होता तो भी मैं कोई आपत्तिजनक व्यवहार नहीं करता।

गांधीजी ने मुझसे मेरे राजनीतिक मत के बारे में पूछताछ नहीं की थी। इतना तो उन्हें पता ही था कि मैं तिलक की विचारधारा का अनुयायी हूँ, लेकिन उसके अलावा उन्होंने मुझसे कभी नहीं पूछा था कि मैं क्रांतिकारियों की छापामार कार्यप्रणाली को सही मानता हूँ या नहीं। उन्होंने यह धारणा स्वयं ही बना ली थी कि जब मैं उनके साथ काम करने आ गया हूँ तो ऐसा कुछ नहीं करूँगा, जिससे उस लक्ष्य की सफलता में बाधा पड़े, जिसके लिए वे चंपारण आए थे। ऐसे नेता को धोखा देने की कोई कल्पना भी नहीं कर सकता था, जिसकी मनुष्य की स्वाभाविक अच्छाई में इतनी दृढ़ आस्था हो।

□

महात्मा गांधी का जी.बी.बी. कॉलेज, (वर्तमान लंगट सिंह कॉलेज) मुजफ्फरपुर में 1917 का प्रवास

—अशोक अंशुमन
(शोधार्थी— बी.आर.ए.बी.यू. मुज.)

—निशिकांत कुमार
(इतिहास विभाग— एल.एस. कॉलेज, मुजफ्फरपुर)

महात्मा गांधी के चंपारण सत्याग्रह से संबंधित आलेख, संस्मरण, पुस्तकें, रिपोर्ताज एवं सरकारी पत्रचार आदि अनेक स्रोत उपलब्ध हैं, परंतु गांधी की चंपारण यात्रा का एक महत्त्वपूर्ण पड़ाव ग्रीयर भूमिहार ब्राह्मण कॉलेज भी था, जो इतिहासकारों की दृष्टि से ओझल रहा है। यह शोध आलेख उनके मुजफ्फरपुर आगमन और बी.बी.बी. कॉलेज में ठहराव एवं आचार्य जी.बी. कृपलानी को गांधी को अपने अतिथि के रूप में रखने पर औपनिवेशिक सरकार के द्वारा दंडात्मक काररवाई पर केंद्रित है।

गांधीजी राजकुमार शुक्ल के साथ 10 अप्रैल, 1917 के मध्य रात्रि मुजफ्फरपुर स्टेशन पहुँचते हैं। पटना से चलने के पहले उन्होंने अपने आगमन की सूचना तार के द्वारा दी। कृपलानी के अनुसार जब वे 9 बजे रात क्लब से लौटते हैं, तो उन्होंने गांधी के तार को देखा। उन्होंने गाड़ी का आगमन का समय पता किया और उन्होंने गांधी के ठहरने एवं स्वागत करने की तैयारी शुरू कर दी। वे थोड़े परेशान भी हो रहे थे कि गांधी जैसे व्यक्तित्व का किस तरह स्वागत हो और

कहाँ पर ठहराने की व्यवस्था की जाए। वह बी.बी.बी. कॉलेज छात्रावास के वार्डेन थे, लेकिन गांधी को ठहराने के लिए उपर्युक्त कमरे उनके पास नहीं थे और उन्होंने प्रो. मलकानी के साथ गांधी को ठहराने का निर्णय लिया।

गांधी के आगमन की सूचना उन्होंने छात्रावास के छात्रों को भी दी और इस खबर से छात्र अति उत्साहित हो गए तथा उन्होंने छात्रावास के बगीचे में जितने भी फूल थे, उन्हें तोड़ लिया और उन्होंने कृपलानी से आग्रह किया कि उन्हें गांधी की आरती उतारने की इजाजत दी जाए। कृपलानी ने सहर्ष स्वीकृति प्रदान कर दी और जब उन्होंने देखा कि आरती के सारे सामान मौजूद हैं, लेकिन एक नारियल की कमी है, छात्रावास के प्रांगण में एक नारियल का पेड़ था, जिस पर कृपलानी खुद चढ़े और नारियल को तोड़ा। अब आरती के सारे सामान तैयार थे। कृपलानी ने इस प्रसंग में लिखा है, गांधी की यह नाराजगी स्वाभाविक थी, क्योंकि आरती मूलत: देवताओं की उतारी जाती है, परंतु गांधी शायद इस तथ्य से अवगत नहीं थे कि हिंदू देवताओं और महान् पुरुषों में कोई फर्क नहीं समझते हैं।

कृपलानी के जमींदार मित्र उसी ट्रेन से सफर कर रहे थे और उनकी घोड़ेवाली फिटन को गांधीजी को कॉलेज परिसर में लाने के लिए रोक रखा गया था। गांधीजी अब फिटन के पास पहुँचे तो उन्होंने देखा कि छात्रों ने घोड़ों को फिटन से अलग कर दिया था और छात्रों का समूह फिटन खींचने के लिए तैयार था। कृपलानी के अनुसार उन दिनों भारत में इस तरह से नेताओं को सम्मानित किया जाता था, लेकिन गांधी ने इसका विरोध किया और उन्होंने कहा कि मैं इस पर नहीं चढ़ूँगा अगर इसे छात्र खींचेंगे। लड़कों ने उनकी बात मान ली। फिटन चारों तरफ से बंद थी और स्टेशन से कॉलेज यात्रा के दौरान गांधीजी कृपलानी से राजेंद्र बाबू के घर में हुए व्यवहार से संबंधित बातचीत करते रहे। थोड़ी देर बाद ही कृपलानी को यह अहसास हो गया था कि गांधी की मनाही के बावजूद छात्र ही फिटन खींच रहे थे, क्योंकि घोड़े की टाप उन्हें बिलकुल सुनाई नहीं दे रही थी। गांधी जब छात्रावास पहुँचे, तो उन्होंने भी इस बात को समझ लिया और उन्होंने कहा कि मेरे साथ धोखा हुआ है और उन्होंने अपनी नाराजगी व्यक्त की।

गांधीजी के प्रो. मलकानी के घर में रहने की व्यवस्था की गई थी और कृपलानी लिखते हैं कि गांधी को ठहराने से मलकानी काफी चिंतित थे, क्योंकि उनको नौकरी जाने का डर था। डर का आलम यह है कि मलकानी के नीचेवाले तल्ले में एक शिक्षक रहते थे, उनको जैसे ही मालूम हुआ कि रात में गांधी ठहरे

हुए थे, तो वे मकान छोड़कर चले गए। कृपलानी ने मलकानी को कहा कि कल मैं प्राचार्य को कहूँगा कि गांधी मेरे अतिथि थे।

अगले दिन जब कॉलेज खुला तो कृपलानी ने प्राचार्य को सूचना दी कि गांधी उनके यहाँ ठहरे हुए हैं। प्राचार्य ने गुस्से में आकर पूछा कि क्या वह दक्षिण अफ्रीका का बदमाश आपका अतिथि है? कृपलानी ने जवाब दिया कि आप उन्हें बदमाश क्यों कहते हैं? उन्होंने साम्राज्य की भी मदद की है और इस कारण उन्हें कैसर-ए-हिंद की उपाधि दी गई है। प्राचार्य ने कुछ नहीं सुना और कहा कि आप उनके लिए दूसरी व्यवस्था करें।

कृपलानी ने कहा कि न तो शहर में होटल है और न ही ठहरने की व्यवस्था है। हमारी परंपरा है कि अतिथि को अपने यहाँ ठहराया जाता है। रात में गांधी ने निलहों और किसानों के बीच में जो संघर्ष का कारण बन रहे थे, उसके बारे में कृपलानी से पूछा। कृपलानी ने कहा कि मुझे बहुत जानकारी नहीं है, लेकिन मैं इतना बता सकता हूँ कि निलहे किसानों का शोषण करते हैं और इस कारण किसानों की आर्थिक हालत बहुत ही दयनीय है। कृपलानी ने यह भी कहा कि इस घटना को गहरे समझाने के लिए वे अपने कुछ वकील मित्रों से आग्रह करेंगे कि वे आपसे मिलें और उस संबंध में जानकारी दें। अगले दिन गांधीजी ने रामनवमी बाबू के नेतृत्व में मुजफ्फरपुर बार के वकीलों से मुलाकात की।

इन वकीलों ने गांधीजी को यह सलाह दी कि सरकारी महाविद्यालय परिसर में रहना उचित नहीं होगा और उनकी निवास व्यवस्था शहर में ही की जाए। रामनवमी बाबू ने कहा कि गया बाबू शहर के एक मशहूर वकील हैं और उनके आवास पर गांधी को रुकने की सलाह दी, ताकि वे स्वतंत्र रूप से शहर के लोगों से मिल सकें और चंपारण के लोगों के बारे में सूचना इकट्ठा कर सकें। गांधी ने इस सलाह को माना और वे गया बाबू के घर चले गए।

बी.बी.बी. कॉलेज मुजफ्फरपुर में कृपलानी के द्वारा गांधी को अतिथि के रूप में रखने की सजा भुगतनी पड़ी। बी.बी.बी. कॉलेज 1 जुलाई, 1915 को एक निजी कॉलेज से सरकारी कॉलेज बन गया था। सरकारी नियमों के प्रावधानों के पहले जो वहाँ ग्यारह शिक्षक कार्यरत थे, उनके क्रियाकलापों की जाँच के उपरांत उनकी सेवा की पुष्टि की जा सकती थी। यह प्रक्रिया चल ही रही थी कि गांधीजी कृपलानी के साथ कॉलेज में आए। राज्य सरकार ने कॉलेज के दो शिक्षकों बी.के. राय और कृपलानी को राजनीतिक गतिविधियों में लिप्त होने के कारण उनकी

सेवा समाप्त कर दी। सेवा समाप्ति के बाद कृपलानी गांधीजी के साथ पूर्वकालीन राजनीति में प्रवेश करते हैं और कांग्रेस के कद्दावर नेता के रूप में उभरते हैं। इस तरह से चंपारण सत्याग्रह गांधी के जीवन का निर्णायक मोड़ रहा। उसी तरह बी.बी.बी. कॉलेज मुजफ्फरपुर की घटना ने कृपलानी के जीवन को एक नया मोड़ दिया, जिसका पूर्वाभास शायद कृपलानी को भी नहीं था।

□

जब सर्वप्रथम भारत की जमीन पर सत्याग्रह सफल हुआ

–राजेंद्र प्रसाद

(गांधीजी के चंपारण सत्याग्रह के सहकर्मी पूर्व राष्ट्रपति)

महात्मा गांधी को देखने का पहला मौका मुझे कलकत्ता में मिला। जब वे दक्षिण अफ्रीका से लौटकर हिंदुस्तान के मुख्य-मुख्य स्थानों का दौरा कर रहे थे, कलकत्ता में उनके स्वागत के लिए एक सभा हुई थी, जिसमें मैं भी कौतूहल-वश गया था। उन दिनों उनको लोग 'कर्मवीर गांधी' कहा करते थे। वे सफेद बंदवाली अचकन, धोती और सफेद काठियावाड़ी पगड़ी पहना करते थे। पैरों में जूते नहीं पहनते थे, मगर कंधे पर एक चादर रखा करते थे। मैंने अखबारों में उनके दक्षिण अफ्रीका के कामों की कहानी कुछ पढ़ी थी और इसलिए जब उनके स्वागत की सभा हुई तो मैं भी वहाँ गया था। यह शायद 1915 की बात होगी। दूर से ही सभा में उन्हें देखा और वहाँ उन्होंने क्या कहा, इसका कुछ स्मरण नहीं है। यह भी नहीं याद है कि उन्होंने कुछ कहा या नहीं, क्योंकि पीछे मैंने सुना कि स्व. गोखलेजी ने उनसे वचन ले लिया था कि हिंदुस्तान की हालत वे जाकर देखें, पर एक बरस तक किसी प्रकार के आंदोलन में भाग न लें और न व्याख्यान ही दिया करें। यह समारोह उस एक बरस के भीतर ही हुआ था। इसलिए शायद उन्होंने कुछ कहा ही नहीं, पर मुझे आज कुछ स्मरण नहीं है। हाँ, इतना याद है कि उस समय मैं कलकत्ता में ही रहता था और उस सभा में गया था।

1916 के दिसंबर में लखनऊ में कांग्रेस का अधिवेशन हुआ। मैं पटना हाईकोर्ट के खुलने पर, 1916 के मार्च से, पटना चला आया और वहीं वकालत

करने लगा। पटना से ही लखनऊ कांग्रेस में गया। वहाँ महात्मा गांधी भी आए थे। चंपारण के किसानों के कुछ नेता, जिनमें मुख्य श्री राजकुमार शुक्ल और पीर मुहम्मद मूनिस थे, कांग्रेस में अपना दुखड़ा सुनाने गए थे। मैं वकालत करने के कारण राजकुमार शुक्ल को जानता था और चंपारण के रैयतों की बुरी हालत से भी कुछ परिचित था, पर वह परिचय बहुत ही अधूरा और आंशिक था। अगर यों कहा जाए कि वह नहीं के बराबर था, तो अत्युक्ति नहीं होगी। बिहार के युवकों के नेता ब्रजकिशोर प्रसादजी थे। वे वहाँ की शिकायतों से काफी परिचित थे, क्योंकि उन दिनों की लेजिस्लेटिव काउंसिल के वे मेंबर थे और वहाँ इस समस्या पर उन्होंने कई बार प्रश्न पूछे थे तथा दूसरे प्रकार से भी इस बात की चर्चा काउंसिल में की थी। श्री राजकुमार शुक्ल आदि महात्मा गांधी से मिले और चंपारण का दुखड़ा सुनाया। बाबू ब्रजकिशोर प्रसादजी भी शायद उन लोगों के साथ गांधीजी से मिले। सभी ने गांधीजी से अनुरोध किया कि चंपारण संबंधी एक प्रस्ताव कांग्रेस में पास कराना चाहिए और वे स्वयं यदि उसे उपस्थित करें तो बहुत अच्छा होगा। गांधीजी ने प्रस्ताव उपस्थित करने से इनकार कर दिया था। उनका कहना था कि जब तक मैं खुद देख-सुनकर सब बातों की पूरी जानकारी हासिल न कर लूँ, प्रस्ताव उपस्थित नहीं कर सकता। हाँ, जाँच के लिए चंपारण जाऊँगा और देखूँगा कि जो तुम लोग कहते हो, वह कहाँ तक ठीक है। प्रस्ताव बाबू ब्रजकिशोर ने पेश किया और श्री राजकुमार शुक्ल ने उसका समर्थन किया तथा वह सर्वसम्मति से पास भी हो गया। यह शायद पहला ही मौका था, जब एक देहाती अनपढ़ किसान कांग्रेस के मंच से किसी प्रस्ताव के समर्थन में बोला हो। गांधीजी के साथ मेरे संपर्क का सूत्रपात मात्र यहाँ हुआ, यद्यपि वास्तविक संपर्क लखनऊ में नहीं हुआ।

कांग्रेस के बाद सब लोग अपने-अपने स्थान को चले गए, पर राजकुमार शुक्ल ने गांधीजी से वचन ले लिया कि जब वे कभी बिहार की ओर से गुजरेंगे तो चंपारण भी जाएँगे और वहाँ की हालत देखेंगे। मार्च, 1917 में गांधीजी को एक बार कलकत्ता की ओर जाना पड़ा और उन्होंने राजकुमार शुक्ल को पत्र लिखा कि उनसे वे कलकत्ते में मिलें तथा वहाँ से उनको अपने साथ चंपारण ले जाएँ, पर दुर्भाग्यवश यह पत्र राजकुमार शुक्ल को देर करके मिला और तब तक गांधीजी कलकत्ता से वापस चले जा चुके थे। बिहार के देहातों में डाकिया सप्ताह में एक या दो बार से अधिक डाक लेकर नहीं जाता और राजकुमार शुक्ल तो चंपारण में, जो एक पिछड़ा हुआ जिला समझा जाता था और चंपारण जिले के भी सबसे अधिक पिछड़े हुए भाग में रहा करते थे। इसलिए पत्र का समय पर न मिलना कोई

आश्चर्य की बात नहीं थी।

अप्रैल, 1917 में अखिल भारतीय कांग्रेस कमेटी की बैठक कलकत्ता में, ईस्टर की छुट्टियों में होनेवाली थी। गांधीजी उसमें शरीक होने कलकत्ता गए और इस बात की सूचना उन्होंने राजकुमार शुक्ल को दे दी। वे इस बार समय से पत्र पाकर कलकत्ता पहुँच गए और श्री भूपेंद्र नाथ बसु के मकान पर, जहाँ गांधीजी ठहरे थे, जाकर उनसे मिले। मैं अखिल भारतीय कांग्रेस कमेटी का एक सदस्य था और उस जलसे में शरीक था। इत्तिफाक से जलसे में मैं गांधीजी के बहुत नजदीक ही बैठा था, पर वे मुझे जानते नहीं थे और न मैं यह जानता था कि वे कलकत्ता से ही सीधे बिहार जानेवाले हैं। राजकुमार शुक्ल उनके साथ सभा तक गए थे, पर बाहर ही ठहर गए थे, इसलिए मेरी मुलाकात उनसे भी नहीं हुई। सभा समाप्त होने पर मैं जगन्नाथपुरी चला गया और इधर गांधीजी राजकुमार शुक्ल के साथ पटना चले आए। एक-दूसरे के कार्यक्रम को न जान सके, नहीं तो मैं शायद उनके साथ ही बिहार चला आता। उधर मैं पुरी पहुँचा और इधर गांधीजी मेरे घर पर पटना पहुँचे।

मैं कलकत्ता में वकालत किया करता था और जब 1916 के मार्च में पटना में बिहार के लिए अलग हाईकोर्ट खुला तो मैं पटना चला आया तथा वहीं वकालत करने लगा। एक मकान भाड़े पर लेकर रहता था। घर के लोग कोई साथ नहीं रहते थे। वे लोग भाई के साथ छपरा या गाँव जीरादेई में रहा करते थे, इसलिए पटना में नौकर ही साथ रहते थे। कलकत्ता बिहार से बहुत दूर पड़ता था और बिहारियों के लिए एक अजनबी जगह। इसलिए जब कोई मामूली आदमी वहाँ हाईकोर्ट में किसी मुकदमे के लिए जाता तो वह बहुत करके किसी वकील या मुख्तार के यहाँ ठहरता। एक तो कोई दूसरी जगह उसको नहीं मिलती, जहाँ वह ठहर सकता और दूसरे उन दिनों होटलों का न तो इतना प्रचार था और न बिहार के गाँव का रहनेवाला कोई आदमी होटल में रहकर वहाँ खाना पसंद करता, इसलिए बिहारी वकीलों का घर भी मुवक्किलों के लिए एक धर्मशाला जैसा होता। कोई-कोई तो मुवक्किलों को पैसे लेकर खिलाते। मैं ऐसा नहीं करता था। जो कोई मेरे यहाँ ठहर जाता था, उसको मैं बिना दाम लिये ही खिलाता और ठहराता। यही प्रथा जब हम लोग कलकत्ता से पटना आए तो अपने साथ लेते आए। इसलिए जब-तब पटना में भी मुवक्किल आकर हमारे साथ ठहर जाया करते थे। उनके लिए एक कमरा भी रख छोड़ा था और नौकर भी जानते थे कि मुवक्किलों को कहाँ ठहराना तथा उनके साथ क्या बरताव करना चाहिए। जब मैं कलकत्ता अखिल भारतीय कांग्रेस कमेटी की बैठक के लिए गया और वहाँ से 'पुरी' चला गया तो पटना के नौकर, जो मेरे साथ नहीं

गए, छुट्टी में अपने-अपने घर चले गए, केवल एक नौकर मकान की देखभाल करने के लिए रह गया, जो निरा देहाती था।

पटना पहुँचकर राजकुमार शुक्ल गांधीजी को मेरे घर ले गए। वह किसी दूसरे को नहीं जानते थे कि जिनके यहाँ वे गांधीजी को ठहराते। दुर्भाग्यवश मैं तो था नहीं। नौकर ने गांधीजी को एक देहाती मुवक्किल समझ लिया। इसमें उस बिचारे का कोई दोष नहीं था। राजकुमार शुक्ल तो एक देहाती मुवक्किल थे ही। देहाती बोली बोलने और रहन-सहन में भी चंपारण के ही थे। गांधीजी का रूप-भेष भी कुछ वैसा ही था। मैंने ऊपर बतलाया कि सभा इत्यादि में गांधीजी धोती, अचकन और काठियावाड़ी पगड़ी पहना करते थे। इसी भेष में मैंने उनको कलकत्ता की स्वागत-सभा तथा अखिल भारतीय कांग्रेस कमेटी के जलसे में देखा था, पर मामूली तौर से वे एक धोती-कुरता तथा वैसी टोपी पहना करते थे जो पीछे 'गांधी-टोपी' के नाम से मशहूर हुई। इस काट की टोपी बिहार में और संयुक्त प्रदेशों में बहुतेरे पहना करते थे, पर गांधी-टोपी और उन टोपियों में बहुत बड़ा फर्क यह था कि गांधी-टोपी हमेशा खादी की हुआ करती थी। गांधीजी की वेशभूषा देखने से उस नौकर को यह पता न चला कि वे कोई महान् पुरुष हैं। मुवक्किल समझकर उसने उनको मुवक्किल की तरह ही ठहराया और उनके साथ मुवक्किल जैसे ही बरताव भी किया, यहाँ तक कि उस पाखाने का भी इस्तेमाल नहीं करने दिया, जो खास घर के मालिक के इस्तेमाल में रहा करता था। गांधीजी ने नित्य-क्रिया-स्नानादि नहीं किया और सोच ही रहे थे कि अब क्या किया जाए कि इतने में मजहरुल हक साहब को खबर लग गई कि गांधीजी पटना आए हुए हैं और मेरे यहाँ ठहरे हैं। मजहरुल हक साहब गांधीजी के दक्षिण अफ्रीका के काम से तो पूरी तरह वाकिफ थे, वे उनको बहुत पहले से भी जानते थे, क्योंकि दोनों साथ ही एक ही जहाज पर बैरिस्टरी पास करके इंग्लैंड से लौटे थे। गांधीजी को वे अपने यहाँ ले गए और हमारे घर से हटाकर अपने साथ ठहराया। गांधीजी चंपारण पहुँचने के लिए उत्सुक थे, पर संध्या के पहले वहाँ के लिए कोई गाड़ी नहीं थी। इसलिए संध्या की गाड़ी से ही जाने का निश्चय किया और रवाना भी हो गए। मुजफ्फरपुर रास्ते में पड़ता है और तिरहुत-डिविजन का कमिश्नर भी वहीं रहता है। नीलवरों की संस्था 'बिहार प्लैंटर्स एसोसिएशन।'

कमिश्नर का दफ्तर भी वहीं था और उसका मंत्री वहीं रहा करता था। इसलिए उन्होंने सोचा कि चंपारण पहुँचने के पहले इन दोनों से मिल लेना अच्छा होगा। बस, मुजफ्फरपुर में ठहर जाने का निश्चय कर लिया।

जो अनुभव उनको मेरे घर पर पटना में हुआ, उसके बाद उन्होंने राजकुमार शुक्ल पर अपने ठहरने-ठहराने का भार न छोड़कर स्वयं ही उसका प्रबंध कर लिया। आचार्य कृपलानी उन दिनों मुजफ्फरपुर कॉलेज में प्रोफेसर थे। गांधीजी के साथ उनकी मुलाकात नहीं थी, पर उनसे पत्र-व्यवहार हुआ था। इसलिए वे उनको जानते थे और पटना से चलने के पहले उन्होंने कृपलानीजी के पास तार भेज दिया था। कृपलानीजी कुछ छात्रों के साथ स्टेशन पर उनसे मिलने आए। गाड़ी आधी रात के समय पहुँचती थी। कृपलानीजी भी गांधीजी के रहन-सहन से बहुत परिचित नहीं थे। इसलिए स्टेशन पर सब लोग उनको ऊँचे दरजे के डिब्बों में तलाश करने लगे, पर गांधीजी अपनी छोटी गठरी लिये हुए, राजकुमार शुक्ल के साथ, तीसरे दरजे के डिब्बे से उतर चुके थे और प्लेटफॉर्म से बाहर जाने के लिए फाटक की तरफ जा रहे थे। जब कृपलानीजी और उनके छात्रों को गांधीजी ऊँचे दरजे के डिब्बे में नहीं मिले तो वे लोग प्लेटफॉर्म पर उनकी तलाश में इधर-उधर दौड़-धूप करने लगे। राजकुमार शुक्ल ने उनकी दौड़-धूप को समझ लिया कि ये लोग गांधीजी की ही तलाश में हैं और उनमें से एक से पूछा कि आप किसकी तलाश कर रहे हैं। उसने उनको एक निरा देहाती समझकर उत्तर तक नहीं दिया। तब राजकुमार शुक्ल ने कहा, आप कर्मवीर गांधी की तलाश कर रहे हैं तो वे मेरे साथ हैं। यह बात सुनते ही सब लोग जुट गए। गांधीजी धोती, कुरता और टोपी पहने थे। बगल में एक छोटी गठरी थी, जिसमें बिछाने के लिए बिस्तर इत्यादि और पहनने के लिए कपड़े थे, जिससे वे सोने के समय तकिया का काम लिया करते थे। दूसरे हाथ में एक टिन का डिब्बा था, जिसमें खाने के लिए खजूर या मूँगफली थी। राजकुमार शुक्ल अपना सामान और लोटा अपने हाथ में लिये हुए थे।

गांधीजी को पाकर सब निहाल हो गए थे। कृपलानीजी, जो कॉलेज के हॉस्टल के प्रधान थे, उनको अपने साथ हॉस्टल में ले गए और वहीं ठहराया। कॉलेज सोलह आने गवर्नमेंट कॉलेज नहीं था, पर गवर्नमेंट से उसको पैसे की काफी मदद मिलती थी, इसलिए उस पर गवर्नमेंट का एक प्रकार से पूरा अधिकार था। कॉलेज का प्रिंसिपल उन दिनों सरकारी नौकरीवाला 'आई.ई.एस.' (इंडियन एजुकेशन सर्विस) का कोई अंग्रेज ही हुआ करता था। यद्यपि मुझे आज स्मरण नहीं है कि उस वक्त कौन प्रिंसिपल था। कृपलानीजी ने गांधीजी को अपने यहाँ हॉस्टल में ठहरा तो लिया, परंतु वे वहाँ रख न सके, दूसरे ही दिन गांधीजी एक वकील के घर जाकर ठहर गए। थोड़े ही दिनों में कृपलानीजी को भी इसी अपराध के कारण कॉलेज की नौकरी से इस्तीफा देना पड़ा और वहाँ से छुट्टी पाकर वे चंपारण में

गांधीजी के साथ रहकर काम करने लगे।

गांधीजी कमिश्नर और नीलवरों के मंत्री से मिले तथा अपना उद्देश्य बताया। उन लोगों ने उनको चंपारण जाने से मना किया और कहा, ''रैयतों की शिकायतों की जाँच गवर्नमेंट करा रही है। चंपारण में सर्वे-सेटलमेंट के अफसर काम कर रहे हैं और जो कुछ भी शिकायत होगी, उस पर विचार करके गवर्नमेंट मुनासिब काररवाई करेगी। रैयत आपके जाने से उत्तेजित होंगे और लड़ाई के जमाने में गड़बड़ी मचा सकते हैं, जो किसी तरह वांछनीय नहीं है।'' उस समय जर्मनी का फ्रांस पर धवा था और बहुत जोरों से लड़ाई चल रही थी। उन्होंने यह भी कहा, ''बहुतेरे नीलवर लड़ाई में चले गए। उनकी गैरहाजिरी में कोई बड़ा आंदोलन खड़ा करना ठीक न होगा।'' इस तरह की बातें कहकर उन्होंने गांधीजी को वहाँ जाने से रोका तथा रैयतों की शिकायतों को अतिरंजित और गलत बताया। महात्माजी ने तार देकर बाबू ब्रजकिशोर प्रसाद को दरभंगा से बुला लिया था, क्योंकि वे उस विषय के विशेषज्ञ थे। गांधीजी का कहना था कि वे लोग जितना ही जोर देकर उनको रोकना चाहते थे, उतना ही उनका संदेह बढ़ता ही जाता था और यह विचार दृढ़ हो जाता था कि दाल में कुछ काला जरूर है। उन्होंने अंत में दो-तीन मुलाकातों के बाद चंपारण जाने का निश्चय कर लिया।

इसका एक कारण यह भी था कि चंपारण के बहुतेरे रैयत यह सुनकर कि गांधीजी उनकी मदद के लिए मुजफ्फरपुर तक आ गए हैं, चंपारण से उनके पास चले आए, अपना-अपना दुःखड़ा सुनाया, जिससे राजकुमार शुक्ल की कही हुई बातों की पुष्टि हुई। चंपारण के रैयत इतने अरसे से सताए गए थे कि वे लोग डरपोक हो गए थे और उनकी हिम्मत नीलवरों के खिलाफ कुछ कहने की भी नहीं होती थी। नीलवरों का गवर्नमेंट के अधिकारियों पर बहुत प्रभाव था और उनके मित्र तथा सहायक स्थानीय अफसरों से लेकर विलायत तक में थे। उनके जुल्म की खबर स्थानीय अफसरों को मिला करती थी, पर वे भी रैयतों की कोई विशेष मदद नहीं कर सकते थे। हाँ, जो सच्चे और नेकनीयत होते, वे गवर्नमेंट के पास गुप्त रिपोर्ट भेज दिया करते तथा जब मामला बहुत बिगड़ जाता तो गवर्नमेंट भी कुछ नाम-निहादी काररवाई कर दिया करती, जिसका कोई विशेष फल नहीं होता। कभी-कभी रैयत भी बिगड़ जाते और बलवा-फसाद कर देते।

एकाध नीलवर को दो-एक बार मार भी डाला था और उनकी दो-एक कोठियों को जला भी दिया था, पर इस प्रकार के बलवा-फसाद का नतीजा यह होता था कि वे और भी पीसे जाते। कचहरियों द्वारा फाँसी और कैद की सजा के

अलावा दूसरे प्रकार की भी सजाएँ उनको मिलतीं। उनके खेत और घर सब लूट लिये जाते, माल-मवेशी भगा दिए जाते, घरों में आग लगा दी जाती और वे खुद भी पीटे जाते तथा बहुतेरों की तो बहू-बेटी की इज्जत भी बरबाद की जाती। फसाद के बाद उनको नीलवर तथा सरकारी कर्मचारी इतना दबाते कि बहुत दिनों तक जिले भर में मौत की सी शांति विराजती। जिस इलाके में फसाद होता, वहाँ अतिरिक्त पुलिस बैठा दी जाती, जहाँ उसका काम होता कि रैयतों को लूटें-खसोटें। इसके अलावा, पुलिस का सारा खर्च भी गवर्नमेंट उनसे ही वसूल करती। दो-एक बार गवर्नमेंट ने जाँच करने के लिए विशेष अफसरों को भेजा और उनकी रिपोर्ट कुछ हद तक रैयतों के पक्ष में हुई, पर काउंसिल में बहुत चर्चा होने पर भी वह प्रकाशित नहीं की गई। रैयत इतना डर गए थे कि किसी नीलवर या उसके कर्मचारी के विरुद्ध किसी किस्म की शिकायत लेकर किसी अदालत या कचहरी में नहीं जाते थे। जब उनकी शिकायतें काउंसिल में पेश की जातीं तो गवर्नमेंट का उत्तर यही होता कि उनकी कोई शिकायत अगर होती तो वे खुद ही अदालत में पेश करते, पर वे ऐसा कुछ करते नहीं, इसलिए यह तो बाहर के कुछ आंदोलन करनेवालों की ही शरारत है कि नीलवरों की इतनी शिकायत करते हैं। ऐसा भी देखा गया था कि कोई रैयत अगर हिम्मत करके अदालत में नालिश करने के लिए पहुँचता भी तो नीलवरों के आदमी वहाँ लगे रहते और उसे मजिस्ट्रेट के सामने ही इजलास पर से घसीटलाकर खूब पीटते। इसलिए इतनी शिकायतों के बाद भी डर के मारे रैयत कचहरी तक नहीं पहुँच पाते थे।

गांधीजी के संबंध में सिवा दो-चार आदमियों के, जिन्होंने कहीं कुछ सुन लिया था या अखबारों में पढ़ लिया था, रैयतों में से शायद ही कोई कुछ जानता होगा। मैं ऊपर कह चुका हूँ कि मुझ जैसा एक तथाकथित शिक्षित और सार्वजनिक विषयों में कुछ दिलचस्पी रखनेवाला आदमी भी उनके बारे में थोड़ा ही जानता था, तो बेचारे निरीह अशिक्षित रैयतों को क्या पता होता, जो चंपारण जैसे पिछड़े जिले के गाँव के रहनेवाले और नीलवरों द्वारा सताए हुए भयभीत थे, पर उन्होंने इतना सुन लिया था कि उनकी मदद करनेवाला कोई पास के जिला मुजफ्फरपुर तक आ गया है और न मालूम उनके दिल में यह विश्वास कैसे आ गया कि वह उनका उद्धारक है। न मालूम वह डर, जो उनको हमेशा सताया करता था, कहाँ चला गया और उनमें से सैकड़ों मुजफ्फरपुर तक आ गए तथा गांधीजी से मिले।

गांधीजी ने चंपारण जाने का निश्चय कर लिया और तिथि तक गाड़ी का समय भी ठीक कर लिया। मोतिहारी के प्रसिद्ध वकील बाबू गोरख प्रसाद, जो रैयतों की

कुछ मदद किया करते थे, मुजफ्फरपुर आ गए। उन्होंने अपने घर पर ठहरने के लिए गांधीजी को आमंत्रित किया।

गांधीजी को एक दिक्कत थी। वे वहाँ की ग्रामीण भोजपुरी बोली समझ नहीं सकते थे और यद्यपि वे हिंदी कुछ जानते थे तो भी इतनी नहीं कि अपना सब काम हिंदी में कर सकें। रैयत भी ठीक तरह से अपनी बोली के सिवा दूसरा कुछ-विशेष करके गांधीजी की बोली नहीं समझ पाते। इसलिए ऐसे आदमियों की जरूरत थी, जो दुभाषिये का कम कर सकें। बाबू ब्रजकिशोर प्रसाद, जिनकी वकालत बहुत बढ़ी-चढ़ी थी, उस समय किसी विशेष मुकदमे के बाद दो-चार दिनों तक गांधीजी के साथ नहीं जा सकते थे। इसलिए उन्होंने अपने एक मित्र बाबू धरणीधर को, जिनकी वकालत भी अच्छी चलती थी और बाबू रामनौमी प्रसाद को, जो युवक थे और थोड़े दिनों से वकालत कर रहे थे, दुभाषिया का काम करने के लिए गांधीजी के साथ करके वे स्वयं अपने काम से कलकत्ता चले गए।

मुजफ्फरपुर में दो-तीन महात्माजी ठहरे थे, जिसके बीच में ये सब बातें हुईं। साथ ही, उन्होंने आसपास के गाँवों की हालत भी देखनी चाही और मुजफ्फरपुर शहर से कुछ दूर के कई गाँवों में जाकर देखा भी। बिहार गरीब प्रदेश है। जमीन बहुत उर्वरा है, पर तो भी गरीबी बहुत है। विशेष करके उत्तर बिहार में आबादी बहुत है। गांधीजी गाँव की गरीबी और गंदगी देखकर बहुत दुखित हुए, विशेषकर गरीब स्त्रियों की हालत से और भी। उन्होंने सहसा अपने साथवालों से कहा कि जब तक इन गरीबों की और इन गाँवों की हालत न सुधरेगी, तब तक हिंदुस्तान का क्या भला हो सकता है। उन दो-तीन दिनों में ही गांधीजी की बातचीत सुनकर और उन्हें काम करते देखकर बहुतेरे लोग अचंभित हो गए। गांधीजी मोतिहारी, जो चंपारण जिले का सदर शहर है, पहुँचे तो वहाँ सैकड़ों रैयत उनके स्वागत के लिए रेल के स्टेशन पर पहुँचे हुए थे और गोरख बाबू के घर पर उनके पहुँचते ही लोगों का ताँता बँध गया तथा हर एक आदमी अपनी आपबीती सुनाने लग गया। गांधीजी पर इन सब बातों का असर पड़ता जाता था, पर जब तक अपनी आँखों से सब देख नहीं लेते, उनका पूरा विश्वास नहीं जमता। इत्तिफाक से उनके पहुँचने के दो-चार ही दिन पहले एक अच्छे प्रतिष्ठित रैयत को एक नीलवर ने बहुत सताया था। वह रैयत सैकड़ों बीघे खेत जोतता था, वह इतना धनी था कि खुद एक हाथी भी रख सकता था, जो बहुत धनी और प्रतिष्ठित लोग ही रख सकते थे। नीलवरों ने पुलिस की मदद से उसके घर को लुटवा लिया था, उसके खेत की खड़ी फसल को मवेशियों से चरवा दिया था, उसके बगीचे के पेड़ों को; विशेषकर केले के पेड़ों को हाथियों

द्वारा उजड़वा डाला था और उसके घर के खपरैल छप्पर को लाठियों से पीटकर चूर-चूर करा दिया था। किसी कारण उससे नाखुश होकर ऐसा बरताव उसके साथ किया गया था। इस लूट-खसोट के सब चिह्न ज्यों-के-त्यों मौजूद थे। वह गांधीजी के पास आ गया और अपना हाल कह सुनाया। गांधीजी ने निश्चय कर लिया कि जाकर खुद लूटपाट के चिन्हों को देख लें। सवारी के लिए उसने अपना हाथी भी लाकर पेश कर दिया। पहुँचने के चंद घंटों के अंदर ही यह फैसला हो गया और दूसरे ही दिन नौ-दस बजे गांधीजी, अप्रैल की दोपहरी धूप की परवाह न करके उस गाँव के लिए, जो वहाँ से दस-बारह मील पर था, रवाना हो गए।

इधर गांधीजी के कारण सरकारी हलकों में हलचल मची हुई थी और मुजफ्फरपुर के कमिश्नर ने चंपारण जिला मजिस्ट्रेट को हुक्म दिया कि वह गांधीजी को चंपारण से चले जाने का हुक्म निकाले। जिला मजिस्ट्रेट ने हुक्म पाते ही, जाब्ता फौजदारी की 144 धारा के अनुसार हुक्म दिया कि आप पहली रेलगाड़ी से चंपारण से चले जाइए। वह हुक्म गांधीजी को मोतिहारी से गाँव के लिए रवाना होने के समय तक नहीं मिला। वे बाबू धरणीधर और बाबू रामनौमी प्रसाद के साथ रवाना हो गए थे। पीछे से पुलिस सब-इंस्पेक्टर जिला मजिस्ट्रेट का पत्र लेकर, कुछ मीलों की दूरी पर गांधीजी से मिला और कहा कि जिला मजिस्ट्रेट आपसे मिलना चाहते हैं। गांधीजी उस पुलिस अफसर के साथ उसी की सवारी पर मजिस्ट्रेट से मिलने वापस चले आए, पर उन्होंने अपने साथियों को यह आदेश दिया कि वे उस गाँव तक जाकर, वहाँ का सब हाल देखकर संध्या या रात तक वापस आ जाएँ। मोतिहारी लौटने पर मजिस्ट्रेट ने पहले उनको वापस जाने को कहा, पर जब उन्होंने उसकी यह बात न मानी तो बाजाब्ता हुक्म दे दिया। गांधीजी ने भी बाजाब्ता जवाब दे दिया कि वे हुक्म को नहीं मानेंगे, मजिस्ट्रेट जो चाहे, करें। इस पर मजिस्ट्रेट ने कहा कि बाजाब्ता उदूलहुक्मी का मुकदमा आप पर चलाया जाएगा, साथ ही यह भी अनुरोध किया कि जब तक बाजाब्ता काररवाई नहीं होती, आप देहातों में न जाएँ। गांधीजी ने इस अनुरोध को मान लिया और बाजाब्ता काररवाई का इंतजार करने लगे। इसके लिए बहुत देर तक ठहरना न पड़ा, क्योंकि उसी दिन सम्मन आया और उसके दूसरे ही दिन मुकदमे की पेशी की तारीख पड़ गई।

गांधीजी ने उस रात को बहुत परिश्रम किया। पहले तो उन्होंने अपने सभी मित्रों तथा सहकर्मियों को तार द्वारा मुकदमे की खबर दी। मेरे नाम से भी एक तार पटना भेजा, जिसमें लिखा था कि मजिस्ट्रेट ने मुझे चंपारण छोड़कर चले जाने की आज्ञा दी है, मैंने उसकी अवहेलना की और मुकदमा होनेवाला है, जिसका इंतजार

कर रहा हूँ। एक तार उन्होंने अपने दक्षिण अफ्रीका के सहकर्मी और मित्र मो. पोलक के नाम से भेजा, जहाँ वे ठहरे हुए थे। उन दिनों लॉर्ड चेम्सफोर्ड वायसराय थे। गांधीजी से प्रवासी-हिंदुस्तानी प्रश्न के संबंध में उनकी अच्छी मुलाकात थी। महात्माजी ने उनके नाम एक पत्र भेजा, जिसमें सारी घटना के साथ ही ब्रिटिश गवर्नमेंट से अपना पुराना संबंध भी बतलाया और अंत में यह लिखा कि इसी गवर्नमेंट ने उनको सार्वजनिक सेवाओं के लिए सोने का 'केसरी हिंद' पदक दिया है, जिसकी वे काफी कद्र करते हैं, मगर जब गवर्नमेंट का उनमें विश्वास नहीं रहा और यह सार्वजनिक काम भी उन्हें नहीं करने देना चाहती तो यह उनके लिए अयोग्य है कि उस पदक को वे रखें और इसलिए उन्होंने जिन लोगों के पास वह पदक रखा है, उन लोगों को लिख भेजा है कि वे उसे आपके पास भेज दें। उन्होंने तार के अलावा बहुत मित्रों के पास पत्र भी लिखा, जिसमें उस वक्त तक का पूरा वृत्तांत लिख भेजा। इसके अलावा मुकदमे की पेशी के लिए अपना एक बयान तैयार किया, जिसको उन्होंने दूसरे दिन पेशी के समय पढ़ा।

यह सब करते रात का अधिकांश समय बीत गया। इतने तार, चिट्ठियों और बयान को सिर्फ लिखा ही नहीं, प्राय: सबकी नकल भी अपने पास रखी। आधी रात के बाद बाबू धरणीधर और रामनौमी बाबू उस गाँव से, जहाँ उनको गांधीजी ने तहकीकात करने को भेजा था, लौटे। उसी समय गांधीजी ने उनसे वहाँ का हाल सुन लिया और जो कुछ उन लोगों से अलग होने के बाद हुआ था, कह सुनाया। उन लोगों से यह भी कह दिया कि मुकदमे की पेशी के बाद उन्हें सजा हो ही जाएगी और वे जेल चले जाएँगे तथा उन्होंने पूछा कि इसके बाद आप लोग क्या कीजिएगा? सवाल ऐसा था, जिसका उत्तर देना उन लोगों के लिए यकायक बड़ा कठिन था और इस प्रकार के घटनाक्रम को उन्होंने आने के समय कभी स्वप्न में नहीं सोचा था। कोई दूसरा था भी नहीं, जिससे राय-बात करते और उत्तर दिए बिना रह भी नहीं सकते थे। बाबू धरणीधर एक बड़े खरा बोलनेवाले, अपने ढंग से एक बेढंगा आदमी थे। वकालत खूब चली हुई थी और सवाल-जवाब करना जानते ही थे। उन्होंने उत्तर दिया, ''आप तो हम लोगों को यहाँ दुभाषिया के काम के लिए लाए थे। वह काम आपके जेल चले जाने पर खत्म हो जाएगा और हम लोग बेकार हो जाएँगे। इसलिए हम अपने-अपने स्थान पर लौट जाएँगे।'' महात्माजी ने पूछा, ''और इन गरीब रैयतों को यूँ ही छोड़ देंगे?'' इन्होंने उत्तर दिया, ''हम लोग और कर ही क्या सकते हैं, क्योंकि हम समझ नहीं सकते कि हम लोग दूसरा कुछ क्या कर सकते हैं, मगर आप चाहें तो जिस तरह उनकी हालत देखना और उनकी

शिकायतों की जाँच करना आप चाहते थे, उस तरह हम लोग से जब तक हो सकेगा, करेंगे, मगर गवर्नमेंट ने अगर हम लोगों पर भी आप ही की तरह जिला छोड़कर चले जाने का हुक्म निकाला, तो हम लोग आपकी तरह उसकी अवज्ञा न करके चुपचाप चले जाएँगे और अपने दूसरे साथियों को सब बातें समझा-बुझाकर काम जारी रखने के लिए भेज देंगे।'' महात्माजी यह युक्ति सुनकर खुश हुए, पर पूरे संतुष्ट नहीं हुए और कहा, ''बहुत अच्छा, ऐसा ही कीजिएगा और इस सिलसिले को जहाँ तक हो सके, जारी रखिएगा।'' इतना निश्चय करके सब लोग सोने चले गए। रात थोड़ी ही बची थी।

जवाब तो गांधीजी को दोनों ने दे दिया था, पर वे दोनों ही स्वयं संतुष्ट न थे। वे आपस में बातचीत करने लगे कि हम लोग जो यहाँ के रहनेवाले हैं और रैयतों की मदद करने का दम भरा करते हैं, दो-चार दिनों के बाद अपने-अपने स्थान पर चले जाएँगे, वकालत से पैसा कमाने लगेंगे और चैन-आराम से दिन बिताने लगेंगे तथा यह एक अजनबी अनजान आदमी, जिसका न तो इस सूबे से संबंध और न उन रैयतों से कोई पहले का परिचय या ताल्लुक, इन गरीबों के लिए जेलखाने में पड़ा रहेगा, यह अजीब बात होगी। उधर घर में मित्रों से अपने जेल जाने की बात करना तो अलग रहे, सोचा भी नहीं था। बाल-बच्चों का क्या होगा? और सजा हो जाने के बाद अगर वकालत की सनद छीन ली गई तो फिर क्या होगा? इसी उधेड़-बुन में बात करते-करते बाकी रात भी बीत गई।

गांधीजी का तरीका बिहार के लिए ही नहीं, सारे देश के लिए बिलकुल नया तरीका था। किसी ने इसके पहले इस रीति से काम करने को सिखाया नहीं था। इससे क्या नतीजा निकल सकता है, इसका अनुमान भी किसी को नहीं था। उनका परिश्रम और काम करने की शक्ति भी अद्‌भुत थी। सारी रात जगकर इतना लिखना और दूसरे दिन के लिए सब कुछ तैयार कर लेना एक ऐसी अद्‌भुत बात थी, जिसका उदाहरण वहाँ के लोगों ने पहले कभी देखा ही न था।

जब मुझे तार मिला तो मैं सोचने लगा कि क्या करना चाहिए। बाबू ब्रजकिशोर को, जो हम लोगों के गुरु थे, जो उस समय कलकत्ता गए हुए थे, मैंने सब बातें तार द्वारा बता दीं और लिखा कि आप कल बहुत सबेरे तक पहुँच जाइए। महात्माजी से मैंने तार द्वारा पूछा कि मुझसे क्या सेवा हो सकती है? मैंने समझा कि शायद मुकदमे की पैरवी करनी पड़े और कुछ पुस्तकें भी उलट-पुलटकर देखने लगा कि इस सिलसिले का हुक्म उस धारा के अनुसार दिया जा सकता है या नहीं। मैं मजहरुल हक साहब से भी मिला और सब बातें कह सुनाईं। तार का उत्तर मिल चुका था कि

मित्रों के साथ आ जाओ। उधर मि. पोलक का भी तार पटना पहुँच गया कि वे पटना आ रहे हैं और गांधीजी की बुलाहट पर सीधे चंपारण चले जाएँगे। हमने निश्चय कर लिया कि स्वर्गीय शंभूशरण तथा श्री अनुग्रह नारायण सिंह जी को अपने साथ लेकर दूसरे दिन सबेरे की गाड़ी से चंपारण चले जाएँगे। मजहरुल हक साहब ने जाने का निश्चय किया। मि. पोलक तो जानेवाले थे ही। बहुत सबेरे बाबू ब्रजकिशोर पहुँच गए और हम लोग चंपारण के लिए रवाना हो गए। वह गाड़ी मोतिहारी तीन बजे दिन में पहुँचा करती थी। मि. पोलक ने रास्ते में गांधीजी का तरीका विस्तारपूर्वक बताया और यह कहा कि वे तुम्हारी वकालत की मदद वहाँ नहीं चाहेंगे, बल्कि तुम लोगों को किसी दूसरी तरह से उस काम में लगा देंगे, जो वे वहाँ करना चाहते हैं। हम लोग रास्ते में बात करते जा रहे थे और उधर मुकदमे की पेशी हो रही थी। दूसरे दिन सवेरे ही तैयार होकर गांधीजी, अपने दोनों साथियों के साथ, एक घोड़ा-गाड़ी पर सवार होकर कचहरी के लिए रवाना हुए। वे दोनों, जो रात को विचार करते रहे थे, उसी में अब तक लगे थे, पर अब उनसे रहा नहीं गया और उन्होंने गांधीजी से कहा, ''अगरचे हमने पहले इस बात पर कभी सोचा तो नहीं था, पर जब आप कहीं दूर से आकर इन गरीबों के लिए जेलखाने जा रहे हैं तो यहाँ के रहनेवाले हम लोग कैसे आपको अकेला छोड़ देना बरदाश्त कर सकेंगे। इसलिए अब हमने भी सोचा है कि आप जब जेल चले जाएँगे तो हम लोग काम जारी रखेंगे और जरूरत पड़ेगी तो हम लोग भी जेल जाएँगे।'' यह सुनते ही गांधीजी का चेहरा खिल उठा और वे सहसा कह उठे, ''तब तो फतह है।'' वे कुछ दक्षिण अफ्रीका की बातें बताने लगे। तब तक सब कचहरी पहुँच गए।

कचहरी में आज एक नया समाँ था। गांधीजी के मुकदमे की खबर फैल चुकी थी और रैयतों की एक भीड़ वहाँ जुट गई थी। वे लोग अपने उद्धारक का दर्शन करने तथा मुकदमे में क्या होता है, यह देखने गाँव-गाँव से आ गए थे। वे लोग वही रैयत थे, जो डर के मारे कभी कचहरी के नजदीक नीलवरों के खिलाफ नालिश करने नहीं आते थे, पर आज गवर्नमेंट के हुक्म की अवज्ञा करनेवाले के मुकदमे की पेशी देखने वहाँ हजारों की तादाद में आ जुटे थे और जब मजिस्ट्रेट के पहुँचने पर मुकदमे की पेशी हुई तो कमरे के अंदर घुसने में इतना कोलाहल और धक्कम-धक्का हुआ कि किवाड़ों के शीशे भी टूट गए और पुलिस हक्की-बक्की ताकती रही। न मालूम वह डर कहाँ चला गया और जोश तथा हिम्मत कहाँ से आ गई।

सिर्फ हमने ही सोचने की गलती नहीं की थी कि गांधीजी के मुकदमे की पैरवी हमें करनी पड़ेगी। सरकारी वकीलत ने भी सोचा कि मुकदमे की पैरवी के लिए गांधीजी की ओर से बड़े-बड़े वकील-बैरिस्टर आएँगे। गांधीजी खुद बैरिस्टर

हैं, इसलिए वे भी कानून की किताबें उलट-पुटलकर तैयार होकर कचहरी आएँगे। यह एक कानूनी सवाल उस मुकदमे में जरूर उठता था कि वह हुक्म कानून के अनुसार ठीक था या नहीं और अगर वह ठीक नहीं था तो उसकी अवज्ञा के लिए सजा नहीं हो सकती थी। मैंने जो थोड़ा सा विचार किया था तो उस समय इस नतीजे पर पहुँचा था कि जिला मजिस्ट्रेट का हुक्म कानूनन गलत है और इसलिए उसकी उदूलहुक्मी के लिए सजा नहीं हो सकती। शायद सरकारी वकील ने भी सोचा था कि इस तरह की बहस की जाएगी और उसका उत्तर देने के लिए उन्होंने मसाला तैयार कर लिया था, पर जब मुकदमा पेश हुआ तो यह सारा पुस्तकी परिश्रम व्यर्थ और अनावश्यक साबित हो गया। मुकदमा पेश होते ही सरकारी वकील ने गवाह पेश किया और उससे इस तरह के सवाल पूछने लगे कि जिनके उत्तर से यह साबित हो कि गांधीजी पर वह हुक्मनामा बाजाब्ता तामिल हुआ था, जिसकी अवज्ञा के लिए मुकदमा चल रहा था। गांधीजी ने हाकिम से कहा, ''यह गवाही अनावश्यक है। इसमें क्यों आपका और हमारा समय लगाया जाए। मैं कबूल करता हूँ कि यह हुक्म मुझको मिला था और मैंने उसको मानने से इनकार कर दिया है। अगर आप इजाजत दें तो मुझे जो बयान करना है और जो मैं लिखकर लाया हूँ, उसे पढ़ दूँ।''

मजिस्ट्रेट और सरकारी वकील दोनों के लिए और दूसरे जितने लोग कचहरी में मौजूद थे, सबके लिए मुकदमे की पैरवी का यह एक बिलकुल नया तरीका था और सब अचंभे में पड़ गए कि अब देखें, क्या होता है। मजिस्ट्रेट ने बयान पढ़ने की इजाजत दे दी। गांधीजी ने उसे पढ़ सुनाया—

''अदालत की आज्ञा से मैं संक्षेप में यह बतलाना चाहता हूँ कि नोटिस द्वारा मुझे जो आज्ञा दी गई, उसकी अवज्ञा मैंने क्यों की। मेरी समझ में यह मेरे और स्थानीय अधिकारियों के बीच मतभेद का प्रश्न है। मैं इस देश में राष्ट्र-सेवा तथा मानव-सेवा करने के विचार से आया हूँ। यहाँ आकर उन रैयतों की सहायता करने के लिए, जिनके साथ कहा जाता है कि नीलवर साहब लोग अच्छा व्यवहार नहीं करते, मुझसे बहुत आग्रह किया गया था, पर जब तक मैं सब बातें अच्छी तरह न जान लेता, तब तक रैयतों की कोई सहायता नहीं कर सकता था। इसलिए मैं, यदि हो सके तो, अधिकारियों और नीलवरों की सहायता से, सब बातें जानने के लिए आया हूँ। मैं किसी दूसरे उद्देश्य से यहाँ नहीं आया हूँ।

''मुझे यह विश्वास नहीं होता कि मेरे यहाँ आने से किसी प्रकार की शांति भंग या प्राण हानि हो सकती है। मैं कह सकता हूँ कि ऐसी बातों का मुझे बहुत कुछ अनुभव है। अधिकारियों को जो कठिनाइयाँ होती हैं, उनको मैं समझता हूँ। मैं यह भी मानता हूँ कि उन्हें जो सूचना मिलती है, केवल उसी के अनुसार वे काम करते

हैं। कानून माननेवाले व्यक्ति की तरह मेरी प्रवृत्ति यही होनी चाहिए थी और ऐसी प्रवृत्ति हुई भी कि मैं इस आज्ञा का पालन करूँ पर मैं उन लोगों के प्रति, जिनके कारण मैं यहाँ आया हूँ, अपने कर्तव्य का उल्लंघन नहीं कर सकता था। मैं समझता हूँ कि उन लोगों के बीच रहकर ही मैं उनकी भलाई कर सकता हूँ। इस कारण, मैं स्वेच्छा से इस स्थान से नहीं जा सकता था। दो कर्तव्यों के परस्पर विरोध की दशा में मैं केवल यही कर सकता था कि अपने आपको हटाने की सारी जिम्मेवारी शासकों पर छोड़ दूँ। मैं भली-भाँति जानता हूँ कि भारत के सार्वजनिक जीवन में मुझ जैसी स्थिति के लोगों को आदर्श उपस्थित करने में बहुत ही सचेत रहना पड़ता है। मेरा दृढ़ विश्वास है कि जिस स्थिति में मैं हूँ, उस स्थिति में प्रत्येक प्रतिष्ठित व्यक्ति के लिए वही काम करना सबसे अच्छा है, जिसे करने का इस समय मैंने निश्चय किया है और वह यह है कि बिना किसी प्रकार का विरोध किए आज्ञा न मानने का दंड सहने के लिए तैयार हो जाऊँ। मैंने जो बयान दिया है, वह इसलिए नहीं कि जो दंड मुझे मिलनेवाला है, वह कम किया जाए, बल्कि यह दिखलाने के लिए मैंने सरकारी आज्ञा की अवज्ञा इस कारण नहीं की है कि मुझे सरकार के प्रति श्रद्धा नहीं है, वरन् इस कारण कि मैंने उससे भी उच्चतर आज्ञा- अपनी विवेक-बुद्धि की आज्ञा-का पालन करना उचित समझा है।''

बयान सुनते ही सब लोग स्तब्ध हो गए। इस तरह का बयान शायद इसके पहले हिंदुस्तान की किसी ब्रिटिश कचहरी में किसी ने न दिया था और किसी ने सुना था। मजिस्ट्रेट भी हक्का-बक्का हो रहा था। उसने तो सोचा था कि मुकदमे की तरह इसमें भी गवाही होगी और उसके बाद बहस होगी और इन सब में काफी समय लगेगा। इस बीच वह जिला मजिस्ट्रेट से भी सलाह कर सकेगा कि उसे क्या फैसला सुनाना चाहिए और कितनी सजा देनी चाहिए इत्यादि, पर इस बयान के बाद न तो गवाही की जरूरत रही और न बहस की। केवल एक ही बात रह गई और वह यह कि क्या और कितनी सजा दी जाए। वह इसके लिए अभी तैयार नहीं था। उसने फिर कहा कि आपने बयान तो पढ़ दिया, पर जो कुछ आपने अब तक कहा है, उसमें आपने साफ नहीं कहा है कि आप कसूरवार हैं या नहीं। गांधीजी ने कहा, ''मुझे जो कहना था, कह दिया है।'' इस पर उसने सोचा कि फिर समय मिलने का मौका है और कहा कि तब तो मुझे गवाही भी लेनी पड़ेगी और बहस भी सुननी पड़ेगी। गांधीजी कब चूकनेवाले थे। उन्होंने तुरंत कहा, ''अगर ऐसा है तो लीजिए, मैं कबूल करता हूँ कि मैं कसूरवार हूँ।'' अब उसके लिए फिर कोई भी रास्ता समय निकालने का नहीं रह गया। उसने कहा, ''मैं कुछ घंटों के बाद हुक्म सुना दूँगा, इस बीच में आप जमानत देकर जा सकते हैं।'' गांधीजी ने जवाब दिया कि मेरे पास

कोई जमानत देनेवाला नहीं है, मैं जमानत नहीं दूँगा। तब उसके लिए फिर एक जटिल समस्या सामने आ गई कि इस बीच गांधीजी पुलिस-हवालात में रखे जाएँ या क्या किया जाए। उसने कहा, "अगर जमानत दे सकें तो जाती मुचलका ही दे दीजिए। गांधीजी ने उत्तर दिया कि मैं यह भी नहीं कर सकता।" तब उसने कहा, "अच्छा मैं तीन बजे हुक्म सुनाऊँगा। उस वक्त आप हाजिर हो जाइए।" गांधीजी ने कहा, "हाँ, समय पर जरूर हाजिर हो जाऊँगा।"

मजिस्ट्रेट इजलास से उठकर चला गया। गांधीजी कहीं दूसरी जगह जा रहे थे कि जिले के पुलिस-सुपरिंटेंडेंट की तरफ से उनके पास संदेश आया कि वह उनसे मिलना चाहता है। पुलिस-सुपरिंटेंडेंट अंग्रेज था, पर वह शायद दक्षिण अफ्रीका का रहनेवाला था या दूसरे प्रकार का कोई संबंध दक्षिण अफ्रीका के साथ रखता था। उनसे वह कुछ देर तक बातें करता रहा, जिनमें शायद दक्षिण अफ्रीका की भी कुछ बातें थीं। जब तीन बजे का समय नजदीक आया तो मजिस्ट्रेट ने गांधीजी को कहला भेजा कि वह उस दिन हुक्म नहीं सुनाएगा और उसके लिए कोई दूसरा दिन, पाँच-सात दिनों के बाद का, मुकर्रर कर दिया। यह सुनकर गांधीजी निवास स्थान पर वापस आ गए। वहाँ भी रैयतों की भीड़ जुटी थी।

इधर प्रायः इसी समय हम लोगों की गाड़ी पहुँची और हम लोग सीधे गांधीजी के निवास स्थान पर पहुँचे। वे भी थोड़ी ही देर पहले कचहरी से वापस आए थे। हम लोगों को देखकर, विशेषकर मजहरुल हक साहब तथा मि. पोलक को देखकर विशेष प्रसन्न हुए। हम लोगों का एक-एक करके परिचय कराया गया। जब मेरी बारी आई तो मुझे देखकर वे मुसकराए और बोले, "आप भी आ गए? मैं तो आपके घर गया था।" ये पहले ही शब्द थे, जो उन्होंने मुझसे खास तौर से कहा हो और मैंने उनसे जो सुना हो। मैं शरमाया, क्योंकि जो बरताव उनके साथ मेरे डेरे पर हुआ था, वह मैंने सुन लिया था। उन्होंने समझ लिया कि मैं कुछ अप्रतिभ हो रहा हूँ। बस, तुरंत यह बात वहीं छोड़कर मुकदमे की बात हम लोगों से कहने लगे। उस वक्त तक जो कुछ हुआ था, संक्षेप में सब बता दिया और अंत में कहा कि आप लोगों के जो दो साथी हैं, उनसे विस्तारपूर्वक सब सुन लीजिए, तब तक मैं मि. पोलक से बातें करता हूँ। निवास-स्थान में एक बरामदा था, जहाँ पर एक चौकी रखी थी, उसी पर गांधीजी बैठे थे। वह इतनी बड़ी नहीं थी कि सब बैठ सकें। इसलिए कुछ बैठे और कुछ खड़े ही सब बातें सुनते रहे। अंत में हम लोग कमरे के अंदर चले गए और वहाँ सब बातें विस्तारपूर्वक अपने मित्रों से सुन लीं। उन लोगों का जेल जाने का निश्चय भी हम लोगों ने सुन लिया और वही प्रश्न हम लोगों के सामने भी आ गया। उन दोनों के निश्चय के बाद हम लोग दूसरा कर

ही क्या सकते थे? हमने भी वही निश्चय किया।

गांधीजी जब मि. पोलक से बातें कर चुके और हम लोगों के नजदीक आए, तब पूछा, सब बातें मालूम हो गईं? हमारे 'हाँ' कहने के बाद उन्होंने एकबारगी जेल का सवाल भी पूछ ही दिया। हम लोगों ने उस सवाल का भी, जैसा सोचा था, वैसा जवाब दे ही दिया। वे बहुत प्रसन्न हुए, पर इतने पर ही वे बात छोड़ना नहीं चाहते थे। उन्होंने कागज-पेंसिल हाथ में लेकर कहा कि हमारे जेल चले जाने के बाद आप लोग दो-दो आदमियों की टोली में जाँच काम जारी रखेंगे और जब गवर्नमेंट एक टोली को जेल भेज दें, तो दूसरी टोली आ जाए और इस तरह आप काम चलाते जाइए, अगर कोई दूसरा भी आपकी तरह तैयार हो जाए तो वह भी ऐसा ही करे। यह कहकर उन्होंने वहाँ उपस्थित लोगों की तीन टोलियाँ बना दीं, जिनमें मजहरुल हक साहब और बाबू ब्रजकिशोर प्रसाद को तथा मुझे नेता बना दिया और सबके नाम भी लिख डाले। हम लोगों में से कोई इसके लिए तैयार होकर गया नहीं था। यह फैसला अचानक करना पड़ा था। हमने यह सोचा कि यह अच्छा हुआ कि पाँच-सात दिनों का समय मिल गया। इस बीच हम सब अपना निजी कारोबार समेट लेंगे। मजहरुल हक साहब के हाथ में एक सेशन (दौरे) का मुकदमा था, जिसकी पेशी इसी बीच होनेवाली थी। उन्होंने निश्चय कर लिया कि उसको इस बीच खत्म करके उस दिन जिस दिन मजिस्ट्रेट हुक्म सुनानेवाले था, वह वापस आ जाएँगे, ताकि गांधीजी के जेल जाने के बाद चंपारण का नेतृत्व सँभाल लें। बाबू ब्रजकिशोर भी इसी तरह कुछ काम पूरा करके उस दिन तक वापस आ जाएँगे, यह निश्चय करके वे दोनों दूसरे दिन सवेरे चले गए,हम लोग रह गए।

गांधीजी को जिला मजिस्ट्रेट का खत आया, जिसमें उसने लिखा कि सारी बातें उसने गवर्नमेंट को लिख भेजी हैं और अनुरोध किया है कि जब तक मुकदमे का फैसला न हो जाए, गांधीजी गाँव में न जाएँ। गांधीजी ने इस बात को मान लिया और हम लोग वहीं पर उस दिन का इंतजार करने लगे, किंतु इस पत्र के पहुँचने पर गांधीजी को कुछ ऐसा आभास हो गया कि अब शायद गवर्नमेंट इस चीज को आगे नहीं बढ़ाएगी और जेल जाने की बात न होगी। तो भी यह तो अनिश्चित था ही। उन्होंने, उस दिन तक जो कुछ हुआ था, उसकी सूचना भी मित्रों और मुख्य-मुख्य पत्रों के संपादकों के पास लिख भेजी। संपादकों को सब बातों की जानकारी के लिए उन्होंने खबर दे दी, पर उनकी तरफ से कुछ छापने के लिए नहीं। अखबारों में जो कुछ छपा, वह संवाददाताओं का दिया समाचार था, गांधीजी का दिया हुआ नहीं।

□

महात्मा गांधी का भारत आगमन और चंपारण सत्याग्रह

—सुनील कुमार सिन्हा
(इंडियन बैंक, पटना)

दक्षिण अफ्रीका में भारतीय नागरिकों के सम्मान के लिए सफल संघर्ष करने के उपरांत गांधीजी 9 जनवरी, 1915 (शनिवार) को भारत लौट आए।

गांधीजी अपनी पत्नी कस्तूरबा के साथ बंबई के अपोलो बंदरगाह पर उतरे, तो उनके स्वागत में हजारों लोग खड़े थे। गांधीजी ने पत्र-प्रतिनिधियों से एक भेंट में कहा था—

"यह कहने की आवश्यकता नहीं कि लगातार 13 वर्ष तक और कुल मिलाकर लगभग पच्चीस वर्ष तक भारत से बाहर रहने के बाद हम पति-पत्नी दोनों अपनी प्यारी मातृभूमि का फिर से दर्शन करके अत्यंत प्रसन्न हुए हैं और जनता ने हमारा जो प्रेमपूर्वक और हार्दिक स्वागत किया, उससे हमारी खुशी और भी बढ़ गई है, हम अभिभूत हो गए हैं। मैं चाहता हूँ कि भविष्य में हम अपने व्यवहार से इस स्वागत की अपनी पात्रता सिद्ध करें।"

मैं भारत में स्थायी रूप से रहने के इरादे से आया हूँ और यदि परिस्थितियों ने मजबूर नहीं कर दिया, तो मैं दक्षिण अफ्रीका वापस नहीं जाऊँगा। मैं नहीं जानता कि मैं यहाँ क्या करूँगा, किंतु मेरी सेवाएँ श्री गोखले के सुपुर्द हैं।

फिलहाल, जैसा कि श्री गोखले ने कहा है, चूँकि मैं इतने लंबे अरसे तक भारत से बाहर रहा हूँ, इसलिए जो मामले मुख्यत: भारत से संबंधित हैं, उनके बारे में कोई निश्चित निष्कर्ष निकालने की मुझे जरूरत नहीं है और मुझे यहाँ एक प्रेक्षक तथा विद्यार्थी के रूप में कुछ समय व्यतीत करना चाहिए। मैंने ऐसा करने का वचन दिया है और मैं आशा करता हूँ कि मैं इस वचन को निभा सकूँगा।"

गांधीजी के सम्मान में बंबई में अनेक समारोह हुए। 14 जनवरी, 1915 को 'गुर्जर-सभा' द्वारा स्वागत समारोह का आयोजन मंगलदास भवन के प्रांगण में हुआ। इस समारोह के सभापति मुहम्मद अली जिन्ना थे। गुजराती होने के नाते जिन्ना इस समारोह में उपस्थित थे। इस सभा में कन्हैयालाल माणिकलाल मुंशी भी उपस्थित थे। समारोह में सभी लोगों ने अपना भाषण अंग्रेजी में दिया था। उस स्वागत समारोह में जब गांधीजी आभार प्रकट करने के लिए उठे, तो उन्होंने अपना भाषण गुजराती में दिया। उन्होंने गुजराती और हिंदी भाषा के उपयोग पर जोर दिया और गुजराती सभा में अंग्रेजी के उपयोग के विरुद्ध अपना नम्र विरोध प्रकट किया। गांधीजी का भारत लौटने पर यह पहला सत्य आग्रह था।

बंबई से गांधीजी राजकोट आए। परिवार के लोगों से लंबे समय तक दूर रहने के बाद उनसे मिलने की प्रबल इच्छा से यहाँ वे आए थे। 17 जनवरी, 1915 को राजकोट में मोहनदास करमचंद गांधी के सम्मान में नागरिक अभिनंदन हुआ।

अभिनंदन समारोह में आभार प्रकट करते हुए गांधीजी ने कहा, "आपने हमारा आज जो सम्मान किया है, उसे आशीर्वाद रूप में स्वीकार करके हम अपनी सेवाएँ इस देश के लिए अर्पित करते हैं और घोषणा करते हैं कि यदि अपने कर्तव्य पालन के लिए हम निरंतर उत्सुक बने रहे, तो हम राजकोट के सपूत हैं और यदि उससे पीछे हटे तो कपूत हैं।"

गांधीजी ने राजकोट में जो प्रण लिया था, वह जीवन के अंतिम क्षण तक एक सच्चे राजकोट के सपूत की तरह निभाते रहे।

बंबई से राजकोट जाते समय रास्ते में वीरगाम अथवा वढ़वाण स्टेशन पड़ता है। बंबई से राजकोट गांधीजी अपने परिजनों से मिलने जा रहे थे। तीसरे दरजे में यात्रा कर रहे थे।

वढ़वाण स्टेशन पर तीसरे दरजे के यात्रियों की जाँच होती थी। गांधीजी ने अपनी आत्मकथा में लिखा है, "मेरा अनुभव यह है कि अधिकारी तीसरे दरजे के यात्रियों को आदमी समझने के बदले जानवर जैसा समझते हैं।' 'तू' के सिवा उनके लिए दूसरा कोई संबोधन ही नहीं होता। तीसरे दरजे का यात्री न तो सामने जवाब दे सकता है, न बहस कर सकता है, मानो वह अधिकारी का नौकर हो।

उस स्टेशन पर वीरगाम के समाजसेवी दरजी मोतीलाल गांधीजी से मिलने आए थे। उन्होंने गांधीजी से वढ़वाण स्टेशन पर चुंगी संबंधी शिकायत की थी। गांधीजी ने अपने स्तर से इनकी जाँच-पड़ताल की। पोरबंदर में भी इसकी शिकायत उन्हें मिली।

गांधीजी ने इसकी शिकायत लिखकर बंबई के गवर्नर को भेजी। बाद में स्वयं

मिलने आए, परंतु कोई निष्कर्ष नहीं निकला। बंबई के गवर्नर ने उन्हें दिल्ली में यह बात उठाने की सलाह दी।

इस बीच समाजसेवी मोतीलालजी का निधन हो गया। गांधीजी चुंगी की शिकायत नहीं भूले थे। दिल्ली में केंद्र सरकार से लगातार पत्र-व्यवहार करते रहे। दो वर्ष बाद लार्ड चेम्सफोर्ड से मिलने का मौका गांधीजी को मिला। गांधीजी ने वढ़वाण की चुंगी संबंधी शिकायत की याद दिलाई। लार्ड चेम्सफोर्ड ने आश्वासन दिया कि यदि शिकायत सही पाई गई तो तुरंत काररवाई करेंगे। कुछ दिनों बाद वढ़वाण से चुंगी उठा ली गई। गांधीजी ने इस जीत को सत्याग्रह की जीत कहा था।

इस घटना के दो वर्ष पूर्व जब बंबई के सेक्रेटरी से गांधीजी की बातचीत हुई थी, तो उसने वगसरा में गांधीजी द्वारा इस संबंध में सत्याग्रह की बात कहने पर आपत्ति की थी और कहा था कि गांधीजी आप सरकार को धमकी दे रहे हैं। शक्तिशाली सरकार धमकियों की परवाह नहीं करती है।

तब गांधीजी ने कहा था, ''यह धमकी नहीं है, लोकशिक्षा है। अंग्रेजी सरकार शक्तिशाली है, पर इस विषय में भी मुझे कोई संदेह नहीं कि सत्याग्रह सर्वोपरि अस्त्र है।

चंपारण सत्याग्रह

चंपारण सत्याग्रह की घटना का जीवंत वर्णन राजेंद्र बाबू ने अपनी पुस्तक 'चंपारण में महात्मा गांधी' में किया है। 1916 की लखनऊ कांग्रेस में चंपारण के रैयतों ने अपना प्रतिनिधि बनाकर राजकुमार शुक्ल को भेजा था। राजकुमार शुक्ल ने गांधीजी को चंपारण का हाल सुनाकर उन्हें वहाँ आने का निमंत्रण दिया, जिसे गांधीजी ने स्वीकार कर लिया था। बाद में गांधीजी को याद दिलाने के लिए राजकुमार शुक्ल ने मार्मिक पत्र बेतिया से लिखा था।

मान्यवर महात्मा, बेतिया, ता. 27.2.1917

किस्से सुनते हो रोज औरों के
आज मेरी भी दास्तान सुनो।

आपने उस अनहोनी को प्रत्यक्ष कर कार्यरूप में परिणत कर दिखलाया, जिसे टॉल्सटॉय जैसे महात्मा केवल विचार करते थे। इसी आशा और विश्वास के वशीभूत होकर हम आपके निकट अपनी रामकहानी सुनाने को तैयार हैं। हमारी

दुःखभरी कथा उस दक्षिण अफ्रीका के अत्याचार से, जो आप और आपके अनुयायी वीर सत्याग्रही बहनों तथा भाइयों के साथ हुआ, कहीं अधिक है। हम अपना वह दुःख जो हमारी 19 लाख आत्माओं के हृदय पर बीत रहा है, सुनाकर आपके कोमल हृदय को दुःखी करना उचित नहीं समझते। बस, केवल इतनी ही प्रार्थना है कि आप स्वयं आकर अपनी आँखों से देख लीजिए, तब आपको अच्छी तरह विश्वास हो जाएगा कि भारतवर्ष के एक कोने में यहाँ की प्रजा, जिसको ब्रिटिश छत्र की सुशीतल छाया में रहने का अभिमान प्राप्त है, किस प्रकार के कष्ट सहकर पशुवत् जीवन व्यतीत कर रही है। हम और अधिक न लिखकर आपका ध्यान उस प्रतिज्ञा की ओर आकृष्ट करना चाहते हैं, जो लखनऊ कांग्रेस के समय और फिर वहाँ से लौटते समय कानपुर में आपने की थी कि मैं मार्च-अप्रैल महीने में चंपारण आऊँगा। बस, अब समय आ गया है। श्रीमान्, अपनी प्रतिज्ञा को पूर्ण करें। चंपारण की 19 लाख दुःखी प्रजा श्रीमान् के चरण कमल के दर्शन के लिए टकटकी लगाए बैठी है और उन्हें आशा ही नहीं, बल्कि पूर्ण विश्वास है कि जिस प्रकार भगवान् श्री रामचंद्रजी के चरण स्पर्श से अहिल्या तर गई, उसी प्रकार श्रीमान् के चंपारण में पैर रखते ही हम 19 लाख प्राणियों का उद्धार हो जाएगा।

श्रीमान् का दर्शनाभिलाषी
राजकुमार शुक्ल

गांधीजी और राजकुमार शुक्ल 10 अप्रैल, 1917 को पटना पहुँचे थे। राजकुमार शुक्लजी गांधीजी को कलकत्ता से लेकर यहाँ पहुँचे थे। पटना में राजेंद्र बाबू के घर पर ले गए। राजेंद्र बाबू पटना में नहीं थे। उनके नौकर ने महात्मा गांधी को साधारण जन समझकर बहुत ही सामान्य व्यवहार किया। बाद में मजहरुल हक साहब को इसकी जानकारी मिली तो वे गांधीजी को अपने घर ले गए। उसी दिन रात में गांधीजी राजकुमार शुक्ल के साथ मुजफ्फरपुर चले गए। वहाँ जे.बी. कृपलानी की गांधीजी से पहली मुलाकात हुई।

मुजफ्फरपुर पहुँचकर गांधीजी ने तिरहुत के कमिश्नर को पत्र लिखा और अपने आने का कारण बतलाया।

श्री एल. एफ. मौर्शेड
मुजफ्फरपुर कमिश्नर 12 अप्रैल, 1917
तिरहुत डिविजन

मार्फत-बाबू गया प्रसाद सिंह

प्रिय महोदय,

नील की खेती करनेवाले हिंदुस्तानियों के विषय में बहुत सी बातें सुनकर, जहाँ तक संभव हो, मैं उनकी असली हालत का पता लगाने के लिए यहाँ आया हूँ। मैं इस काम को स्थानीय सरकारी कर्मचारियों की जानकारी तथा सहयोग से, यदि मिल सके तो करना चाहता हूँ ताकि मैं इस जाँच के विषय में अपने विचार आपके सामने प्रस्तुत कर सकूँ और जान सकूँ कि स्थानीय सरकारी कर्मचारियों से मुझे अपने कार्य में कोई सहायता मिल सकती है या नहीं।

आपका विश्वस्त
मो.क. गांधी

परंतु कमिश्नर से वैसा सहयोग नहीं मिला, जैसा गांधीजी ने अनुरोध किया था। गांधीजी को समझते देर न लगी कि अब उनकी गिरफ्तारी की स्थिति में प्रशासन द्वारा क्या किया जाएगा, इस पर विचार करने लगे। तब तक ब्रजकिशोर बाबू, रामनवमी बाबू, राजेंद्र प्रसाद आदि लोग वहा पहुँच चुके थे। एंड्रूज को भी चंपारण आने के लिए गांधीजी ने पत्र लिखा।

15 अप्रैल, 1917 को गांधीजी चंपारण पहुँचे। 16 अप्रैल को चंपारण के एक गाँव जसवली पट्टी जाने की तैयारी हुई। यह यात्रा हाथी की सवारी से शुरू हुई। राजेंद्र बाबू ने उस समय का वर्णन करते हुए लिखा है कि यह रवानगी हाथी की सवारी से हुई। सुबह 9 बजे वैशाख का महीना था, धूप कड़ी थी। पछुआ हवा भी खूब जोरों से बह रही थी। बाहर निकलते देह झुलस जाती थी। गांधीजी को हाथी पर सवारी का अभ्यास भी नहीं था। महात्मा के हृदय में रैयतों के दु:खों को दूर करने की धुन थी। ऐसे में धूप और धूल क्या कर सकती थी।

इस यात्रा के रास्ते में ही गांधीजी को कलक्टर साहब का सलाम सादे लिबास में एक दारोगा सुनाता है। गांधीजी अपने सहयोगियों को आगे जाने की सलाह देकर स्वयं दारोगा के साथ हो लेते हैं। पहले बैलगाड़ी फिर एक्के की सवारी और रास्ते में डिप्टी सुपरिंटेंडेंट से मुलाकात होती है। टमटम लेकर आए थे वे साहब। उसी पर गांधीजी को बैठा लेते हैं। तभी गांधीजी को जिला मजिस्ट्रेट का नोटिस देते हैं, जिसमें लिखा था, "आपकी उपस्थिति से इस जिले में शांति भंग और प्राण हानि का डर है, इसलिए आपको हुक्म दिया जाता है कि आप पहली गाड़ी से

चंपारण छोड़कर चले जाइए।'' गांधीजी ने नोटिस को शांत भाव से पढ़ा। गांधीजी ने इसके जवाब में जिला मजिस्ट्रेट को लिखा—

महोदय, धारा 188 के नोटिस के उत्तर में मुझे यही निवेदन करना है कि मुझे इस बात का खेद है कि आपको इस नोटिस को जारी करने की जरूरत पड़ी है। मुझे इस बात का भी खेद है कि डिविजन के कमिश्नर ने मेरी स्थिति को बिलकुल गलत समझा है। सर्वसाधारण के प्रति जो मेरा कर्तव्य है, उसका ध्यान रखते हुए मैं इस जिले को छोड़ नहीं सकता हूँ, पर यदि कर्मचारियों की ऐसी राय है तो आज्ञा का उल्लंघन करने के लिए जो दंड हो, उसे सहन करने के लिए तैयार हूँ। कमिश्नर की इस बात का कि मेरा उद्देश्य आंदोलन मचाना है, मैं घोर विरोध करता हूँ। मेरी इच्छा केवल असल बात जानने की है और जब तक मैं स्वतंत्रत रहूँगा, इस इच्छा को पूरा करता ही जाऊँगा।

गांधीजी ने चंपारण छोड़ने के जिला मजिस्ट्रेट के आदेश को नहीं माना। फिर भी शाम तक जब कोई सम्मन आज्ञा भंग के लिए नहीं मिला तो गांधीजी ने अपनी अगली यात्रा की जानकारी जिला मजिस्ट्रेट को भेजी। पत्र में गांधीजी ने छुप-छुपकर पुलिसवालों द्वारा पीछा करने की शिकायत की और कहा कि मैं अपना आंदोलन प्रकट रूप में करना चाहता हूँ, इसीलिए पुलिस वाले मेरे साथ प्रकट रूप में रहें, मैं उनका स्वागत करूँगा।

जिला मजिस्ट्रेट मोतिहारी
मोतिहारी 17 अप्रैल, 1917

महोदय,

चूँकि अधिकारियों को सूचित किए बिना मैं कोई काम नहीं करना चाहता हूँ, इसलिए आपको इत्तला दे रहा हूँ कि अगर मुझ पर कल अदालत में हाजिर होने का सम्मन जारी न हुआ, तो मैं कल सुबह शामपुर तथा उसके समीपवर्ती गाँवों में जा रहा हूँ। हम लोग 3 बजे प्रात:काल चल देंगे।

कल मेरे देखने में यह आया कि हम लोगों के पीछे-पीछे पुलिस अधिकारी लगातार चल रहा था। मैं निवेदन करना चाहता हूँ कि हम लोग अपना सारा काम बिलकुल प्रकट रूप से करना चाहते हैं और इसलिए मैं अपने तथा अपने साथियों की ओर से कहना चाहता हूँ कि वैसे तो हम अपने कामों में पुलिसवालों की

सहायता तक की इच्छा रखते हैं, किंतु वह संभव न हो तो हम अपना काम करते समय उनकी उपस्थिति का स्वागत तो करेंगे ही।

आपका आज्ञाकारी सेवक
मो.क. गांधी

इसके उपरांत जिला मजिस्ट्रेट ने गांधीजी को उन पर धारा 188 का अभियोग चलाने की सूचना भेजी। कुछ देर बाद सम्मन भी आया। 18 अप्रैल, 1917 को सब डिविजनल अफसर की कचहरी में उपस्थित होने की आज्ञा दी।

इस अवसर का वर्णन करते हुए राजेंद्र बाबू लिखते हैं कि दिनांक 18 अप्रैल, 1917 चंपारण के इतिहास में ही नहीं, बल्कि भारतवर्ष के वर्तमान इतिहास में एक बड़े महत्व का दिन है। आज जगत् विख्यात सर्वश्रेष्ठ न्यायकारी एवं प्रतापी राजर्षि राजा जनक के देश में आकर यहाँ की दरिद्र एवं दु:खी प्रजा के हित के लिए महात्मा गांधी जेल जाने की तैयारी कर रहे हैं।

18 अप्रैल को गांधी निश्चित समय पर कोर्ट पहुँचे। जब महात्माजी से हाकिम ने पूछा, ''आपके कोई वकील हैं?''

महात्माजी ने उत्तर दिया, 'कोई नहीं।'

सरकारी वकील ने अपना अभियोग पत्र पढ़ा। गांधीजी ने कहा, ''मैंने आज्ञा भंग करने का कारण जिला अधिकारी को भेज दिया था। उस पत्र को इसमें शामिल कर लिया जाए।'' मजिस्ट्रेट ने कहा कि वह पत्र यहाँ नहीं है। आप आवेदन दीजिए। कोर्ट में गांधीजी ने बयान इस प्रकार दिया—

''अदालत की आज्ञा से, मैं संक्षेप में यह बतलाना चाहता हूँ कि नोटिस द्वारा जो मुझे आज्ञा दी गई थी, उसकी अवज्ञा मैंने क्यों की? मेरी समझ में यह स्थानीय अधिकारियों और मेरे बीच में मतभेद का प्रश्न है। मैं इस देश में राष्ट्रीय तथा मानव सेवा करने के विचार से आया हूँ। यहाँ आकर उन रैयतों की सहायता करने के लिए, जिनके बारे में कहा जाता है कि नीलवर साहब अच्छा व्यवहार नहीं करते, मुझसे आग्रह किया गया था, पर जब तक मैं सब बातें अच्छी तरह न जान लेता, तब तक उन लोगों की कोई सहायता नहीं कर सकता था। इसलिए मैं यदि हो सके तो अधिकारियों और नीलवरों की सहायता से सब बातें जानने के लिए यहाँ आया हूँ। मैं किसी दूसरे उद्देश्य से यहाँ नहीं आया हूँ। मुझे यह विश्वास नहीं होता कि मेरे यहाँ आने से किसी प्रकार की शांति भंग या प्राणहानि हो सकती है। मैं कह सकता हूँ कि ऐसी बातों का मुझे बहुत कुछ अनुभव है। अधिकारियों को जो

कठिनाइयाँ होती हैं, उनको मैं समझता हूँ और यह भी मानता हूँ कि उन्हें जो सूचना मिलती है, वे केवल उसी के अनुसार काम कर सकते हैं।

"कानून माननेवाले व्यक्ति की तरह मेरी प्रवृत्ति यही होनी चाहिए थी और ऐसी प्रवृत्ति हुई भी कि मैं इस आज्ञा का पालन करूँ, पर मैं उन लोगों के प्रति, जिनके कारण मैं यहाँ आया हूँ, अपने कर्तव्य का उल्लंघन नहीं कर सकता था। मैं समझता हूँ कि मैं उन लोगों के बीच में रहकर ही उनकी भलाई कर सकता हूँ। इस कारण मैं स्वेच्छा से इस स्थान से नहीं जा सकता था। दो कर्तव्यों के परस्पर विरोध की दशा में मैं केवल यही कर सकता हूँ कि अपने हटाने की सारी जिम्मेवारी शासकों पर छोड़ दूँ। मैं भली-भाँति जानता हूँ कि भारत के सार्वजनिक जीवन में मेरी जैसी स्थितिवाले लोगों को आदर्श उपस्थित करने में बहुत ही सचेत रहना पड़ता है। मेरा दृढ़ विश्वास है कि जिस स्थिति में मैं हूँ, उस स्थिति में प्रत्येक प्रतिष्ठित व्यक्ति को वही काम करना सबसे अच्छा है, जो इस समय मैंने करना निश्चय किया है और वह यह है कि बिना किसी प्रकार का विरोध किए आज्ञा न मानने का दंड सहने के लिए तैयार हो जाऊँ। मैंने जो बयान दिया है, वह इसलिए नहीं कि जो दंड मुझे मिलनेवाला है, वह कम किया जाए, पर इस बात को दिखलाने के लिए कि मैंने सरकारी आज्ञा की अवज्ञा इस कारण से नहीं की है कि मुझे सरकार के प्रति श्रद्धा नहीं है, बल्कि इस कारण से कि मैंने उससे भी उच्चतर आज्ञा; अपनी विवेक बुद्धि की आज्ञा का पालन करना उचित समझा है।"

इस बयान को सुनकर अदालत थर्रा उठी। मजिस्ट्रेट की समझ में यह नहीं आया कि वे अब क्या करें? उन्होंने महात्माजी से बार-बार पूछा कि आप अपराध स्वीकार करते हैं या नहीं? महात्माजी ने उत्तर दिया कि मुझे जो कहना था, मैंने अपने बयान में कह दिया। इस पर हाकिम ने कहा कि उसमें अपराध का साफ इकरार नहीं है। महात्माजी ने कहा कि मैं अदालत का अधिक समय नष्ट करना नहीं चाहता, मैं अपराध स्वीकार कर लेता हूँ। हाकिम और भी घबरा गए। उन्होंने महात्माजी से कहा कि यदि आप अब भी जिला छोड़कर चले जाएँ और न आने का वादा करें, तो यह मुकदमा उठा लिया जाएगा। महात्माजी ने उत्तर दिया, "यह नहीं हो सकता। इस समय की कौन कहे, जेल से निकलने पर भी मैं चंपारण में ही अपना घर बना लूँगा।" हाकिम यह दृढ़ता देख अवाक् रह गए और उन्होंने कहा कि इस विषय में कुछ विचार करने की आवश्यकता है। आप तीन बजे यहाँ आइए, तो मैं हुक्म सुनाऊँगा। ये सब बातें आधे घंटे के भीतर समाप्त हो गईं।

□

जब बापू का बेतिया के गाँवों में भव्य स्वागत हुआ

—ब्रज किशोर सिंह
(मंत्री, गांधी संग्रहालय, मोतिहारी)

संपूर्ण चंपारण में महात्मा गांधी पर लगाए गए मुकदमे को हटाए जाने की खबर फैल गई थी। अतएव जब वे बेतिया के लिए रवाना हुए तो मार्ग के स्टेशनों पर भारी संख्या में लोगों ने एकत्र होकर महात्मा गांधी की जय-जयकार कर फूलों की वर्षा की। महात्मा गांधी के संबंध में बेचारे भोले-भाले किसान कुछ भी तो नहीं जानते थे। वे यह भी नहीं जानते थे कि दक्षिण अफ्रीका के लोगों के लिए इन्होंने क्या-क्या किया। उन्हें न जाने कैसे विश्वास हो गया कि कोठीवालों के जुल्म से अगर कोई मुक्ति दिला सकता है तो वह महापुरुष गांधी ही हैं। उनके इसी विश्वास तथा अपनेपन ने गांधीजी को अपने कार्यों में सफल बनाया। बेतिया में तो ऐसा प्रतीत हो रहा था कि (22 अप्रैल, 1917) को मानो ईश्वर का अवतरण होनेवाला था। लोग गांधीजी के लिए इतने लालायित हो उठे कि ट्रेन प्लेटफॉर्म पर भी नहीं लाई जा सकी। महात्मा गांधी की जय-जयकार से चंपारण की भूमि, चारों दिशाएँ गुंजायमान हो उठीं। लोगों की समझ में ही नहीं आ रहा था कि अपने आराध्य को वे किस प्रकार सम्मानित करें। कुछ न हुआ तो लोग इक्के से घोड़े को अलग कर खुद ही गांधीजी को बैठाकर ले चलने के लिए उतावले हो उठे, परंतु गांधीजी को यह कब मान्य था कि जीवित मानव को मानव ही ढोकर ले जाएँ। अतएव इन्होंने लोगों को ऐसा करने से मना कर दिया। पुन: घोड़े को लगाया गया और महात्मा गांधी उसमें बैठे। जिन-जिन रास्तों से महात्मा गांधी की सवारी

गुजरी, जन-समूह ने अभूतपूर्व हर्षोल्लास से उनका हार्दिक स्वागत किया। स्टेशन से महात्मा गांधी हजारीमल की धर्मशाला में कई घंटों में गए। जब तक वे बेतिया में रहे, इसी धर्मशाला में ठहरे।

दूसरे दिन (23 अप्रैल) से बेतिया में भी इजहार लेने का कार्य शुरू हो गया। चूँकि कलक्टर का पत्र बेतिया के मजिस्ट्रेट (डब्ल्यू.एच. लिविस) तथा बेतिया राज्य के मैनेजर (जेंटी, ह्वीर्ट) को पहले ही मिल गया था, इस कारण गांधी को किसी प्रकार की परेशानी नहीं हुई। किसान काफी संख्या में इजहार के लिए आ रहे थे। 24 अप्रैल को महात्मा गांधी लौकरिया गाँव गए। उनके साथ ब्रज किशोर प्रसाद भी थे। इस गाँव के लोगों तथा बच्चों से गांधीजी ने हाल पूछा तथा कमेटी की तरफ से क्या मजदूरी मिलती है, उसका सूक्ष्म अध्ययन किया।

इजहार के समय बेतिया के मजिस्ट्रेट भी कुछ समय के लिए आए, परंतु रैयतों ने निर्भीक होकर अपने बयान दिए। बयान लिखने का काम ब्रज किशोर प्रसाद कर रहे थे। लौरिया यात्रा के समय गांधीजी ने बेतिया कोठी जाकर उसकी कोठी में आनेवाले गाँवों तथा रैयतों का समाचार भी प्राप्त किया। उस रात महात्माजी ब्रजकिशोर बाबू के साथ उस गाँव के एक गृहस्थ श्री खेतहर राय के यहाँ ठहरे। दूसरे दिन रात में ठहर कर महात्मा गांधी लौरिया से पैदल चलकर बेतिया पहुँचे। मोतिहारी में जो बयान दिनभर लिखा जाता था, रात की गाड़ी से एक व्यक्ति के द्वारा बेतिया पहुँचा दिया जाता था। महात्मा गांधी के मोतिहारी से बेतिया चले आने के बाद रैयत इजहार हेतु प्रतिदिन आते थे, परंतु उनकी संख्या बेतिया के रैयतों की तुलना में कम थी, क्योंकि महात्मा गांधी वहाँ नहीं, बेतिया में थे। बेतिया में इजहार लिखने का कार्य करने के लिए छपरा तथा आरा के वकीलों ने अपने को प्रस्तुत किया।

कुड़िया कोठी के अंतर्गत आनेवाले सिंध छपरा गाँव का महात्मा गांधी व बाबू रामनवमी प्रसाद ने 26 अप्रैल को दौरा किया। इन लोगों के साथ पुलिस के कर्मचारी भी थे। यहाँ की दुर्व्यवस्था को देखकर महात्मा गांधी का हृदय द्रवित हो उठा, कारण कि गाँव के चारों तरफ नील ही बोया हुआ था। खेतों के अलावा उनके घरों के चारों तरफ भी नील ही बोया हुआ था। गांधीजी ने गाँव के कुछ लोगों से बातचीत की। रैयतों ने अपना दुःख-दर्द गांधीजी को सुनाया। इसके पश्चात गांधीजी बेतिया लौट आए।

27 अप्रैल को बेलवा कोठी के देहातों का सर्वेक्षण करने की योजना बनी। उसी के अनुसार ब्रजकिशोर प्रसाद, रामनवमी प्रसाद तथा राजकुमार शुक्ल को

लेकर सुबह चार बजे बेतिया से निकल पड़े और 6 बजे तक नरकटियागंज स्टेशन पहुँच गए। यहाँ से विंध्यवासिनी प्रसाद, अवधेश प्रसाद और भगवती प्रसाद गांधीजी के साथ हो लिये। ये सभी लोग पैदल ही मुरली भरहवा के लिए निकल पड़े। मुरली भरहवा नरकटियागंज से 7 मील की दूरी पर स्थित था। रास्ते में शिकारपुर गाँव पड़ता था। ये लोग जब शिकारपुर पहुँचे तो इसी गाँव के बाबू आद्या प्रसाद ने सभी की अगवानी की और कुछ जलपान कर लेने का अनुरोध किया। बहुत कहने पर गांधीजी पाँच मिनट आद्या बाबू के यहाँ ठहरे। इन पाँच मिनटों में ही आद्या बाबू ने सभी को जलपान करा दिया। ठीक पाँच मिनट के पश्चात गांधीजी चलने के लिए तैयार हो गए और सभी लोग गांधीजी के साथ चलते हुए 9 बजे मुरली भरहवा पहुँचे। राजकुमार शुक्ल के घर के साथ ही सभी लोगों ने अपने उस घर को भी दिखाया, जिसे गत माह बेलवा कोठी ने लूट लिया था। सैंकड़ों आदमियों ने लूट के कथन की पुष्टि की। महात्मा गांधी यह सब देख-सुनकर बहुत दुःखी हुए। दोपहर में सबने राजकुमार शुक्ल के घर स्नान तथा भोजन किया। इसके पश्चात किसानों के इजहार लिखे जाने लगे। मुरली भरहवा गाँव की यात्रा के समय ही गांधीजी ने बेलवा कोठी के मैनेजर (मि. ए.सी. एम्मन) से मुलाकात की। रात में सभी लोग अमोलवा गाँव के सनत राउत के घर ठहरे और सुबह बेतिया लौट आए।

बेतिया के मजिस्ट्रेट मि. लिविस महात्मा गांधी के बेतिया आगमन से काफी घबराए हुए थे। उन्हें आशंका थी कि अब बेतिया में भयंकर बलवा होगा। लोग सरकारी अफसरों के साथ जुल्म करेंगे, उनके आदेशों का उल्लंघन करेंगे। इसीलिए शुरू-शुरू में वे इजहार लिखे जाने के स्थल पर भी गए।

बेतिया के निलहों की शिकायत पर कुछ किसानों की बंदूकें थाने में जमा करवा ली गईं। इस संदर्भ में कुछ किसानों ने गांधीजी से शिकायत की। गांधीजी ने उन्हें बंदूकें वापस करवाने का आश्वासन दिया। इनके इस आश्वासन से बेतिया के सब डिविजनल मजिस्ट्रेट डब्ल्यू.एच. लूई नाराज हो गए और गांधीजी पर आरोप लगाया गया कि हाकिम के स्थान पर अब आप ही का हुक्म रैयत मानने लगे हैं। इससे नीलवरों और रैयतों के मध्य अशांति हो सकती है। इसका स्पष्टीकरण महात्मा गांधी ने 28 अप्रैल को सब डिविजनल मजिस्ट्रेट को लिखे गए पत्र में किया। संक्षेप में इसका उल्लेख किया जा रहा है।

बंदूकें किसानों को वापस मिल जाएँगी, इस कथन के मूल में भावना मेरी यही थी कि लोगों का आपके ऊपर विश्वास हो जाए। जहाँ तक अशांति का संबंध

है, मुझे इसकी तनिक भी आशा नहीं, कारण कि मैं जहाँ भी जाता हूँ, रैयतों के साथ-साथ गोरे जमींदारों से भी मिलता हूँ। मैं उन्हें सलाह देता रहता हूँ कि किसी भी हालत में हिंसा का सहारा न लें। काम न रोकें तथा पहले की तरह ही काम करें, मानो जाँच हो ही नहीं रही है। अशांति की आशंका इसलिए भी नहीं है कि यह जाँच खुली जाँच है और इसमें पुलिस तथा जमींदारों के प्रतिनिधि भी बैठा करते हैं। जमींदार मि. स्टिल ने साठी कोठी से संबद्ध खुद अपनी मर्जी से मुझे इस बात का निमंत्रण दिया है कि मैं उनके देहात जाऊँ और जितने दिन चाहूँ, रहूँ तथा श्री कॉक्स ने मुझे इस आशय का पत्र लिखा है कि वे कुछ अग्रगण्य बागान मालिकों को विचार-विनिमय के लिए एकत्र करनेवाले हैं। मैं सरकार के माध्यम से जहाँ कहीं उसकी आवश्यकता हो, अपने देशवासियों और बागान मालिकों की सेवा करना चाहता हूँ।

28 अप्रैल की शाम को बाबू राजेंद्र प्रसाद मोतिहारी से बेतिया आए। रात को सभी लोगों ने विचार-विमर्श किया कि जितने भी बयान लिये जा रहे हैं, उनकी प्रतिलिपि बनानी चाहिए, अन्यथा सरकार की तरफ से किसी भी काररवाई के अंतर्गत अगर सभी को जेल हो गई तो निश्चय ही लिखे गए बयान सरकार जब्त कर लेगी।

इससे दूसरे लोगों को अपना कार्य आरंभ से शुरू करना पड़ेगा और संभव है उन्हें इतनी सहूलियत न मिले। गांधीजी ने कहा कि इसकी संभावना तो नहीं कि सरकार बयान लिये गए दस्तावेज को नष्ट कर दे, फिर बयानों की एक से अधिक प्रतियाँ कर लेना आवश्यक है, बाद में इसकी जरूरत पड़ सकती है।

30 अप्रैल को शंभुशरण को साथ लेकर गांधीजी साठी कोठी गए। वहाँ किसानों के इजहार लिये साठी कोठी के साहब मिस्टर मि. स्टिल वहाँ आए। परसा कोठी के मैनेजर मिस्टर गोईन कोनिंग से बातचीत की। मई में महात्मा गांधी नीलवरों की बैठक में भाग लेने के लिए मोतिहारी आए। मोतिहारी आने के पश्चात् उन्होंने मोतिहारी के जिला मजिस्ट्रेट डब्ल्यू. बी. हेकॉक को पत्र लिखा कि मैं कल रात को मोतिहारी आया। वह तो शायद आपको मालूम होगा कि मैं 10.45 पर बागान मालिकों से मिल रहा हूँ। क्या आप चाहेंगे कि मैं आपसे भी मिलूँ? यदि ऐसा हो तो कृपया सूचित कीजिए। इस पत्र के उत्तर में हेकॉक ने 3 मई को मिलने का समय निश्चित किया।

महात्मा गांधी ने नीलवरों की बैठक में भाग लिया। वहाँ एक से बढ़कर एक नामी नीलवर उपस्थित थे। काफी समय तक विभिन्न विषयों पर विचार-विमर्श

होता रहा, परंतु किसी निष्कर्ष पर एक मत न हो सका। दूसरे दिन गांधीजी मिस्टर हेकॉक से मिलकर बेतिया लौट आए।

नीलवरों को विश्वास था कि गांधीजी को अपनी सभा में बुलाकर अपने लाभ से संबंधित प्रस्ताव पर उनकी सहमति प्राप्त कर लेंगे, मगर जब ऐसा कुछ न हुआ, तो वे अब गांधीजी की शिकायतें सरकार से करनी शुरू की जिससे जाँच का कार्य बीच ही में रुक जाए। मुजफ्फरपुर की यूरोपियन डिफेंस एसोसिएशन ने भी कलकत्ते की मुख्य सभा की ओर से भारत सरकार के पास दरख्वास्त भेजी कि महात्मा गांधी की जाँच रोक दी जाए और यदि सरकार ऐसा करना नहीं चाहती हो तो वह अपनी ओर से एक कमीशन गठित करे। इन शिकायतों के परिणामस्वरूप 6 मई, 1917 को राँची के चीफ सेक्रेटरी का भेजा एक तार महात्मा गांधी को मिला। इस तार में 10 मई को बांकीपुर में माननीय मिस्टर डब्ल्यू. गेट से गांधीजी को मुलाकात करने के लिए कहा गया था। गांधीजी के सहायकों ने सरकार की तरफ से काररवाई किए जाने की आशंका व्यक्त की, साथ ही उन्हें विश्वास भी था कि जाँच का कार्य नहीं रोका जाएगा। फलस्वरूप जाँच का कार्य नित्य प्रतिदिन जोर-जोर से चलता रहा।

□

महात्मा गांधी के भारत आगमन के सौ वर्ष

(9 जनवरी, 1915- 9 जनवरी, 2015)

–सिद्धेश्वर प्रसाद
(शिक्षाविद् एवं पूर्व राज्यपाल)

महात्मा गांधी 9 जनवरी, 1915 को भारत लौटे, लेकिन वे दक्षिण अफ्रीका से लंदन होकर भारत लौटे थे। वे 1893 में दक्षिण अफ्रीका गए थे। उन्होंने वहाँ रंग-भेद की नीति का जिस सत्याग्रही तरीके से विरोध कर सफलता पाई थी, वह संसार के इतिहास में सर्वथा अनोखी थी। इसलिए उसका विश्वव्यापी प्रभाव पड़ा।

लंदन में होटल सेसिल में उनका स्वागत किया गया था। उस स्वागत समारोह में कांग्रेस के अध्यक्ष भूपेंद्रनाथ बोस, लाला लाजपत राय, सच्चिदानंद सिन्हा, सरोजिनी नायडू और मोहम्मद अली जिन्ना जैसी हस्तियाँ शामिल थीं। सरोजिनी नायडू ने बापू को माला पहनाई। जब वे भारत लौट रहे थे तो डॉ. जीवराज महतो भी उनके साथ थे, जिन्होंने रास्ते भर उनकी अच्छी देखभाल की। श्री गोपाल कृष्ण गोखले पहले ही भारत लौट चुके थे। उन्होंने भी बंदरगाह पर गांधीजी के स्वागत की व्यवस्था की थी।

बैरिस्टर गांधी भारत आकर तुरंत महात्मा नहीं बन गए। भारत और भारत के माध्यम से सारी दुनिया को बदलने का जो संकल्प उन्होंने लिया था, उसके लिए पहले उन्होंने अपने को बदला। बैरिस्टर की पोशाक छोड़कर वे काठियावाड़ी पोशाक में बंबई के बंदरगाह पर उतरे थे, जहाँ गोखले के नेतृत्व में सैकड़ों आदमी उनके स्वागत में खड़े थे।

अहमदाबाद के निकट साबरमती नदी के तट पर उन्होंने अपना आश्रम बनाया। अपने चारों ओर उन्होंने जब नजर दौड़ाई तो उन्होंने केवल ढोंग-ही-ढोंग

पाया। जब वे इसकी गहराई में उतरे तो उन्हें भारत की भूमि में देवत्व के दर्शन हुए। ऐसा उन्होंने दक्षिण अफ्रीका के अपने मित्र हर्मन केलनबैस को अपने एक पत्र में लिखा था।

6 फरवरी, 1916 को बनारस में दिया गया उनका भाषण अपनी स्पष्टवादिता के लिए प्रसिद्ध है। उन्होंने कहा था कि भारत में जहाँ कहीं किसी एक महल को बनते देखता हूँ, तो मुझे लगता है कि भारतीय किसानों की पसीने की कमाई से यह रक्तरंजित भवन बनकर तैयार हो रहा है।

दिसंबर 1916 में राजकुमार शुक्ल गांधीजी से मिले। वे उस सीधे-सादे किसान की बातों से इतने प्रभावित हुए कि वे 1917 के आरंभ में ही चंपारण के लिए रवाना हो गए। पटना में वकील बाबू ब्रजकिशोर प्रसाद और मुजफ्फरपुर में कृपलानीजी से उनकी भेंट हुई, जो जीवनपर्यंत उनके साथी बने रहे।

1916 लखनऊ कांग्रेस में जवाहर लाल नेहरू को उन्होंने सभा में बोलने के लिए खड़ा किया, लेकिन वे जनता को नमन करने के अलावा एक शब्द नहीं बोल पाए। यह गांधीजी का करिश्माई व्यक्तित्व था कि उन्होंने जवाहर जैसे हजारों नवयुवकों को भारतीय स्वतंत्रता संग्राम से जोड़ा। सरदार वल्लभभाई पटेल, डॉ. राजेंद्र प्रसाद, सुभाषचंद्र बोस, मौलाना अबुल कलाम आजाद, राजगोपालाचारी, सरोजिनी नायडू, खान अब्दुल गफ्फार खाँ गांधीजी की प्रेरणा से स्वतंत्रता-संग्राम के सिपाही बने।

गांधीजी का चंपारण सत्याग्रह सफल रहा। इस पर राजेंद्र बाबू ने 'चंपारण में सत्याग्रह' नामक पुस्तक में विस्तार से लिखा है।

सितंबर 1917 में महादेव भाई देसाई से उनकी भेंट हुई। महादेव भाई एक सच्चे सहायक के रूप में जीवनपर्यंत उनके साथी और सहायक बने रहे।

अहमदाबाद में अंबालाल साराभाई और सेवाग्राम में जमनालाल बजाज तथा कलकत्ते में घनश्याम दास बिड़ला जैसे जो व्यक्ति गांधीजी के संपर्क में आए, वे अपने पूरे परिवार के साथ स्वतंत्रता आंदोलन में किसी-न-किसी प्रकार सहयोग करते रहे।

महात्मा गांधी के नेतृत्व में जो आंदोलन चला, उसके फलस्वरूप 15 अगस्त, 1947 को भारत स्वतंत्र हो गया, पर भारत अखंड नहीं रहा, विभाजित हो गया। बंग-भंग आंदोलन के समय, 1905 में भारत ने जो एकजुटता दिखाई थी, वह बाद के वर्षों में कुछ कमजोर पड़ गई थी, जिसके पीछे गोरी साम्राज्यवादी ताकतों का जो कुचक्र था, अब वह नग्न रूप में सामने आ गया था।

श्री रामचंद्र गुहा ने अपनी पुस्तक में उस पक्ष पर विचार नहीं किया है, जिसका खुलासा नरेंद्र सिंह सरीला ने अपनी पुस्तक में किया है, जो साम्राज्यवादी-विस्तारवादी शक्तियाँ भारत के विभाजन के षड्यंत्र में तब सक्रिय थीं, वे आज भी किसी-न-किसी रूप में भारत के विरुद्ध कोई-न-कोई चाल चल ही रही हैं।

नेहरू स्वतंत्र भारत के प्रधानमंत्री और पटेल गृहमंत्री भी हुए। नेहरू स्वप्नदर्शी थे, उनकी नजर नोबेल शांति पुरस्कार पर थी। पटेल का ध्यान देशी रियासतों का भारत के साथ एकीकरण पर था, जिसे उन्होंने आश्चर्यजनक सफलता के साथ पूरा कर दिया था। अगर कश्मीर का मामला भी अन्य देसी रियासतों की तरह पटेल के ही हाथों में होता, तो कश्मीर की स्थिति आज समस्या के रूप में रहती ही नहीं।

महात्मा गांधी के भारत लौटने के बाद स्वतंत्रता आंदोलन जन आंदोलन बन गया। स्वतंत्रता के पश्चात भारत जनतांत्रिक गणतंत्र बना। अगर सत्याग्रही तरीके से भारत स्वतंत्र नहीं होता, तो आज भारत में वयस्क मताधिकार पर आधारित लोकतंत्र नहीं होता।

भारत जैसा लोकतंत्र संसार में किसी और देश में है ही नहीं। नेहरू के बाद शास्त्री जैसा एक साधारण परिवार का आदमी प्रधानमंत्री बन गया, आज नरेंद्र मोदी के जैसा एक साधारण परिवार का आदमी भारत का प्रधानमंत्री है।

इंदिरा गांधी यदि तानाशाह होतीं, तो वे चुनाव क्यों करातीं? 1977 की हार के बाद 1980 में चुनाव जीतकर वे फिर प्रधानमंत्री कैसे बन गईं? हार के बाद सत्ता से हटने में उन्होंने कोई देर कहाँ लगाई? उन्हें यह शक्ति गांधीजी के करिश्माई व्यक्तित्व-नेतृत्व से ही प्राप्त हुई थी।

गांधीजी ने देश के लाखों लोगों को स्वतंत्रता आंदोलन और रचनात्मक कार्यक्रम; दोनों से जोड़ा। देश का सबसे बड़ा दुर्भाग्य यह है कि गांधीजी के बाद किसी ने कार्यकर्ताओं को प्रशिक्षित करने का काम किया ही नहीं। नतीजा यह है कि आज हर विधायक, मुख्यमंत्री और हर सांसद प्रधानमंत्री पद का दावेदार हो जाता है। बाद के इन सौ वर्षों में राजनीति में एक ओर पैसे का जोर बढ़ गया है और दूसरी ओर परिवारवाद का। पैसा परिवार में ही रह जाए, इसलिए परिवारवाद का जोर बढ़ा है। राजनीति अब देश-सेवा नहीं रही, बल्कि व्यवसाय हो गई। इसी से गांधीजी ने 'हिंद-स्वराज' में इसे 'महाजनी सभ्यता' कहा था।

30 जनवरी, 1948 को महात्मा गांधी की हत्या कर दी गई। क्यों? इसके पीछे हिंदू-मुसलिम समस्या नहीं, बल्कि ब्राह्मण 'चितपावन' और महार 'चमार'

समस्या थी। जबसे गांधीजी ने अछूतोद्धार का काम हाथ में लिया था (विशेष रूप 1934 से) तब से समाज का एक वर्ग गांधीजी के इतना खिलाफ हो गया था कि उनकी जान का ग्राहक बन बैठा। नाथूराम गोडसे 1934 से ही इसमें लगा हुआ था। कहा जाता है कि सावरकर से उससे प्रेरणा प्राप्त हुई। आज फिर गोड्से के पूजक समाज में उभर रहे हैं, जो चिंता का विषय है। ऐसा विषाक्त वातावरण देश की एकता और अखंडता के लिए खतरा बन सकता है। यह केंद्र और राज्य दोनों सरकारों की संयुक्त जिम्मेवारी है कि वे ऐसी घातक-प्रवृत्तियों को पनपने न दें। आज कहाँ हैं ऐसे नेता?

आज सारे संसार में नेता का अभाव हो गया है। वैश्विक समस्याओं की दृष्टि से देखें तो आज के नेता बौने हैं, उनकी दृष्टि केवल भौतिक विकास पर है, नैतिक और आध्यात्मिक विकास पर नहीं। आधुनिक विज्ञान रोबोट तैयार कर रहा है, मनुष्य नहीं। सारी भौतिक समृद्धियों के बावजूद आज जीवन में तनाव बढ़ता जा रहा है, कैंसर, मधुमेह, हृदय रोग और पागलपन में निरंतर वृद्धि होती जा रही है। आज का मनुष्य भीड़ में अकेलेपन का अनुभव करता है, क्योंकि वह न तो स्वयं किसी का विश्वासपात्र है और न वह किसी पर विश्वास करता है। भय और अविश्वास का यह वातावरण उसे मानसिक दृष्टि से रुग्ण बनाता जा रहा है। अमरीकन मेडिकल एसोसिएशन के एक सर्वेक्षण के अनुसार अमरीका में 51 प्रतिशत व्यक्ति पागल हो रहे हैं, महीने भर के लिए हो या वर्षों के लिए। अतः मानसिक चिकित्सकों की संख्या में निरंतर वृद्धि होती जा रही है।

पिछले तीन सौ वर्षों में संसार में जितना प्रदूषण बढ़ा है, उतना पिछले तीस हजार वर्षों में नहीं हुआ था। इसके कारण ॠतु चक्र में जो बदलाव आ रहा है, उसके कारण मरुभूमि में बर्फ गिर रही है, अधिक वर्षावाले क्षेत्रों में सूखा पड़ रहा है, महासागरों का जल प्रदूषित और गरम होता जा रहा है, मनुष्य सहित अन्य जीव-जंतु उन रोगों के शिकार हो रहे हैं, जिसके लिए औषधि उपलब्ध नहीं है। अणु बम से घायल जापान और भोपाल की गैस ट्रेजेडी के शिकार लोग अपना दुखड़ा किसे सुनाएँ?

इन सबका मूल कारण यह है कि आज धर्म-अर्थ-काम-मोक्ष में से केवल दो ही पुरुषार्थों का सेवन किया जा रहा है—अर्थ और काम। इससे मानव-जीवन में असंतुलन निरंतर बढ़ता जा रहा है, अर्थ-लोलुपता और काम-लोलुपता वस्तुतः एक ही सिक्के के दो पहलू हैं। पुरानी उक्ति है—काव्य-शास्त्र विनोदेने का लोगच्छति धीमताम्। उसका आधुनिक संस्करण है—सुरा-सुंदरी विनोदेन कालो

गच्छति धीमताम्। फिर राह कैसे मिलेगी? और राह कौन दिखाएगा?

पिछली सदी के आरंभ में कहा जाता था कि बुलेट का स्थान बैलेट ले लेगा तो युद्ध लगभग बीते दिन की बात रह जाएगी, लेकिन हुआ उलटा। सारी दुनिया की कुल आय का लगभग चालीस प्रतिशत आज युद्ध पर खर्च किया जा रहा है। फिर भी विभिन्न देशों के राष्ट्रपति और प्रधानमंत्री आज सबसे अधिक असुरक्षा का अनुभव करते हैं। विशिष्ट व्यक्तियों की सुरक्षा पर इतना अधिक खर्च किया जा रहा है कि साधारण आदमी की सुरक्षा, शिक्षा और स्वास्थ्य के लिए सरकार के पास पैसा बचता ही नहीं है।

तो ऐसी हो गई है महात्मा गांधी के भारत लौटने के बाद की यह दुनिया। वस्तुतः दुनिया में दो ही प्रकार की व्यवस्थाएँ रह गई हैं—सरकारी पूँजीवादी व्यवस्था और निजी पूँजीवादी व्यवस्था। रूस और चीन में सरकारी पूँजीवाद है तथा अमरीका तथा यूरोप में निजी पूँजीवाद। भारत अब मिश्रित अर्थव्यवस्था से तेजी से निजी पूँजीवादी व्यवस्था की ओर बढ़ रहा है।

सरकारी पूँजीवादी हो या निजी पूँजीवादी, दोनों हर प्रकार की सत्ता का घोर केंद्रीकरण हैं। दोनों में जो भेद दिखता है, वह वस्तुतः ऊपरी है और मात्रा विज्ञापित और प्रचारित है। पूँजीवादी देशों में भी बड़े व्यापारिक सौदे बिना सरकारी जानकारी के नहीं किए जाते। इसी प्रकार समाजवादी देशों में भी अब पूँजीवाद को पूरा प्रोत्साहन प्राप्त है। राष्ट्रपति और प्रधानमंत्री समाजवादी राष्ट्रों के हों या पूँजीवादी राष्ट्रों के, ये विदेशी दौरों में अपने साथ सदा बड़ा व्यापारिक-औद्योगिक प्रतिनिधिमंडल ले जाया करते हैं। क्यों?

तथाकथित निजी पूँजीवादी व्यवस्था हो या तथाकशित सरकारी गूँजीवादी व्यवस्था, दोनों का मानदंड एक ही है। वह है आर्थिक विकास, प्रति व्यक्ति आय और कुल राष्ट्रीय आय में वृद्धि की दर। अतः ये दोनों व्यवस्थाएँ वस्तुतः एक ही उद्‌देश्य की प्राप्ति की दो पद्धतियाँ हैं, जिनका विकास भिन्न-भिन्न देशों की अलग-अलग परिस्थितियों के कारण अपने-अपने ढंग से हुआ है।

अतः आज सारे रांरार गें केवल आर्थिक विकास की बात हो रही है और बातें गौण हो गई हैं। आज नैतिक और आध्यात्मिक विकास की बात कोई करता ही नहीं। नैतिक और आध्यात्मिक विकास इनके लिए अप्रासंगिक है। धर्म के नाम पर जो शिक्षा आज दी जा रही है, वह वस्तुतः सांप्रदायिक है, जिससे सारी दुनिया में दिनों दिन कट्टरता बढ़ती जा रही है, जिसकी परिणति हो रही है आतंकवाद में। आतंकवाद चाहे जिस कारण से और जिस रूप में हो, उसके मूल में है

असहिष्णुता। बात वहीं-की-वहीं है, 'पंचों की बातें सिर आँखों, खूँटा वहीं रहेगा। सिर झुका सबको, सभी को श्रेष्ठ निजसे मान, जा रहा मानव चला अब भी पुरानी राह।' (दिनकर)

यूरोप की गोरी जातियाँ सिकंदर के जमाने से सारे संसार पर अपनी व्यवस्था थोपना चाहती हैं। इन्होंने सारी दुनिया की अन्य सभी स्थानीय परंपराओं को लगभग मृतप्राय बना दिया है, क्योंकि इनके लिए पैसा ही भगवान् है, पैसे के लिए ये कुछ भी कर सकती हैं। वेटिकन सिटी के एक बड़े कमरे में एक बड़े पलंग पर मरणासन्न सिकंदर लेटे हुए हैं, दुनिया की सारी दौलत उनके चारों ओर सोने की थालों में रखी हुई है और शासक चारों ओर हाथ बाँधे खड़े हैं, सिकंदर पड़े-पड़े सबको दयनीय दृष्टि से देख रहे हैं, मानों कह रहे हों, मैं केवल जा रहा हूँ और मेरी सारी दौलत यहीं रह जाएगी। यह श्मशान वैराग्य किस काम का? भारत में इसलिए चार वर्णों, चार आलसों और चार पुरुषार्थों के आधार पर समाज की रचना का ढाँचा खड़ा किया गया था। आज दुर्भाग्यवश चार वर्णों के नाम पर केवल विकृत जाति व्यवस्था रह गई है, जिसके कारण हमारी जिजीविषा कुंठित हो रही है।

गांधीजी ने एक ओर भारत की इस जीर्ण-शीर्ण व्यवस्था का कायाकल्प किया और दूसरी ओर पाश्चात्य अर्थ-काम मूलक व्यवस्था में धर्म एवं अध्यात्म का समावेश कर इसे भी संतुलित करने का प्रयास किया, लेकिन उनके जवाहरलाल नेहरू जैसे उत्तराधिकारी उनके महान प्रयोग के निहितार्थ को समझ ही नहीं पाए और पश्चिम के भौतिक विकास के ढाँचे के अंधानुकरण में ही गए। पं.जवाहरलाल नेहरू ने भारत को विलायत बनाना चाहा और डॉ. मनमोहन सिंह ने अमरीका। केवल गांधीजी ने भारत की भारतीयता की रक्षा करते हुए इसकी सारी समस्याओं के समाधान का सतत प्रयास किया। नरेंद्र मोदी अमरीका के साथ कितनी दूर तक जा सकेंगे, यह कहना अभी कठिन है, क्योंकि एक ओर भारत की शक्ति में वृद्धि हुई है और दूसरी ओर अमरीका की शक्ति पिछले दशक से निरंतर गिरती जा रही है।

मनुष्य की समस्याओं का समाधान, केंद्रीकरण और अधिक केंद्रीकरण में नहीं, बल्कि विकेंद्रीकरण में है। तभी यह दुनिया कंकरीट का निर्जीव जंगल बनने से बचेगी, लेकिन आइंस्टीन के अतिरिक्त और किसी ने गांधी-मार्ग की महत्ता को समझा ही नहीं। उन्होंने कहा था कि पाँच सौ वर्षों के बाद लोगों को विश्वास ही नहीं होगा कि हाड़-मांस का कोई ऐसा पुतला धरती पर कभी हुआ था। उन्होंने यह भी कहा था कि दुनिया में शांति की स्थापना और विश्व-व्यवस्था की नई

सरंचना का आधार केवल गांधी का सत्याग्रह है, जिससे सबको समुचित स्थान प्राप्त हो सकता है। आइंस्टीन स्वयं शांति के पोषक थे। अत: गांधीजी के मार्ग की ओर उनका स्वाभाविक आकर्षण था।

इस समानता का कारण है सृष्टि के रहस्य के प्रति दोनों का समान भाव-बोध। दोनों यह मानते थे कि सृष्टि से अधिक सुंदर मनुष्य की कोई रचना नहीं हो सकती। दोनों सत्य के अन्वेषक थे और दोनों ने ब्रह्म और ब्रह्मांड की विविधता तथा एकता का समान रूप से अनुभव किया था। आइंस्टीन का $E=mc^2$ सूत्र पदार्थ और ऊर्जा की एकता का प्रतिपादन करता है। भारत में वैदिक युग से यह परंपरा चली आ रही है—रूपं रूपं प्रतिरूपो वभूव। वह एक 'ब्रह्म' नाना रूपों में, 'ब्रह्मांड' केवल आकार लेकर मनुष्य को, न केवल प्रसन्नता और जीवन की अनेकरूपता प्रदान करता है, बल्कि हमें भ्रम एवं मोह में भी डाल देता है।

महात्मा गांधी ने अपनी आत्मकथा का नाम 'सत्य के प्रयोग' रखा था, 'अहिंसा के प्रयोग' नहीं, जिसका विस्मरण कर दिए जाने से सत्याग्रही गांधी की धार कुंद पड़ जाती है और वे महाजनी सभ्यता के पोषक प्रतीत होने लगते हैं, जो उनकी वास्तविक विचारधारा के सर्वथा विपरीत है। इसलिए जिस सत्याग्रही मार्ग से उन्होंने वैश्विक क्रांति का आरंभ किया था, उसकी अकाल मृत्यु हो गई। इस षड्यंत्र में उनके शिष्य भी शामिल थे, जिन्होंने भौतिक विकास को ही एकमात्र और अंतिम सत्य तथा लक्ष्य मान लिया।

कबीरदास ने कहा था, "कथनी छोड़, करनी करो, तो कछु पावौ सार।" आज तो गांधीजी के नाम पर केवल बात-ही-बात होती है, करनी के नाम पर केवल शून्य है।

भौतिक विकास की आँधी मंद पड़ती जा रही है। आर्थिक विकास ही सब कुछ नहीं है, ऐसा अब अनुभव होने लगा है, लेकिन यह नकारात्मक है और इससे जीवन में रिक्तता आ रही है। इस रिक्त स्थान को भौतिक, नैतिक और आध्यात्मिक विकास की त्रिपी-साधना से ही भरा जा सकता है।

□

दक्षिण अफ्रीका से मोहनदास करमचंद गांधी की वापसी के सौ साल...

–विपिन कुमार त्रिपाठी
(आई.आई.टी, नई दिल्ली)

9 जनवरी, 1915 दो लिहाज से महत्त्वपूर्ण है। एक, उस दिन गांधी दक्षिण अफ्रीका में इतिहास रचकर लौटे, सत्याग्रह का आविष्कार और उसके जरिये उपनिवेशी साम्राज्य के रंगभेदी कानून पर निहत्थे अवाम की जीत हासिल करके लौटे। दो, उस तारीख से हिंदुस्तानी अवाम में नई राजनीतिक और रूहानी चेतना का संचार हुआ, साम्राज्यवाद के अहिंसक प्रतिकार का जनांदोलन खड़ा हुआ। स्वराज्य, समानता और लोकतंत्र के नए मायने सामने आए। उनको झुठलाने के लिए इतिहास की कपोल कल्पनाओं व अपने धर्म की श्रेष्ठता जताने का प्रतिक्रियावादी अभियान भी शुरू हुआ। सच्चाई और फरेब के बीच का संघर्ष भी परवान चढ़ा। सत्याग्रह और जनांदोलनों ने मुल्क को आजादी की दहलीज पर लाकर खड़ा किया। तभी सांप्रदायिक ताकतों ने साम्राज्यवादी सरकार की मदद से हिंसा का बवंडर उठा दिया। मुल्क तकसीम हुआ। बापू की शहादत से विप्लव थमा। आज फिर वही अतीत का फरेब फैलाकर सत्याग्रह और आजादी की हमारी असली विरासत तथा मौजूदा सच्चाई पर परदा डालनेवाला अभियान बुलंदी पर है। कॉरपोरेट जनित मीडिया ने उसे अजेय बना दिया है। हमें फिर से आजादी की संस्कृति का जमीनी नेटवर्क खड़ा करना है।

दक्षिण अफ्रीका का सबक

दक्षिण अफ्रीका में भारतीयों की पहली खेप उन्नीसवीं सदी के मध्य में

पहुँची, मजदूरों की शक्ल में। तब वहाँ बड़े हिस्से पर अंग्रेजों का कब्जा हो चुका था और उन्हें अपनी चीनी मिलों के लिए गन्ने की खेती करनेवाले मजदूरों की जरूरत थी, सो भारतीय मजदूरों को ले गए, उत्तर प्रदेश, मद्रास वगैरह से। बाद में व्यापारी, डॉक्टर, वकील वगैरह भी गए। उनको कारोबार की इजाजत दी गई, पर तमाम बंदिशों के साथ, रंगभेदी जलालत थी, सो अलग।

1893 में जब गांधी वहाँ पहुँचे, तो 23 साल के नौसिखिया वकील थे, शरमानेवाले, सीधे-सादे। प्रिटोरिया में भारतीय सेठ अब्दुल्ला ने उन्हें अपने मुकदमे की पैरवी के लिए बुलाया था। डरबन बंदरगाह पर वे जहाज से उतरे। वहाँ से प्रिटोरिया जानेवाली ट्रेन में फर्स्ट क्लास का टिकट लेकर बैठे। रास्ते में मारित्सबर्ग स्टेशन पर गाड़ी रुकी। एक अंग्रेज डिब्बे में बैठने आया। उसने पुलिस से धक्का देकर गांधी को नीचे उतरवा दिया। गांधी वहीं स्टेशन पर ठंड में बैठे रातभर सोचते रहे। उस अंग्रेज से उन्हें बैर महसूस नहीं हुआ, बल्कि एहसास हुआ कि यह रंगभेद का नासूर है, सभी गोरे करते होंगे, सरकारी कानून से वह टिका होगा और वहीं से शुरू हुआ उनका तिल-तिल कर रंगभेद के प्रतिकार का अभियान। भारतीयों की आबादी वहाँ 2 प्रतिशत से कम थी, ज्यादातर गरीब। उनको इतना पढ़ाया कि सच्ची बात समझने लायक हो गए। इन्हीं लोगों को लेकर गांधी ने भेदभाव वाले कानून बदलवाने की कोशिश की। अंग्रेजों को यह बरदाश्त नहीं हुआ। 1906 में सरकार ने भारतीयों को वहाँ रहने का परमिट लेना अनिवार्य कर दिया, भारी फीस पर। इसके प्रतिकार के लिए गांधी ने सत्याग्रह का रास्ता सुझाया। दस हजार लोग जेल गए, दो जेल में मर गए। 8 साल बाद सत्याग्रह कामयाब हुआ, रंगभेदी कानून खत्म हुआ। उस दौरान तीन बातें खास हुईं—हिंदुओं-मुसलमानों के बीच गाढ़े रिश्ते बने, पाखाना सफाई से घिन कम हुई और गोरों के प्रति बैर नहीं पनपा। इस अभियान के लिए बाहर से कोई मदद नहीं ली गई।

आजादी का जनांदोलन

1908 में गांधी ने जहाज से सफर करते हुए 'हिंद स्वराज' किताब लिखी। इस छोटी सी किताब में गुलामी के कारणों, अंग्रेजी राजव्यवस्था व आर्थिक शोषण का सटीक विश्लेषण और सत्याग्रह के जरिए स्वराज हासिल करने की स्पष्ट रूपरेखा है। 1915 में भारत पहुँचकर एक साल वे देशभर में घूमे और लोगों से मिले। 1916 में बनारस हिंदू यूनिवर्सिटी की नींव रखनेवाले प्रोग्राम में उन्होंने जिस दृढ़ता, पर नम्रता के साथ वायसराय के सामने अंग्रेजी सरकार व उसके नुमाइंदे राजा-रजवाड़ों को सच्चाई का एहसास कराया, उसने देश में बिजली दौड़ा दी।

चंपारण सत्याग्रह ने लोगों को दिशा दी। हिंदू-मुसलिम एकता, अस्पृश्यता निवारण और खादी के कांग्रेस के रचनात्मक प्रोग्रामों ने आजादी की लड़ाई को गाँव-गाँव तक पहुँचाया। रौलेट ऐक्ट सत्याग्रह, असहयोग आंदोलन व नमक सत्याग्रह से लेकर भारत छोड़ो आंदोलन तक सत्याग्रहों का अटूट सिलसिला चला। इस बीच गांधी ने नई तालीम की रूपरेखा रखते हुए हर बच्चे को पूर्ण स्वावलंबन के स्तर तक की शिक्षा मुहैया कराने का लक्ष्य रखा।

राष्ट्रव्यापी जन उभार ने भारत से अंग्रेजी राज के पैर उखाड़ दिए, पर उनके पैरोकारों ने सांप्रदायिक हिंसा का ज्वालामुखी उठा दिया।

गांधी नोआखाली और बिहार गए, जहाँ भीषण नरसंहार हुए थे। उनके अंदर की गहरी पीड़ा ने लोगों के दिलों को छुआ। बाद में जब देशव्यापी हिंसा भड़की, तब भी नोआखली शांत रहा। सांप्रदायिकता के खिलाफ जंग में गांधी ने अपने को पूरी तरह झोंक दिया। उन्होंने हर कार्यकर्ता और हर पार्टी के जन प्रतिनिधियों की रूह को हिलाया तथा फसाद रोकने में लगाया, मुसलिम लीग के मुख्यमंत्री सुहरावर्दी के आग बुझाते-बुझाते गांधी फना हो गए, अलबत्ता उनकी शहादत ने सांप्रदायिकता के विप्लव को रोक दिया, दोनों मुल्कों हिंदुस्तान व पाकिस्तान में।

वर्तमान चुनौती

सत्याग्रह के अलावा गांधी जिन दो चीजों के पर्यायवाची हैं, वे हैं—चरखा, यानी आर्थिक स्वावलंबन और सांप्रदायिक एकता।

नई आर्थिक नीति आने के बाद से हिंदुस्तान की अर्थव्यवस्था बाजार चालित हो गई है। मजदूर-किसान पूँजीपतियों और कॉरपोरेट वर्ग के आश्रित होने जा रहे हैं। कुटीर उद्योग आधारित ग्राम स्वावलंबन और मिल-जुलकर रहने की संस्कृति मिट रही है। तकनीकी शिक्षा के जितने संस्थान इन 25 सालों में खुले हैं, लगभग सभी प्राइवेट हैं और बेहद खर्चीले हैं। आम आदमी की पहुँच से बाहर हैं।

संपन्न वर्ग के सांप्रदायिक रुझान को पुख्ता करनेवाले नेटवर्क आज बहुत मजबूत हैं। क्या खबर थी कि आई. आई. टी. सरीखे तकनीकी व विज्ञान के विशिष्ट केंद्रों से भी नस्ली सोच की पौध तैयार होगी! यह माहौल बदलने के लिए हमें फिर से तिनका-तिनका चुनकर सत्याग्रह और आजादी की संस्कृति का नेटवर्क बनाना है। सभी सामाजिक व राजनीतिक संगठन इस मुहिम को शुरू करें। यही राष्ट्रपिता के प्रति हमारा सम्मान होगा।

□

गांधीजी की स्वदेश वापसी का अर्थ...

—रज़ी अहमद
(मंत्री, गांधी संग्रहालय, पटना)

गांधीजी जब 1915 में हिंदुस्तान लौटे थे, उस समय हिंदुस्तान के सार्वजनिक क्षेत्रों में उनकी अपनी कोई पहचान नहीं थी। हालाँकि दक्षिण अफ्रीका की उपलब्धियों के कारण इंग्लैंड और हिंदुस्तान के कुछ बुद्धिजीवियों के बीच वे अपरिचित नहीं थे, लेकिन न आम हिंदुस्तानी जनता उन्हें जानती थी और न ही वे ठीक से हिंदुस्तान की वास्तविकता से परिचित थे। उन्होंने अपने प्रेरणादायक गुरु गोपाल कृष्ण गोखले की सलाह को मानते हुए सार्वजनिक क्षेत्र में सक्रिय होने से पहले, हिंदुस्तान और यहाँ की सामाजिक तथा राजनीतिक वास्तविकता को समझने को प्राथमिकता दी। बंग-भंग और उसके बाद की घटनाओं ने हिंदुस्तान में सांस्कृतिक राष्ट्रवाद, हिंसक क्रांतिकारिता, मुसलिम लीग का गठन तथा देशव्यापी खिलाफत आंदोलन की सरगरमियों के लिए जमीन तैयार कर दी थी। प्रथम विश्व युद्ध के छिड़ जाने के कारण ब्रिटिश साम्राज्यवादियों की परेशानियाँ बढ़ी हुई एवं पेचीदा थी। इसी पेचीदा माहौल में गांधीजी हिंदुस्तान लौटे थे। उनके कुछ शुरुआती दिन तो कोचरब और साबरमती आश्रम की स्थापना तथा उसकी व्यवस्थागत परेशानियों से उबरने में लगे। 1916 में वे एक डेलीगेट की हैसियत से लखनऊ कांग्रेस में शरीक हुए। अब उन्हें हिंदुस्तान आए हुए तकरीबन एक साल हो चुका था। इस एक साल की अवधि में वह खामोश नहीं बैठे रहे थे। दक्षिण अफ्रीका के नस्लवाद और हिंदुस्तानियों की अधिकार प्राप्ति की जद्दोजहद के हीरो मोहनदास करमचंद गांधी की चर्चा देश में इधर-उधर होने लगी थी और लोग सार्वजनिक क्षेत्र में सक्रियता के उनके संभावित कदमों की शिद्दत से प्रतीक्षा कर रहे थे।

लखनऊ कांग्रेस में बिहार से बड़ी संख्या में कांग्रेसी शरीक हुए थे। उनके नेताओं ने बिहार की कई समस्याओं में से सबसे गंभीर समस्या, चंपारण के नीलहों के जरिए शोषित किसानों के प्रश्न पर एक प्रस्ताव कांग्रेस में पारित कराने की कोशिश की थी। ब्रजकिशोर प्रसाद के नेतृत्व में चंपारण के किसानों के प्रतिनिधि राजकुमार शुक्ल, सर्वश्री लोकमान्य तिलक, मदन मोहन मालवीय, लोकमान्य तिलक जैसे वरिष्ठ नेताओं से बड़ी उम्मीदें लेकर मिले थे और चंपारण के किसानों की समस्याओं से उन लोगों को अवगत कराया था, लेकिन उन वरिष्ठ नेताओं ने नेपाल की तराई के सुदूर चंपारण में बसे किसानों की समस्याओं को समझने में दिलचस्पी नहीं दिखाई। लोग मायूस हो चुके थे। उस निराशा की स्थिति में एक चांस लेते वे लोग गांधीजी से मिले। हिंदुस्तान के गरीबों की स्थिति से अभी गांधीजी को सीधा वास्ता नहीं पड़ा था, लेकिन दक्षिण अफ्रीका के गरीब पीड़ितों की पीड़ा से वे पूरी तरह अवगत थे। अन्याय के खिलाफ सफल अभियान चलाए गांधीजी ने सहानुभूतिपूर्वक किसानों की समस्याओं को सुना और परिस्थिति को अच्छी तरह समझे बिना कुछ सहयोग देने का आश्वासन देने को मना किया, लेकिन उन्होंने यह वादा जरूर किया कि वे चंपारण निश्चित तौर पर आएँगे और वहाँ की परिस्थिति से अवगत होकर अपना सहयोग वहाँ के किसानों को अवश्य देंगे। यही वे कीमती क्षण थे, जब चंपारण के किसानों को नीलहों के वर्षों से चले आ रहे अत्याचारों से निजात की आशा भरी किरण नजर आई और फिर तो किसानों की समस्याओं के प्रति संवेदनशील राजकुमार शुक्ल गांधीजी के पीछे ही पड़ गए। लखनऊ से निकलकर गांधी जहाँ-जहाँ गए, राजकुमार शुक्ल वहाँ पहले से ही पहुँचे नजर आए और फिर वह ऐतिहासिक दिन आया, जब 10 अप्रैल, 1917 को वे गांधीजी को बिहार लाने में सफल हुए।

बिहारवासियों के लिए बड़े गर्व की बात है कि गांधीजी के नेतृत्व में चली आजादी की लड़ाई के सत्याग्रही इतिहास की पहली पंक्ति 10 अप्रैल, 1917 को पटना में उस वक्त लिखी गई जब राजकुमार शुक्ल के साथ गांधीजी पहली बार पटना ही नहीं, बिहार पहुँचे थे। राजकुमार शुक्ल गांधीजी को अपने परिचित पटना के नामी वकील राजेंद्र प्रसाद के निवास पर ले गए, जहाँ उनकी अनुपस्थिति में उन्हें बिहार के सामाजिक कुंठाओं भरे ताने-बाने से पहली बार रू-ब-रू होना पड़ा। चंपारण के एक साधारण किसान के साथ काठियावाड़ी वेशभूषा वाले गांधी की ओर राजेंद्र बाबू के कर्मचारियों ने आम देहाती मुवक्किल समझकर ध्यान देना भी उचित नहीं समझा। उन्हें न तो शौचालय इस्तेमाल करने की इजाजत मिली और

न ही राजेंद्र बाबू की बालटी से कुएँ से पानी निकालने की। राजकुमार शुक्ल की बेबसी ने परेशानी में पड़े गांधीजी को खुद उचित पहल करने पर मजबूर किया। उन्होंने अपने लंदन के सहपाठी मिस्टर मजहरुल हक, जो पटना के एक नामी बैरिस्टर और गवर्नर काउंसिल के माननीय सदस्य थे, को एक पुरजा देकर शुक्लजी को उनके पास भेजा। सूचना मिलते ही मजहरुल हक साहेब खुद राजेंद्र बाबू के निवास पर पहुँचे और गांधीजी को अपने फ्रेजर रोड स्थित निवास 'सिकंदर मंजिल' ले आए। मजहरुल हक साहेब चाहते थे कि वर्षों के बाद मिले मित्र गांधीजी दो-चार दिन उनके साथ रुकें, पर गांधीजी अपने चंपारण के किसानों की स्थिति को देखने के मिशन को प्राथमिकता देते उसी शाम मुजफ्फरपुर होते चंपारण के लिए निकल पड़े और यही था हिंदुस्तान की धरती पर सत्य एवं अहिंसा पर आधारित चंपारण सत्याग्रह की शुरुआती पहल का पहला कदम।

जिस दिन से गांधीजी भारत के स्वतंत्रता संग्राम में सक्रिय हुए, उसी समय से यह स्पष्ट होने लगा था कि वे एक अलग ही मिट्टी के बने हुए व्यक्ति हैं। फिरोज शाह मेहता, तिलक और गोखले जैसे भविष्य पर नजर रखनेवालों ने भाँप लिया था कि एक दिन गांधीजी हिंदुस्तान की तकदीर को रचनात्मक दिशा देने में महत्त्वपूर्ण भूमिका निभाएँगे और बहुत जल्द ही यह साफ भी होने लगा। सन् 1920 में ही गांधीजी ने देश की राजनीति की बागडोर सँभाल ली और 30 जनवरी, 1948 तक राजनीति पर छाए ही नहीं रहे, बल्कि अधिकांश भारतीयों के दिलों में अपना एक महत्त्वपूर्ण स्थान भी बना लिया, आम जनता ने उन्हें देवताओं की तरह सम्मान देते हुए शिखर पर स्थापित कर दिया।

1920 से पहले देश की सबसे बड़ी और सक्रिय राजनीतिक पार्टी, अखिल भारतीय राष्ट्रीय कांग्रेस के नेताओं के सामने हिंदुस्तान के भविष्य का कोई स्पष्ट चित्रा नहीं था। अभी तक कांग्रेस का अस्तित्व भी ऊपरी वर्ग से ही जुड़ा हुआ था। अभी तक बड़े-बड़े नामी वकील, बैरिस्टर, लेखक, पत्रकार और साहित्यकार हर साल एक जगह मिलते एवं उन्होंने सरकार से कुछ रियायतों, सहूलियतों की माँग का प्रस्ताव पास कर उसे सरकार तक पहुँचाते रहने तक ही अपने को सीमित रखा था। कांग्रेस ने अभी तक व्यापकता की सीमाओं को छुआ तक नहीं था। जन-साधारण से तो उसका परिचय भी भली-भाँति नहीं हुआ था पर गांधीजी के सक्रिय होते ही एक नई फिजा बनी। स्वदेश वापसी के बाद की अपनी हिंदुस्तान को देखने की यात्राओं और चंपारण-1917 एवं खेड़ा-1918, सत्याग्रहों के बीच प्राप्त तजुर्बों के माध्यम से ही गांधीजी ने उस असली भारत को पहचान लिया था, जो उसके

सात लाख गाँवों में बसा हुआ था। गांधीजी ने बहुत नजदीक से देखा था कि आम भारतीय जिस तरह अंग्रेजी साम्राज्यवादी प्रपंचों के शिकार थे, यहाँ के स्थानीय जमींदार और बड़े लोगों ने भी उन अंग्रेजों से ज्यादा नहीं तो कम दमन गरीबों पर जायज मान रखा था। तरह-तरह से लोग शोषण के शिकार थे और यहाँ की गरीबी, अज्ञानता तथा आपसी एकता की कमी जैसी कमजोरियों से अंग्रेज लाभ उठा रहे थे। यहाँ ऐसी शिक्षा पद्धति अपनाई हुई थी, जिसके कारण यहाँ की नई पीढ़ी को अपनी प्रतिभाओं को उभारने का अवसर ही नहीं मिलता था। जो शासन व्यवस्था थी, वहाँ गरीबों की मुश्किल से सुनवाई होती थी। आम लोगों को कदम-कदम पर लज्जित होना पड़ता था। उनके आत्मसम्मान को सरेआम नीलाम किया जाता था। इन अत्याचारों के माध्यम अधिकतर ऐसे हिंदुस्तानी ही थे, जो अंग्रेजपरस्त थे और अंग्रेजों की खुशामद में हिंदुस्तानियों को तरह-तरह से परेशान कर रहे थे।

चंपारण सत्याग्रह के दौरान किसानों को नीलहे साहबों और उनसे मिलीभगत रखनेवाले स्थानीय जमींदरों के अत्याचारों से छुटकारा दिलवाने का प्रयास तो हुआ ही, गाँव के लोगों को उपयोगी शिक्षा, स्वास्थ्य और सफाई के साथ स्वतंत्रता संग्राम के दूरगामी नतीजों से भी परिचित कराया गया था। उसका असर यह हुआ था कि चंपारण के गरीब और बांगड़ कहे जानेवाले भूमिहीन मजदूर तथा किसान अपनी बुनियादी कमजोरियों से अवगत हुए एवं एक सम्मानित जीवन जीने का उत्साह उनके अंदर पैदा हुआ। अपनी दशा सुधारने और नाइनसाफी के खिलाफ न सिर्फ बोलने, बल्कि उसके खिलाफ उठ खड़े होने की हिम्मत उनके अंदर पैदा हुई। नाइनसाफियों की बुनियाद पर जारी किए गए सरकारी हुक्मों को न मानने की हिम्मत उनमें आई। व्यवस्था के खिलाफ उनके दिलों में बगावत की चिनगारियाँ पैदा हुईं, जिसने बाद में व्यापक होकर देशव्यापी रूप ले लिया।

गांधीजी और उनके सहयोगियों ने चंपारण के गाँवों में चौतरफा सुधार की पहल की और शिक्षा, सफाई का भी व्यापक प्रबंध किया था। चंपारण के कई गाँवों में स्कूल खोले गए और उनमें बिहार के बाहर से आए समाजसेवी शिक्षक और शिक्षिकाओं को लगाया गया था। गरीबों के बीच अज्ञानता के अभिशाप से छुटकारे की कोशिश की गई। स्थानीय लोगों ने बड़े उत्साह से उन कार्यक्रमों का स्वागत किया। उसका परिणाम यह हुआ कि जागरूकता की जो लहर चंपारण से चली, उसने बिहार ही नहीं, पूरे देश पर अपना असर डाला। गांधीजी ने अत्याचारों के प्रतिकार के रूप में जो अहिंसक पद्धति की सीख लोगों को दी, उसने बहुत जल्द

अपेक्षित वातावरण बनाने में बहुमूल्य योगदान दिया और स्वतंत्रता आंदोलन को अच्छे तथा निष्ठावान कार्यकताओं की खेप-की-खेप मुहैया हुई।

दक्षिण अफ्रीका में जिन दिनों गांधीजी का सत्याग्रह चल रहा था, यहाँ हिंदुस्तान में स्वतंत्राता संग्राम नई करवटें ले रहा था। बंगभंग और उससे उत्पन्न उलझी परिस्थिति तथा मुसलमानों के बीच तुर्की एवं अन्य मुसलिम देशों के संबंध में अपनाई गई अंग्रेजों की अनुचित नीतियों के खिलाफ पूरे देश में काफी बेचैनी का वातावरण बना हुआ था। देशव्यापी आंदोलनों के मद्देनजर अंग्रेजी उपनिवेशवाद की नींव हिलती नजर आने लगी थी। देश की सबसे बड़ी राजनीतिक पार्टी, राष्ट्रीय कांग्रेस के अंदर नरम और गरम दो विचारधाराएँ 1907 से ही प्रबल होने लगी थीं और 'स्वराज हमारा जन्मसिद्ध अधिकार है तथा हम उसे प्राप्त करके रहेंगे' की गूँज पूरे देश में सुनाई देने लगी थी। आम जनता भी इन सरगरमियों से अछूती नहीं रही और उनके अंदर भी जागरूकता की सुगबुगाहट पैदा हो गई थी। मध्यवर्गीय पढ़े-लिखों का देशप्रेम और उनकी आजादी प्राप्ति की ललक खुल कर सामने आने लगी। 'होम रूल' और 'पूर्ण स्वराज' की माँगों का बढ़ता आकर्षण और आम लोगों की सक्रियता से अंग्रेजों में घबराहट पैदा हो गई थी। उन दिनों बंगाल ही क्रांतिकारियों का केंद्र हुआ करता था। परिस्थिति से बाध्य होकर बंगभंग के अप्रिय कदम को अंग्रेजी शासकों ने खुद रद्द किया, साथ ही हलचल भरे कलकत्ते से शांत वातावरण वाली दिल्ली में राजधानी हटा ली। इस बीच विश्व के ऊपर प्रथम महायुद्ध के खतरनाक बादल मँडराने लगे थे। यहाँ की राजनीतिक गतिविधि सुस्त पड़ गई थी और जब जनवरी, 1915 में गांधीजी भारत लौटे, तो तूफान से पहले वाले सन्नाटे की स्थिति यहाँ बनी हुई थी।

फिरोजशाह मेहता, बाल गंगाधर तिलक और गोपाल कृष्ण गोखले स्वतंत्रता सेनानियों के राजनीतिक प्रेरणा के मुख्य स्रोत थे। तीनों का व्यक्तित्व अपनी-अपनी जगहों पर आकर्षक था, पर उनके विचारों में अंतर था, एक ही मंजिल पर पहुँचने के मुख्तलिफ रास्तों के ये पथ प्रदर्शक थे। गांधीजी ने उदारवादी गोखले के अपने को निकट पाया। हृदय-परिवर्तन, समझा-बुझाकर शांतिमय तरीके से किसी समस्या के हल करने को लिबरल गोखले उचित तरीका मानते थे, जो गांधीजी की अहिंसा और सत्याग्रह से बहुत करीब था। उन्होंने गोखले को अपना राजनीतिक गुरु माना और उनकी सलाह पर हिंदुस्तान की परिस्थिति का गहन अध्ययन करने के बाद अपने लिए उचित मार्ग तय करने का सोचा। पहले अहमदाबाद में कोचरब आश्रम की नींव डाली और बाद में साबरमती नदी के किनारे उसे ले गए और

साबरमती आश्रम को अपने प्रयोगों का केंद्र बनाया। 1915 में बंबई और 1916 में लखनऊ कांग्रेस में सम्मिलित हुए, पर वहाँ इनकी कोई सक्रिय भूमिका नहीं रही। लखनऊ कांग्रेस में बिहार के प्रमुख नेताओं से मुलाकात हुई और चंपारण के किसानों की स्थिति की जानकारी मिली तथा यहीं से देश की आजादी के इतिहास का वह अध्याय शुरू हुआ, जिसने सत्य और अहिंसा आधारित विचारधारा की बुनियाद पर यहाँ नई फिजा बनाकर एक नए युग की शुरुआत की एवं गांधीजी एक नक्षत्र की तरह देश के क्षितिज पर चमकने लगे। पूरा देश उन्हें आशा भरी नजरों से देखने लगा, नतीजतन साम्राज्यवादी खेमे में खलबली मचती दिखाई देने लगी। उन्हें एहसास हो गया कि एक ऐसे विचित्र स्वभाव का आदमी हिंदुस्तान के राजनीतिक क्षेत्र में सक्रिय हो रहा है, जिसके हाथ आम जनता की नब्ज पर हैं और आज नहीं तो कल वह कोई ऐसा गुल खिलाएगा, जो उनके लिए, उनके साम्राज्य के अस्तित्व के लिए खतरनाक होगा।

प्रथम विश्वयुद्ध ने युद्धों के इतिहास में भयानक बरबादियों का नया अध्याय जोड़ कर अंतरराष्ट्रीय स्तर पर एक नई परिस्थिति पैदा कर दी थी। उसकी समाप्ति के बाद के नतीजों से राजनीतिक, आर्थिक और राष्ट्रीय रिश्तों का एक नया युग शुरू हुआ। हिंदुस्तान भी उस युद्ध के बुरे प्रभाव से नहीं बचा। अकाल, बेरोजगारी और युद्ध के परिणामस्वरूप उत्पन्न अंतरराष्ट्रीय परिस्थिति के असर से यहाँ की स्थिति गंभीर थी। यहाँ की आजादी की लड़ाई बदली हुई परिस्थिति में एक नए मोड़ पर थी। कांग्रेस के प्लेटफॉर्म से अब तक व्यवस्थागत राजनीतिक सुविधाओं की बातें की जाती रही थीं, पर चंपारण, खेड़ा और अब प्रथम युद्ध के कटु अनुभवों के आधार पर देशवासियों को आर्थिक प्रश्न भी आकर्षित कर रहे थे। नतीजतन अंग्रेजों के लिए स्थिति काफी जटिल हो गई थी। गांधीजी के सक्रिय होने से कांग्रेस की नीतियों में भी स्पष्ट बदलाव आया था। अब तक लोग प्रस्ताव पारित कर सरकार को भेजते रहे थे, पर उन प्रस्तावों पर सरकार सक्रिय रूप में अमल भी करे, इस ओर अधिक ध्यान नहीं दिया गया था। अपनी माँगों को पूरी किए जाने की उत्सुकता जैसी जिम्मेदारी का अभाव था। कुछ लोगों के प्रस्तावों पर सरकार ध्यान दे-न-दे, उसकी मरजीवाली परिस्थिति थी। सरकार पर दबाव डालने या अपनी माँगों को लेकर उसके लिए निरंतर प्रयत्न करने की तैयारी भी नहीं थी, लेकिन अब परिस्थिति बदली हुई थी और कांग्रेस शांतिपूर्ण आंदोलनात्मक रणनीति पर गंभीरता से सोचने लगी थी। हिंदुस्तान को प्रथम युद्ध में शरीक कर दिए जाने के प्रभाव के दबाव से भारतीय नेता काफी बेचैन थे। रौलेट ऐक्ट और जलियाँवाला

बाग की क्रूर दमनकारी नीतियों ने आग में घी का काम किया। यहाँ के स्वतंत्रता सेनानी नई परिस्थिति में नए साहस के साथ मैदान सँभालने को पर-तौलते नजर आने लगे और प्रथम असहयोग आंदोलन उसी उत्साह के नतीजे में सामने आया।

गांधीजी के भाषणों और लेखों से यह स्पष्ट हो रहा था कि एक बड़ी अहिंसक लड़ाई की तैयारी में वे लगे हुए हैं। देशवासियों का वे ऐसा मानस बनाना चाहते हैं कि वे अपनी जिम्मेदारियों को पहचानने और अपना कर्तव्य निभाने के लिए तैयार रहें। साम्राज्यवादी शक्तियों के हर वार को झेलकर अपने लक्ष्य तक पहुँचने का हौसला इनके अंदर पैदा हो, यह वातावरण बन रहा था। 28 जुलाई, 1920 को उन्होंने ऐलान किया कि 1 अगस्त, 1920 को सामूहिक उपवास के साथ असहयोग आंदोलन की शुरुआत होगी, उस दिन कोई काम नहीं होना था, यानी पूरे देश में हड़ताल की घोषणा की गई। गांधीजी का मानना था कि अत्याचारों को सहन करने की भी एक सीमा होती है। हम जब तक अत्याचारों का प्रतिकार नहीं करेंगे, अत्याचारों का सिलसिला रुकेगा नहीं। अत: हमारी मरजी के खिलाफ जो सरकार हम पर राज कर रही है, उसको हम अपना सहयोग नहीं देंगे। उन्होंने स्पष्ट किया कि हमें अपने प्रयासों से ऐसा वातावरण यहाँ बनाना है कि सरकार की गैरकानूनी दमनकारी नीतियों के साकार होने में हमारा कोई सहयोग उसे नहीं मिलेगा। इसके लिए देशवासियों को बहुत कुछ सहन करने की हिम्मत अपने में पैदा करनी होगी। गांधीजी आंदोलन को जो दिशा देना चाहते थे, उसमें तकरीबन पूरे देश का उन्हें समर्थन प्राप्त था। गोपाल कृष्ण गोखले की मृत्यु हो चुकी थी। बाल गंगाधर तिलक ने भी पूरे समर्थन का उन्हें आश्वासन दिया था, परंतु असहयोग आंदोलन के प्रारंभ होने से पहले ही उनका देहांत हो गया।

4 सितंबर, 1920 को कलकत्ता में कांग्रेस का विशेष अधिवेशन हुआ। उस अधिवेशन ने 873 के मुकाबले 1855 वोटों से असहयोग आंदोलन के प्रस्ताव को पारित कर स्वतंत्रता संग्राम के इतिहास में एक नया अध्याय जोड़ा। लाला लाजपत राय ने अपने अध्यक्षीय भाषण में देश की पूरी परिस्थिति पर विस्तार से रोशनी डालते हुए पंजाब के हालात, खासकर जलियाँवाला बाग हत्याकांड से उत्पन्न परिस्थिति, खिलाफत का प्रश्न और अंग्रेजों की घातक नीतियों तथा उससे उत्तेजित मुसलिम जनमानस, अंगेजी सरकार की नीतियों के कारण देश की दुर्दशा, अंग्रेजी सरकार की सुधार नीतियों और कांग्रेस एवं स्वतंत्रता आंदोलन की आकांक्षाओं पर अपने विचार रखते हुए नई रणनीति की व्यापकता एवं विस्तार की चर्चा की थी। लाला लाजपत राय ने स्पष्ट शब्दों में कहा था कि स्वतंत्रता आंदोलन अब एक ऐसे

मोड़ पर पहुँच गया है, जहाँ लोगों के सोचने के अंदाज में अधिक अंतर नहीं, अब हम स्वतंत्रता के प्रस्तावों को पारित कर निश्चिंत होकर नहीं बैठनेवाले हैं। हमने प्रस्ताव पारित करने, अपनी माँगों को केवल पेश कर देने की सीमाओं को अब पार कर लिया है। हम अपनी माँगों के पूरे किए जाने के लिए शांतिमय आंदोलन हेतु पुरजोर प्रयास करेंगे और सरकार पर पूरा दबाव डालेंगे कि वह हमारी माँगों को, आकांक्षाओं को पूरा करे। हिंदुस्तान की बिगड़ी स्थिति की ओर ध्यान दिलाते हुए उन्होंने कहा था, "ये वे लोग हैं, (अंग्रेज) जिन्होंने हमारी (हिंदुस्तानियों) सलाह के बिना अपनी मरजी से यहाँ के सामाजिक ढाँचे को तथाकथित आर्थिक सुधारों को अपनाकर एकदम बदल दिया, हमने न कभी यह चाहा और न इसकी माँग की, उनके हित में जो था, उन्होंने वही किया और उसे कहा हिंदुस्तानियों की स्थिति में सुधार। उन्होंने जो कदम उठाए, उसके फलस्वरूप ही आज की वर्तमान राजनीतिक स्थिति पैदा हुई है और हम शांतिमय तरीके से इन समस्याओं का हल चाहते हैं, उसके लिए उत्सुक हैं तथा हम दृढ़ हैं कि अच्छे तरीके से हम अपने आंदोलन का संचालन करेंगे, गुमराह करनेवाले तत्त्वों से बचकर अपनी मंजिल पर पहुँचेंगे 'यंग इंडिया 15 सितंबर, 1920 और कलकत्ता कांग्रेस अधिवेशन 1920 की रिपोर्ट'।

कलकत्ता कांग्रेस में गांधीजी ने जो अपने विचार रखे थे, उस पर मिली-जुली प्रतिक्रिया हुई थी, खास तौर से एक वर्ष के अंदर स्वराज्य प्राप्ति के लक्ष्य को लेकर कई प्रश्न उठने लगे थे, यहाँ तक कि उनके अनन्य अनुयायियों के बीच भी शंकाएँ उभर रही थीं। कांग्रेस में असहयोग आंदोलन की रणनीति को स्पष्ट करते हुए गांधीजी ने कहा था, "यह कहना कि असहयोग की नीति नई है, मैं नहीं मानता। अगस्त के प्रारंभ से ही एक नहीं; हजारों बैठकों में इस असहयोग का पालन किया गया है। मुसलमानों ने तो पूरी तरह इस पर अमल करके इसकी महत्ता सिद्ध की है और पूरी शक्ति के साथ वे इस पर दृढ़ता से अमल कर रहे हैं। अपने लंबे अनुभव की बुनियाद पर कह सकता हूँ कि गुस्से और नफरत के माहौल में असहयोग सफल नहीं हो सकता। जिस तरह हीट को जेनरेट करके शक्ति पैदा की जाती है, हमें गुस्से और नफरत पर काबू करके उस शक्ति को एक ऐसी रचनात्मक दिशा देनी है, जो पूरे विश्व को झकझोर दे। अब हमें निर्णय करना है कि वह कौन सी पद्धति हो।"

खिलाफत के प्रश्न और पंजाब के आतंक की ओर ध्यान दिलाते हुए उन्होंने बड़ी गहराई से समस्या का विश्लेषण किया था और स्पष्ट शब्दों में कहा कि

असहयोग से बेहतर अगर कोई आंदोलनात्मक नीति हो सकती है, तो उस पर भी वह विचार करने को तैयार हैं, पर चूँकि और कोई अच्छा तरीका हमारे समक्ष नहीं, सबको एकजुट होकर असहयोग आंदोलन में सक्रिय हो जाने का आह्वान किया, जिसके फलस्वरूप एक वर्ष के अंदर स्वराज्य प्राप्त कर लेने की उनकी दृढ़ता ने एक सनसनी-सी पैदा कर दी थी। गांधीजी ने स्पष्ट शब्दों में कहा था कि न तो प्रस्ताव पास करने से स्वराज मिल सकता है और न तलवार लेकर मैदान में कूद पड़ने से। अगर तलवार से स्वराज मिलने की स्थिति होती, तो हिंदुस्तान में असहयोग की कोई बात भी नहीं सुनता। जो देश का वातावरण था और उसके जो तकाजे थे, असहयोग आंदोलन को ही मजबूती से आजमाया जाना उचित दीख पड़ता था। गांधीजी ने सफाई देते हुए कहा था, ''अगर आप नाइनसाफी का लोहा हिंसा से भी लेना चाहते हैं, तो भी अनुशासन और एकजुटता जरूरी है, क्योंकि हंगामे और अनुशासनहीनता अपनाकर कोई लड़ाई नहीं जीती जा सकती। अगर हमें ब्रिटिश सरकार या यूरोप की मिली-जुली शक्तियों से मुकाबला करना है, तो हमें अनुशासन अपनाने के साथ-साथ त्याग और बलिदान के लिए तैयार रहना पड़ेगा। आप कहेंगे स्वराज्य के प्रति मैं उतारू हूँ, यह ठीक है, हमें आज ही स्वराज्य मिलना चाहिए, परंतु उसके लिए जिस त्याग और बलिदान की जरूरत है, हमारी वह तैयारी नहीं है। हमें अपने अंदर उस भावना को पैदा करना है।'' आगे चलकर उन्होंने अभिभावकों, उपाधिधारियों आदि को संबोधित करते हुए आह्वान किया कि उन्हें आगे आना चाहिए, ताकि देश को एक नए युग में प्रवेश दिलाने का वातावरण पैदा किया जा सके। उन्होंने कहा था, ''क्या देश त्यागों के लिए तैयार है? क्या उपाधिधारक उसे लौटाने को राजी हैं? क्या अभिभावक अपने बच्चों को सरकारी स्कूल से हटा लेने को तैयार हैं, क्योंकि यह स्कूल और कॉलेज सरकार की किरानी पैदा करने की फैक्टरी है। अगर इन सबको छोड़ने की तैयारी हमारी नहीं, तो स्वराज्य असंभव है।'' गांधीजी ने हिंदुस्तानियों के अंदर स्वाभिमान और राष्ट्र के प्रति अपनी जिम्मेदारी को निभाने के साथ हिंदू-मुसलिम एकता को भी स्वतंत्रता के लिए एक जरूरी मुद्दा बतलाया और स्पष्ट किया कि जब तक हिंदू और मुसलमान एकजुट नहीं होते, तब तक न देश का कोई भविष्य उज्ज्वल है और न ही हमें स्वराज्य प्राप्त हो सकता है। गांधीजी ने जिस आजाद भारत के नक्शे की कल्पना की थी, उसमें हर हिंदुस्तानी को एक स्वाभिमानपूर्वक जीवनयापन के पूर्ण अवसर की बात थी, जिसका आधार बराबरी पर रखा गया था। अत: असहयोग आंदोलन के मध्य छुआछूत को पूर्णत: समाप्त कर देने का भी दृढ़ निश्चय किया

गया। इस आंदोलन ने एक ऐसा वातावरण बनाने में मदद की, जो स्वतंत्र भारत के अच्छे चित्र की पूर्व तैयारी मानी जाएगी।

कलकत्ता कांग्रेस में असहयोग आंदोलन की स्वीकृति गांधी विचारधारा और खुद गांधीजी की जीत कही जा सकती है। गांधीजी ने सबको एक साथ लेकर एक निर्धारित मंजिल की तरफ ले जाने की कोशिश को संतुलित और दृढ़ता के साथ जारी रखा। सी.आर.दास, मोतीलाल नेहरू आदि ने खुले दिल से असहयोग आंदोलन में अपना पूरा योगदान दिया। कलकत्ता अधिवेशन के बाद स्वतंत्रता आंदोलन ही नहीं, देश के आधुनिक इतिहास के एक नए अध्याय का लिखा जाना शुरू हुआ और सेवा, त्याग तथा बलिदान देकर अपने देश की खोई गरिमा को वापस लाने की सुनियोजित रणनीति बनी। हजारों-हजार लोग आजादी प्राप्ति के अभियानों में शरीक होने को तत्पर हुए। स्वतंत्रता आंदोलन बड़े वकीलों के ड्राइंग रूम और बड़े शहरों के घेरे से निकलकर जनसाधारण के बीच पहुँचा। शहर और गाँव के लोगों के बीच कॉमन कॉऊज के लिए एकजुटता दिखाई देने लगी। आजादी प्राप्त करने की मजबूत मानसिकता जाग्रत् हो उठी। एक नई परिस्थिति पैदा हो गई और पूरे देश में जो फिजा बनी, उसे देख ब्रिटिश सरकार अपना आत्मबल खोती नजर आती है।

9 जनवरी, 1915 का दिन वह ऐतिहासिक दिन है, जब आजादी की लड़ाई के इतिहास में गांधी युग की शुरुआत हुई और आजादी की लड़ाई में बड़े पैमाने पर जनता हिस्सेदार बनी। जनता की हिस्सेदारी ही एक सकारात्मक पहल थी, जिसके नतीजे में हिंदुस्तान 15 अगस्त, 1947 को आजादी की मंजिल पर पहुँचने में कामायाब हुआ। लेकिन एक विचित्र और तकलीफदेह परिस्थिति में हिंदुस्तान आजाद हुआ। हिंदुस्तान दो हिस्सों में बँट चुका था और पूरे देश में सांप्रदायिकता ने नफरत तथा अविश्वास का जहर घोल रखा था। हर कदम पर गांधी अग्निपरीक्षा से गुजर रहे थे। अपने अनुयायियों के सत्ता लोभ और बेरुखी की पीड़ा झेलते गांधी पूरी दृढ़ता से अपने सत्य, अहिंसा और मानवता आधारित मूल्यों पर हालात का मुकाबला करते मैदान में नजर आते हैं। न उनकी आस्था डगमगाती है और न नाइनसाफियों से मुकाबला करता उनका बगावती तेवर। जिस्मानी तौर पर वे खुद को कमजोर पा रहे थे और अन्यायियों के रवैए को सार्थक चैलेंज देने में असमंजस में पड़े नजर आते हैं। जिंदगी के आखिरी चंद महीनों में गांधीजी नोआखाली, कलकत्ता, बिहार, दिल्ली और पंजाब में नफरत की आग व खून-खराबे की चली आंधी को शांत करते दिखते हैं। उस विपरीत फिजा में जब नफरत और हैवानियत

ने लोगों को अंधा बना रखा था, लोग कुछ किसी की सुनते भी थे, तो वे उनकी ही सुनते थे। लोगों से सीधे संपर्क का उनका जरिया थे; उनके लेख और उनकी प्रार्थना सभाएँ। परिस्थिति के काफी उलझे और तनावपूर्ण रहने के बावजूद उनकी प्रार्थना सभाएँ नियमित आयोजित होती रहीं, जहाँ उन्होंने सर्वधर्म समभाव और दूसरे धर्म के माननेवालों के साथ प्रेम व्यवहार तथा शांतिपूर्ण अस्तित्व का केवल उपदेश ही नहीं दिया, उनके साथ रहकर उस विचार की सार्थकता को सिद्ध भी किया। जहाँ-जहाँ वे गए, वहाँ वे अल्पसंख्यकों और पीड़ितों के लिए सौहार्दपूर्ण वातावरण बनाने में लगे रहे। मानवता को प्रतिष्ठित करने के उनके प्रयास ही उनकी मौत का कारण बन गए।

हिंदू-मुसलिम रिश्तों की पेचीदगियों का एहसास उन्हें दक्षिण अफ्रीका में ही हो चुका था। वहाँ की उपनिवेशवादी व्यवस्था उस ब्रिटेन की ही थी; जिसकी नाइनसाफियों को हिंदुस्तान भुगत रहा था। 1857 के बाद से ही अंग्रेजों ने हिंदुस्तान की प्लूरल सामाजिक बनावट और उसकी कमजोरियों एवं संवेदनशीलता को समझते हुए साजिशों के तहत 'बाँटो और राज करो' की नीति अपना रखी थी। उन्होंने ऐसे नपे-तुले कदम उठाए, जिससे हिंदुस्तान की दोनों मुख्य इकाइयों के बीच दूरी बढ़ती जाए। उन्हें अपनी कोशिशों में कामयाबी भी मिलती गई। यहाँ की सामाजिक बनावट, अंधविश्वास, अशिक्षा और भयानक गरीबी ने उन्हें खतरनाक खेल को दुःखद अंजाम तक पहुँचा देने में सहायता कर दी। 1937 के बाद से ही प्रत्यक्ष रूप में हिंदुस्तान उसी खेल की पेचीदगियों से रू-ब-रू था। सत्ता की राजनीति के कुचक्र ने सौहार्दपूर्ण हिंदू-मुसलिम रिश्तों को कटुता में बदल दिया था और बहुत से हिंदू तथा मुसलमान एक-दूसरे के खून के प्यासे हो गए और बात देश के बँटवारे तक पहुँच गई। अपनी अथक कोशिशों के बावजूद गांधी भी उस अनहोनी को नहीं टाल सके। अपने अनुयायियों द्वारा माउंटबेटन के देश के विभाजन के प्लान को मान लिये जाने के कदम को झेलना उनकी मजबूरी हो गई।

15 अगस्त, 1947 को हिंदुस्तान आजाद हो गया और हम गुलामी की जंजीरों को काट डालने में कामयाब हुए। अपनी सरकार बनी और आजाद हिंदुस्तान ने अपना नया सफर हौसले से शुरू किया, लेकिन महात्मा गांधी की अग्निपरीक्षा अभी और होनी थी। आजाद हिंदुस्तान और उसकी कोख से जन्मे नए देश पाकिस्तान में अल्पसंख्यकों को बड़े कठिन हालात से गुजरना पड़ रहा था। अपने ही वतन में वे असुरक्षित थे और इधर-से-उधर तथा उधर-से-इधर बदनसीब शरणार्थियों के काफिले लुटते, पिटते आ-जा रहे थे। दिल्ली की सरजमीन, जहाँ

गांधी खुद मौजूद थे, मुसलमानों के लिए तंग बना दी गई थी। भारत सरकार ने पाकिस्तान को मिलनेवाली उसके हिस्से की राशि को रोक रखा था, जिसे आजाद हिंदुस्तान की पहली वादाखिलाफी माना जा रहा था। अंग्रेजी सरकार की नाइनसाफियों के खिलाफ मैदान सँभालनेवाले गांधी ने उसी बगावती तेवर में दिल्ली और दिल्ली के आस-पास के सांप्रदायिक उन्माद तथा अपनी सरकार की वादाखिलाफी के मुद्दे को गंभीरता से लिया और अपने सत्याग्रही अस्त्र के सहारे आमरण व्रत की घोषणा कर दी। नतीजतन सरकार झुकी, उसने अपना फैसला वापस लिया, लेकिन कुंठित मानसिकता से ग्रसित ऐसे लोगों ने, जो वर्षों से गांधी के मानवीय मूल्यों पर आधारित अभियानों की सक्रियता से मुखालफत करते छह-सात बार उन पर जानलेवा हमला कर चुके थे, इस व्रत को बहाना बनाकर उनकी हत्या कर दी। सत्य, अहिंसा और मानवीय मूल्यों को साधते गांधी की संघर्षशील सत्याग्रही जिंदगी की जो शुरुआत 1906 में दक्षिण अफ्रीका से हुई, उसका अंत उसी संघर्षपूर्ण तेवर लिये शांति स्थापित करने के कार्य को अंजाम देते हुए 30 जनवरी, 1948 को दिल्ली में शहादत के रूप में हुई।

9 जनवरी, 1915 को गांधी की स्वदेश वापसी की शताब्दी मनाते समय आज के हिंदुस्तान की स्थिति पर भी हमें नजर डालने की जरूरत है। इसमें दो राय नहीं कि गांधीजी को हमने 'राष्ट्रपिता' घोषित कर उन्हें शिखर पर बैठाकर सम्मानित किया। हर वर्ष उनकी जयंती और निर्वाण दिवस भी आयोजित होते हैं। सार्वजनिक हित की योजनाएँ उनके नाम से जोड़ दी गई हैं, लेकिन प्रश्न यह उठता है कि क्या उनके सपनों का भारत बन सका है? क्या हममें नाइनसाफियों के खिलाफ दृढ़ प्रतिकार की हिम्मत बची हुई है? आजादी के बाद से अब तक यहाँ इक्कीस हजार से ज्यादा सांप्रदायिक दंगे हो चुके हैं। यहाँ के अल्पसंख्यक मुसलमान आर्थिक हैसियत से गर्त में पड़े चौबीसों घंटे अपनी जान की खैर मनाने पर मजबूर हैं। यहाँ अमीरों और गरीबों के बीच खाई बढ़ती जा रही है तथा देश की दौलत चंद अमीर घरानों में सिमटती जा रही है। आपसी सहनशीलता लुप्त होती जा रही है और लोगों पर हिंसावृत्ति हावी है। राजनीति सत्ता तथा लाभ केंद्रित होकर रह गई हैं और सेक्युलर प्रजातांत्रिक व्यवस्था को लोगों ने चरमरा कर रख दिया है। संसदीय प्रणाली की जान मानी गईं 'पार्टियाँ' खुद लोकतांत्रिक रह गई हैं क्या? 'एक व्यक्ति एक वोट' आधारित सुदृढ़ मानी गई व्यवस्था का बेशर्मी से अलोकतांत्रिक इस्तेमाल होने लगा है। उसे महज संख्या बल में बदल दिया गया है।

हर जगह भारतीय संविधान की धज्जियाँ उड़ाई जा रही हैं। चुनावों में धर्म

और जात-पात का बेशर्मी से इस्तेमाल हो रहा है। अवांछित तत्व राजनीति पर हावी हो चुके हैं, क्योंकि उसे मुनाफे की चीज बना दिया गया है। राजनीति पैसे और मसल पावरवालों के हाथों में जा चुकी है तथा चुनाव में कॉरपोरेट हाउसेज का हस्तक्षेप खुलकर हो रहा है। धर्म के नाम पर की जा रही राजनीति के नतीजे में हिंदुस्तान फिर 'बहुसंख्यक' और 'अल्पसंख्यक' की मानसिकता का शिकार होता नजर आ रहा है। कुछ लोगों द्वारा हिंदुस्तान में 1924-25 वाली स्थिति पैदा करने की पूरी कोशिश हो रही है। घर वापसी, शुद्धि, संगठन, लवजिहाद जैसे भरमाते अभियानों को राजनीतिक हथकंडा बनाया जा रहा है, जो देश के लिए खतरनाक है। एक साजिश के तहत सेक्युलरिज्म को हाशिये पर पहुँचा फासिस्ट शक्तियों के लिए जमीन हमवार की जा रही है। ऐसे संवेदनशील लोग जिन्हें सेक्युलर-प्रजातांत्रिक हिंदुस्तान के संविधान में यकीन है, वे राजनीति और व्यवस्था की बदलती तसवीर को आनेवाले दिनों के लिए शुभ संकेत नहीं मानते। गांधीजी की स्वदेश वापसी की शताब्दी वर्ष ने प्रजातांत्रिक, सेक्युलर, सभ्य समाज में यकीन रखनेवालों की जिम्मेदारियाँ बढ़ा दी हैं।

□

नस्लवाद के विरोध में महात्मा गांधी का दक्षिण अफ्रीका में संघर्ष (1893-1915)

–एल.एन. शर्मा

(पूर्व विभागाध्यक्ष, राजनीति शास्त्र, पटना विश्वविद्यालय)

महात्मा गांधी एशिया और अफ्रीका के पहले नेता थे, जिन्होंने उपनिवेशवादी श्वेत नस्ल द्वारा काले नस्लवालों के विभेद का विरोध किया और मानवीय, स्वतंत्रता तथा सम्मान की स्थापना के लिए संघर्ष किया। इस अर्थ में वे एफ्रो-एशियन पुनर्जागरण के पुरोधा हैं। उन्होंने सभी नस्ल 'चाहे वे कमजोर हों या मजबूत' की समानता के अधिकार की लड़ाई 21 वर्षों (1893–1915) तक दक्षिण अफ्रीका में लड़ी और 9 जनवरी, 1915 को भारत लौटे। बीच-बीच में जब भी वे दक्षिण अफ्रीका से भारत आए, भारतीय कामगारों पर श्वेत वर्णवाले लोगों द्वारा अत्याचारों का प्रचार करते थे। गांधी के कार्यक्रमों और प्रचारों के प्रतिक्रियास्वरूप जब वे परिवार के साथ 1896 में भारत से डरबन लौटे, तो क्रुद्ध दक्षिणी अफ्रीका के श्वेत वर्ण के कुछ लोगों ने इन्हें मारा-पीटा, पर न तो इन्होंने प्रतिकार किया, न पूछने पर उपनिवेशीय सचिव को आक्रमणकारियों के (जिनके नाम वे जानते थे) नाम बतलाए। गांधी ने दक्षिण अफ्रीका में संघर्ष में ही अपनी अद्भुत संगठन क्षमता का परिचय दिया। पहली बार उनके नेतृत्व में सत्याग्रहियों की संख्या 16 थी, किंतु संघर्ष की समाप्ति काल तक बढ़ते-बढ़ते एक बार यह 60,000 तक जा पहुँची। गुण और शुद्धता ने संख्या पर विजय पा ली।

दक्षिण अफ्रीका के डरबन न्यायालय में अप्रैल 1893 में दादा अब्दुल्ला ऐंड कंपनी की ओर से बैरिस्टर के रूप में बहस करने पहुँचे एम.के. गांधी को पहुँचने के तीसरे दिन ही नस्लविभेद का सामना करना पड़ा। न्यायाधीश ने उनकी धार्मिक

और राष्ट्रीय पहचान का अनुमान कर उन्हें सिर से मुरैठा हटाने का आदेश दिया, जिसे गांधी ने नहीं माना और न्यायालय के प्रांगण से बाहर निकल गए। अनुबंध करवाकर एक लाख से ऊपर भारतीय कामगारों को खानों और खेतों में काम करने के लिए दक्षिण अफ्रीका जल मार्ग से वर्षों से ले जाया जाता रहा था। अनुबंध की अवधि की समाप्ति के बाद उन्हें वापसी का टिकट देकर लौटा दिया जाता था अथवा वे 'अंध-दासता' की स्थिति में दक्षिण अफ्रीका के ब्रिटिश अथवा बोअर राज्यों में निवास करते थे। वे सभी 'कुली' कहलाते थे। वस्तुतः श्वेत दक्षिण अफ्रीकी सभी भारतीयों को (काले मानकर, चाहे उनका रंग गोरा भी हो) 'कुली' कहकर ही पुकारते और पहचानते थे। अत: एम.के. गांधी 'इनर टेंपल' के सदस्य होते हुए भी एक 'कुली बैरिस्टर' थे। प्रश्न व्यवसाय और वर्ग का नहीं, नस्लवाद का था।

प्रथम श्रेणी के टिकट के साथ डरबन में, जब बैरिस्टर गांधी एक सप्ताह तक रहने के उपरांत, ट्रांसवाल में रेल यात्रा कर रहे थे, तब श्वेत रंग का एक व्यक्ति उनके डिब्बे में प्रविष्ट हुआ और तुरंत उस श्वेत रंग के व्यक्ति ने एक कुली के साथ रात बिताने से इनकार किया। कंडक्टर ने श्वेत रंग के व्यक्ति के सम्मान और मनोवृत्ति का खयाल रखते हुए गांधी से प्रथम श्रेणी टिकटधारी होने के बावजूद तृतीय श्रेणी में यात्रा करने का आदेश दिया। (पाठक इसे 'अनुरोध' समझने की भूल न करें)। गांधी ने दूसरी बार नस्लवादी फरमान को मानने से इनकार किया, जिसके प्रतिशोध में गांधी को सशरीर सूटकेस सहित स्टेशन के प्लेटफार्म पर फेंक दिया गया, जिससे श्वेतवर्णीय महोदय एक 'कुली' अर्थात काले वर्णीय व्यक्ति के साहचर्य से मुक्त हो गए। प्रथम श्रेणी टिकट धारी के अधिकारों की चिंता न तो श्वेत व्यक्ति को थी, न कंडक्टर को, न इन सबके पीछे खड़े शक्तिशाली रंगवाद और नस्लवाद के पोषक ब्रिटिश साम्राज्यवाद को, जिसके गढ़ लंदन से उसी काल में बैंथम, मील और ग्रीन अधिकार, स्वतंत्रता तथा न्याय की उदारवादी जनतांत्रिक विचारधारा का उन्नयन कर रहे थे।

मानवाधिकार की कोई अनुभूति उन्होंने नहीं की, जब एकमात्र रंग विभेद के कारण एक युवक बैरिस्टर उनके साम्राज्य के अंतर्गत अवस्थित एक रेलवे स्टेशन के प्रतीक्षालय में, जो 2000 फीट की ऊँचाई पर था, ठंड की रात में बिना ओवरकोट के ठिठुर रहा था, क्योंकि उसका ओवरकोट उस सूटकेस में पड़ा था, जो स्टेशन मास्टर के संरक्षण में था। वयस्क गांधी को प्रिटोरिया में बाद में मार भी खानी पड़ी, किंतु इन तीनों अनुभवों के बाद एम.के. गांधी ने संकल्प लिया, ''यदि

संभव हो तो मुझे इस बीमारी को दूर करने का प्रयास करना चाहिए और इस प्रक्रिया में तकलीफें सहनी चाहिए।'' गांधी का रेल के डिब्बे से बाहर फेंका जाना 'अंग्रेजो भारत छोड़ो' का बीज बन गया। एम.के. गांधी ने नस्लवाद के विरोध में दक्षिण अफ्रीका में संघर्ष प्रारंभ कर दिया। गांधी को नई पहचान मिली, जिसमें दुनिया की तारीख को बदलने की ताकत थी।

संघर्ष का प्रारंभ करते हुए तेईस वर्षीय गांधी ने प्रिटोरिया और ट्रांसवाल में रहनेवाले भारतीयों की दुःखद स्थिति पर विचार करने हेतु सभी भारतीयों की सभा बुलाई। इस गोष्ठी में गांधी ने एक समिति गठित करने का सुझाव दिया, जो स्वीकृत हुई और नवनिर्मित समिति में सभी धर्मों के प्रतिनिधि शामिल हुए। गांधी ने एक वर्ष में संबंधित सभी तथ्यों का संकलन किया, जो सत्य पर आधारित थे और वस्तुस्थिति की कहानी बयान कर रहे थे। एम. के. गांधी का महात्मा गांधी में शनैः-शनैः रूपांतरण प्रारंभ हो गया था।

1893-1896 के प्रिटोरिया संघर्ष ने 1916 चंपारण के निलहे किसानों के संघर्ष, 1918 के खेदा के किसानों के आंदोलन और 1918 के अहमदाबाद कारखाने की श्रमिक हड़ताल की पृष्ठभूमि तैयार कर दी। यदि पहला विदेश में नवोदित युवक के नेतृत्व और संगठन क्षमता का परिचायक था तो अन्य तीनों भारत (स्वदेश में) में कृषकों तथा श्रमिकों के परिपक्व नेतृत्व के। दक्षिण अफ्रीका से भारत लौटने के पाँच वर्षों बाद हिंद स्वराज (1909) के लेखक एम. के. गांधी की उस पुस्तक में प्रस्तुत परिकल्पना को आज विश्व के महान् लेखक आधुनिकतावाद और निजीकरण के दुष्प्रभावों से बचाव के लिए उत्तर आधुनिकतावादी सिद्धांत के रूप में सहारा की तरह स्वीकार और स्तुति करते हैं। भारतीय नेशनल कांग्रेस के लोकप्रिय जन आंदोलनों (असहयोग आंदोलन, 1921; नमक कानून अवज्ञा आंदोलन, 1930; भारत छोड़ो आंदोलन, 1942) सहित सांप्रदायिकता विरोध, अस्पृश्यता विरोध से लेकर स्वदेशी, पंचायतों और सादा एवं शुद्ध जीवनयापन, शुद्ध आचरण और सभी से आत्मीय व्यवहार करने जैसे रचनात्मक कार्यों एवं संगठनों का संवर्द्धन करते हुए भारत को उपनिवेशवाद से स्वतंत्रता दिलाने में सफल हुए और विश्व के अग्रणी महानायकों की श्रेणी में सदियों तक अपना नाम शक्ति, अहिंसा तथा प्रेम के अग्रदूत महात्मा के रूप में अंकित कर गए।

नक्सलवाद के विरोध में बैरिस्टर एम.के. गांधी ने दक्षिण अफ्रीका में संघर्ष के दरम्यान महात्मा गांधी के रूप में अवतरण के क्रम में कई सैद्धांतिक आदर्शों या सिद्धांतों का निरूपण किया, जो इस लेख में संकेत के रूप में निम्नांकित हैं—

1. तथ्य का अभिप्राय सत्य है। यदि हम एक बार सत्य का अनुसरण करेंगे, तब कानून स्वाभाविक रूप से हमारी मदद करेगा।
2. मुकदमों के निपटारे मध्यस्थता से करवाएँ, जाँच तो अति उत्तम है। अब्दुल्ला के मुकदमे में कचहरी से बाहर समझौता करवाने से पैसे भी नहीं खोए और आत्मा की रक्षा हुई। ऐसा करने से मानव अपने आप में लौट आने का चिह्न प्रस्तुत करता है।
3. धर्म परिवर्तन अनावश्यक है, क्योंकि मैं इस हठ को नहीं मानता कि ईसू ईश्वर के एकमात्र पुत्र थे।
4. ब्रिटिश कानून यदि नेटाल में बसे भारतीयों को मताधिकार से नस्ल के आधार पर या तथाकथित उनके आंदोलन अथवा देशद्रोह के प्रचारक होने का बहाना बनाकर वंचित करता है, तो इसका अहिंसक विरोध करना चाहिए और सरकार को सबों को वयस्क मताधिकार देने के लिए बाध्य होना पड़ेगा।
5. गांधीजी धार्मिक शिल्पी थे, जिनमें उपचार करना, सीख देना, सुधार लाना और सुशासन प्रदान करना; सभी समाहित हैं। गृहस्थधर्म में परिवार का पालन-पोषण, वित्त का उचित प्रयोग, हिसाब-किताब रखना और अपने और सदस्यों के स्वास्थ्य का उचित ध्यान रखना शामिल है, किंतु गृहस्थधर्म से आगे चलकर सहकर्मियों के साथ वास हेतु आश्रम निवास करना चाहिए। अंतत: राष्ट्रधर्म को स्वकर्म मान लेना स्वराज है।
6. गांधीजी तीन वर्षों तक दक्षिणी अफ्रीका में निवास करने के बाद जब दो कुली जहाजों में परिवार सहित डरबन बंदरगाह पहुँचे तो तीन सप्ताह तक भारत में फैले प्लेग का बहाना बनाकर उन लोगों के प्रवेश को बाधित ही नहीं किया गया, समुद्र के किनारे पहुँचने पर भीड़ ने गांधी को पहचानने पर उन्हें हिंसक आक्रमण का शिकार बनाया, किंतु उपनिवेश के अधिकारी सचिव के पूछने पर भी जब उन्होंने आक्रमणकारियों (जिन्हें वे पहचानते थे) का नाम नहीं बतलाया, तब श्वेतों के बीच भी उनके उत्तम और अहिंसक कोटि के व्यक्तित्व होने की छवि बनी। नेटाल इंडियन कांग्रेस की छवि भी संख्यात्मक से अधिक गुणवत्ता (जिसमें बुद्धिसंगतता, कर्तव्यनिष्ठा और ऐच्छिक रूप से कार्यतत्परता शामिल थे) की थी।
7. गांधी गरीबों की सेवा (अंत्योदय) के प्रतीक और सैद्धांतिक रूप से वास्तविकता के अनेकांतवाद के अनुयायी थे। सत्याग्रह उनके संघर्ष का

साधन था, जिसका अर्थ है वास्तविक रूप में ऐसा कष्ट सहन करना, जो पत्थर के दिल को भी बहादुरी से पिघला दे। दक्षिण अफ्रीका में बुद्धिजीवियों, श्रमिकों और महिलाओं-तीनों को बारी-बारी से सत्याग्रह में शामिल कर गांधी ने सत्याग्रह को वैश्विक स्तर पर जन आंदोलनों के लिए सर्वाधिक लोकप्रिय साधन बना दिया। उन्होंने सत्याग्रहियों के लिए टॉल्सटॉय फार्म की स्थापना करवाई, जिसकी पहचान शारीरिक श्रम और प्राकृतिक (अतः निरामिष) भोजन से थी।

8. 6 नवंबर, 1913 को सीमा पार करने के दिन गांधी के द ग्रेट मार्च में 2,037 पुरुष, 127 महिलाएँ और 57 बच्चे थे तथा गांधी स्वयं भोजन एवं स्वच्छता का ध्यान रख रहे थे। उनकी यह 'पिलग्रिम' सेना थी, जो चार्ल्सटाउन में कठिन कार्यों को संपन्न कर रही थी। इस सेना को आठ दिनों में टॉल्सटॉय फार्म पहुँचना था। इस शांतिपूर्ण मार्च के प्रभावस्वरूप संसद् ने एक विवाद से संबंधित बिल पारित किया। जुलाई 1914 में 21 'मीठे और कड़ुवे वर्षों' के संघर्ष के बाद गांधी ब्रिटेन में रुकते हुए 9 जनवरी, 1915 को भारत पहुँचे। 1917 में कानून द्वारा श्रमिकों के अनुबंधित कारोबार का बंद किया जाना महात्मा गोधी के दक्षिण अफ्रीका आंदोलन की सफलता का चरमोत्कर्ष है।

□

असहयोग आंदोलन के दौरान बिहार में महात्मा गांधी

–निहार नंदन प्रसाद सिंह

(पूर्व कुलपति, बी.आर. अंबेडकर बिहार विश्वविद्यालय, मुजफ्फरपुर)

–मदन मिश्रा

(पुराभिलेखपाल, बिहार राज्य अभिलेखागार, पटना)

गांधी ने राजनीतिक आंदोलन दक्षिण अफ्रीका में शुरू किया था और इसका पर्याप्त अनुभव भी उन्हें प्राप्त था, लेकिन जनवरी 1915 में गांधी के भारत लौटने के बाद कांग्रेस के प्रसिद्ध नेता और उनके राजनीतिक गुरु गोपाल कृष्ण गोखले ने उनको यह सुझाव दिया कि उन्हें भारत में अपने राजनीतिक आंदोलन के कार्यक्रम को प्रारंभ करने के पूर्व पूरे भारत का भ्रमण करना चाहिए और यहाँ के लोगों से मिलकर उनकी कठिनाइयों को जानना चाहिए। बिहार वह पहला प्रांत था, जिसने गांधी को औपनिवेशिक शासन के विरुद्ध आम लोगों के व्यापक असंतोष को जानने एवं समझने का मौका प्रदान किया। बिहार के चंपारण में उन्होंने भारत की भूमि पर सर्वप्रथम दक्षिण अफ्रीका के पुराने अनुभवों और स्थानीय अभिजात वर्ग के पढ़े-लिखे नेताओं के सहयोग से निलहे कृषकों के बीच व्याप्त व्यापक असंतोष को दूर करने के लिए राजनीतिक आंदोलन शुरू किया।

इसमें कोई दो राय नहीं है कि स्थानीय लोगों के भरपूर समर्थन और आंदोलन में उनकी उत्साहपूर्ण सहभागिता के कारण गांधी का चंपारण सत्याग्रह सफल साबित हुआ और इसने गांधी को प्रोत्साहित करने के साथ-साथ कृषकों की कठिनाइयों के खिलाफ संघर्ष करनेवाले नेता के रूप में उनके लिए राष्ट्रीय स्तर पर

ख्याति और लोकप्रियता अर्जित की। गांधी के राजनीतिक उत्कर्ष की चर्चा करते हुए प्रसिद्ध इतिहासकार जुदिथ ब्राऊन ने यह विचार व्यक्त किया है कि गांधी के उत्कर्ष के पीछे आधुनिक तरीके से राजनीतिक सरंचना में कोई आमूल परिवर्तन का स्थान नहीं था। दरअसल उनकी राय में गांधी का यह सफल प्रयास उनके नेतृत्व की उस उल्लेखीय क्षमता का परिणाम था, जिसके माध्यम से उन्होंने अभिजात वर्ग के पढ़े-लिखे क्षेत्रीय नेताओं का उत्साहपूर्ण सहयोग प्राप्त किया और जिसके परिणामस्वरूप अखिल भारतीय स्तर पर उनको लोकप्रियता मिली तथा आम लोगों का समर्थन प्राप्त हुआ।

जहाँ एक ओर होमरूल आंदोलन के अंतर्गत प्रदर्शनों और खिलाफत आंदोलन की गतिविधियों ने पूरे देश के राजनीतिक वातावरण को आंदोलित और गतिशील कर दिया था, वहीं दूसरी तरफ रौलेट अधिनियम के बनाए जाने और अप्रैल 1919 में जलियाँवाला बाग की नृशंस हत्याओं ने गांधी के धैर्य को समाप्त कर दिया। ऐसी पापी और अमानवीय अंग्रेजी भारत सरकार के विरुद्ध पूरे देश के स्तर पर एक आंदोलन शुरू करने की उन्होंने तत्काल एक योजना बनाई एवं जिसको उन्होंने असहयोग आंदोलन का नाम दिया। इस आंदोलन को शुरू करने के पूर्व 22 जून, 1919 को ही उन्होंने भारत के तत्कालीन वायसराय को स्पष्ट रूप से सरकार की नीतियों और बर्बरतापूर्ण काररवाइयों पर अपनी उग्र प्रतिक्रिया व्यक्त करते हुए यह बता दिया था कि इन परिस्थितियों में किसी भी भारतीय का यह कर्तव्य बनता है कि वह ऐसी सरकार को किसी भी तरह का सहयोग न दे।

बिहार राज्य अभिलेखागार में उपलब्ध समकालीन सरकारी दस्तावेजों के आधार पर इस आलेख में यह रेखांकित करने का प्रयास किया गया है कि कैसे चंपारण सत्याग्रह के बाद के दिनों में भी बिहार गांधी के राजनीतिक आंदोलन का महत्त्वपूर्ण स्तंभ बना रहा और असहयोग आंदोलन के अवसर पर यहाँ उन्हें व्यापक जनसमर्थन एवं सहयोग प्राप्त हुआ। यहाँ यह भी दिखाने का प्रयास किया गया है कि कैसे इस राष्ट्रव्यापी आंदोलन से संबंधित सभी आवश्यकताओं को पूरा करने और आंदोलन को मजबूती देने में भी बिहार का योगदान अत्यंत महत्त्वपूर्ण था। चाहे आंदोलन के लिए धन संग्रह का प्रश्न हो, कार्यकर्ताओं और स्वयंसेवकों को जुटाने की जरूरत हो, स्वदेशी और बहिष्कार कार्यक्रमों की सफलता का सवाल हो अथवा स्थानीय स्तर पर पश्चिमी ढंग से शिक्षित अभिजात नेताओं के समर्थन तथा सहयोग प्राप्त करने की पहल हो, बिहार हर क्षेत्र में इन मामलों में पूरे भारत के प्रांतों में अग्रणी था। इसके अलावा हिंदू और मुसलमानों के बीच एकता

का परिचय इस मौके पर जैसा बिहार ने दिया, वह सर्वथा विलक्षण था। जैसा गांधी ने स्वयं कहा, "असहयोग के लिए बिहार संभावनाओं की धरती है और बिहार की हिंदू-मुसलिम एकता उदाहरणनीय है।"

गांधी के असहयोग आंदोलन के प्रस्ताव पर विचार करने और इसे समर्थन देने के लिए ऑल इंडिया कांग्रेस कमेटी का एक विशेष अधिवेशन सितंबर, 1920 में कलकत्ता में आयोजित किया गया। इस सत्र में इसे समर्थन दिए जाने के तीन महीने बाद दिसंबर, 1920 के नागपुर में अखिल भारतीय अधिवेशन में पूर्ण बहुमत के साथ पारित किया गया। यह उल्लेखनीय है कि गुजरात के बाद बिहार दूसरा प्रांत था, जहाँ अगस्त 1920 के अंतिम सप्ताह में भागलपुर में आयोजित प्रांतीय सम्मेलन में गांधी के इस प्रस्ताव को समर्थन मिल गया था। राजेंद्र प्रसाद की अध्यक्षता में आयोजित इस सम्मेलन के समर्थन प्रस्ताव में खिलाफत समस्या के निराकरण और पंजाब की नृशंस एवं अमानवीय घटनाओं की चर्चा के साथ ही स्वराज प्राप्ति को भी इस आंदोलन का मुख्य लक्ष्य घोषित किया गया था।

गांधी के असहयोग आंदोलन को बिहार में उत्साहपूर्ण और व्यापक समर्थन प्राप्त हुआ तथा आंदोलन के कार्यकर्ताओं की गतिविधियों से पूरे प्रांत का राजनीतिक वातावरण गतिशील बन गया। इस उल्लेखनीय आंदोलन के दौरान गांधी की बिहार यात्राओं ने लोगों के बीच आशा की किरणों को जगाने के साथ-साथ उनमें राजनीतिक एकता और उत्साह लाने का भी काम किया। 1 दिसंबर, 1920 को शौकत अली और अबुल कलाम आजाद के साथ गांधी पटना पहुँचे तथा मजहरुल हक के आवास पर उनके अतिथि के रूप में ठहरे। सरकारी सूचना के आधार पर लगभग 3000-4000 लोग गांधी तथा अन्य नेताओं के स्वागत के लिए पटना जंक्शन स्टेशन पर उपस्थित थे।

2 दिसंबर को गांधी फुलवारी पहुँचे और सुबह 9.00 बजे उन्होंने एक आमसभा को संबोधित किया। अपने संबोधन में उन्होंने पंजाब हत्याकांड के विरुद्ध और खिलाफत प्रश्न के समाधान की माँग के लिए असहयोग आंदोलन प्रारंभ करने संबंधी कारणों को स्पष्ट किया। उन्होंने स्पष्ट तौर पर कहा कि आंदोलन का उद्‌देश्य स्वराज की प्राप्ति और हमारे सामान्य प्रयोग में लाई जानेवाली वस्तुओं में स्वदेशी के प्रयोग के साथ ही भारतीयों को अपने इस लक्ष्य की प्राप्ति के योग्य बनाना है। उन्होंने औपनिवेशक शासन के विरुद्ध इस संघर्ष में हिंदू-मुसलिम एकता के महत्त्व पर भी विशेष रूप से बल दिया। उसी दिन 1.00 बजे गांधी ने मजहरुल हक कंपाउंड में एक सभा को संबोधित किया, जिसमें

उन्होंने पूर्व में उल्लिखित विचारों को ही दोहराया। मजहरुल हक ने सभा की अध्यक्षता की, जिसमें लगभग 5000 लोग उपस्थित हुए।

3 दिसंबर को गांधी ने उसी कंपाउंड में छात्रों को संबोधित किया और उन्हें सरकारी स्कूलों तथा कॉलेजों का बहिष्कार करने की सलाह दी। जुजरा में खिलाफत आश्रम के उद्‌घाटन के बाद गांधी ने पटना सिटी में एक बड़ी सभा को संबोधित किया, जिसमें 10000 से अधिक लोग उपस्थित थे।

फुलवारी और बांकीपुर में जो बातें गांधी ने कही थीं, उसको दोहराते हुए उन्होंने महिलाओं से करघा और स्वदेशी वस्तुओं के प्रयोग के लिए विशेष रूप से आग्रह किया तथा चंदे के लिए भी अपील की। सभा की समाप्ति दान के संग्रह के साथ हुई, जिसमें पैसे के अलावा, बहुत सारी महिलाओं ने अपने कंगन एवं अँगूठियाँ भी दीं।

उसी दिन 8.00 बजे रात को गांधी ने परदे में रहनेवाली महिलाओं के साथ एक सभा को संबोध्ति किया। राष्ट्रीय आंदोलन में सहयोग के लिए उन्होंने उनसे चरखे पर सूत कातने और अपने बच्चों को सरकारी शिक्षण संस्थानों से वापस लेने की सलाह दी। मिसेज हक ने बहुमूल्य रत्नों से जड़े अपने सोने के चार कंगनों को दान स्वरूप दिया और बहुत सारी महिलाओं ने भी अपनी अँगूठियों, कान की बालियाँ, सोने की चूड़ियाँ आदि उपहार स्वरूप दिए।

4 दिसंबर को शौकत अली और अबुल कलाम आजाद के साथ गांधी आरा गए तथा एक सभा को संबोधित किया, जिसमें 10000 से अधिक लोग शामिल हुए। गांधी ने सबसे पहले लोगों को स्पष्ट किया कि उन्हें इस बात को समझना आवश्यक है कि उन्हें क्यों इस सरकार के साथ असहयोग करना चाहिए। गांधी ने यह विचार भी व्यक्त किया कि लोग अनुशासन बनाए रखें और स्वराज प्राप्ति के पथ में महान धैर्य का परिचय प्रस्तुत करें। उन्होंने यह भी कहा कि केवल हिंदू-मुसलिम एकता ही उन्हें इसलाम की सुरक्षा और पंजाब हत्याकांड के लिए न्याय प्राप्त करने में समक्ष बनाएगी। चंदे के लिए निवेदन करने से पूर्व गांधी ने लोगों से बहुत जोर देकर कहा कि वे सरकारी संस्थानों का बहिष्कार करें, उपाधियों का परित्याग करें और स्वराज के महान् अभियान के लिए अपने दिमाग को पूरी तरह से तैयार कर लें। शौकत अली और अबुल कलाम आजाद ने भी हिंदुओं तथा मुसलमानों के बीच एकता की आवश्यकता को रेखांकित किया और विचार व्यक्त किया कि भारतवासी स्वराज के अपने लक्ष्य को तभी प्राप्त कर पाएँगे, जब उनमें आपसी एकता एवं सौहार्द बना रहे।

अगले दिन, 5 दिसंबर को गांधी ने गया की यात्रा की। वहाँ की सभाओं में 20000 से अधिक लोग उपस्थित थे, जिसकी अध्यक्षता कृष्ण प्रकाश सिंह ने की। गांधी ने परिषद् चुनावों में मतदान का बहिष्कार करने के लिए गया के लोगों की सराहना की और कहा कि इस बहिष्कार से वे असहयोग में अपनी पहली परीक्षा में पास हो चुके थे।

गांधी की सभा में हर जगह काफी ज्यादा उपस्थिति हुई और 6 दिसंबर, 1920 को उनकी छपरा की सभा में भी 10000 से ज्यादा लोग उपस्थित थे। गांधी ने छपरा के वकीलों के लिए प्रशंसात्मक टिप्पणी के साथ अपना भाषण शुरू किया। उन्होंने बिंदेश्वरी प्रसाद और जकारिया हासिम को अपनी कानूनी प्रैक्टिस छोड़ने के लिए बधाई दी तथा दूसरे वकीलों को भी ऐसा करने के लिए प्रोत्साहित किया। गांधी ने स्पष्ट रूप से कहा कि ब्रिटिश सरकार युद्ध के दौरान मुसलमानों से किए हुए वादों को पूरा करने में पूरी तरह से विफल हो चुकी है और पंजाब के लोगों पर कोड़े बरसाए जा रहे हैं एवं उन्हें हर प्रकार के अमानवीय जुल्मों का शिकार होना पड़ा है। उन्होंने यह भी कहा कि सरकार की गलत नीतियों के कारण देश का राजनीतिक जीवन निरंतर बिगड़ता जा रहा है। इन परिस्थितियों में प्रमुख प्रश्न यह है कि कैसे इसलाम को बचाया जाए, कैसे पंजाब के जुल्मों के खिलाफ न्याय प्राप्त किया जाए, कैसे स्वराज प्राप्त हो सके। इसके अलावा गांधी ने यह भी स्पष्ट किया कि वे स्वराज को तलवार की ताकत से नहीं, बल्कि आध्यात्मिक तरीके से और सत्य की ताकत से प्राप्त करना चाहते हैं। इसलिए, उन्होंने कहा कि यदि भारतवासी स्वराज प्राप्त करना चाहते हैं, तो उन्हें इसे अहिंसा के अस्त्र से लड़कर प्राप्त करना होगा और सरकार को हटाने, बदलने एवं ऐसे शासन का अंत करने में वही कारगर साबित होगा। उन्होंने छपरा के लोगों को राष्ट्रीय विद्यालय खोलने के लिए बधाइयाँ भी दीं और अभिभावकों से अनुरोध किया कि वे अपने बच्चों को इस विद्यालय में भेजें।

अगले दिन, 7 दिसंबर को गांधी ने मुजफ्फरपुर के तिलक मैदान में आयोजित एक बड़ी सभा को संबोधित किया। उन्होंने अपने संबोधन में हिंदू-मुसलिम एकता, क्रोध पर संयम और अहिंसक असहयोग की आवश्यकता पर विशेष रूप से जोर दिया। इसके अलावा उन्होंने अन्य सभाओं को भी संबोधित किया तथा कई कांग्रेसी नेताओं के आवास पर गए, जिनमें मौलवी साफी और गया प्रसाद सिंह उल्लेखनीय थे।

गांधी ने मोतिहारी और बेतिया की यात्रा की तथा 9 दिसंबर को दरभंगा लौट

आए, जहाँ वे ब्रज किशोर प्रसाद के साथ ठहरे और शाम को लहेरिया सराय में एक विशाल जनसभा को संबोधित किया। आमतौर पर गांधी ने इस सभा में भी उन्हीं बातों को दुहराया, जिनकी चर्चा वे हमेशा कर रहे थे। उन्होंने कहा कि सरकार ने टर्की के खलीफा और पूरे इसलामी जगत् के साथ वादाखिलाफी की है, पंजाब में हुई नृशंस हत्या जैसी घटना का उदाहरण इतिहास में अन्यत्र पाना कठिन है।

10 दिसंबर को समस्तीपुर में एक आम सभा को संबोधित करने के बाद गांधी मुंगेर पहुँचे, जहाँ वे शाह मुहम्मद जुब्बैर के साथ ठहरे। उन्होंने 11 दिसंबर को 35,000 से अधिक लोगों की विशाल जनसभा को संबोधित किया, जिसमें उन्होंने अहिंसक असहयोग के मुख्य छह बिंदुओं पर काफी विस्तार से चर्चा की और स्वदेशी वस्तुओं के प्रयोग के लिए लोगों को सलाह दी। जैसा गांधी ने कहा, ''यह प्रत्येक भारतीय का कर्तव्य है, चाहे वह हिंदू हो या मुसलमान, अरब या अफगान, आदमी या औरत, भारत की वर्तमान स्थिति पर गहराई से विचार करें, स्थिति को सूक्ष्मता से विश्लेषित करें। आप सभी का यह भी कर्तव्य है कि नया तरीका निकालकर विशेष विधि से वर्तमान बुराइयों को निकालकर बाहर करें।''

उसी दिन शाम को गांधी भागलपुर पहुँचे। गांधी का स्वागत करने स्टेशन पर बड़ी भीड़ एकत्रित थी और दीप नारायण सिंह के घर से स्टेशन के बीच समूचा रास्ता बत्तियों से सजाया गया था तथा विभिन्न जगहों पर भारतीय बाजे बज रहे थे। उसी दिन अनेक सभाएँ आयोजित की गईं और हर जगह बड़ी संख्या में लोग उपस्थित हुए, जिसमें सभी वर्ग एवं समुदाय की सहभागिता थी। अच्छी संख्या में महिलाएँ भी उपस्थित हुईं। करघा का प्रयोग, विदेशी वस्तुओं का बहिष्कार और किफायती आदतों की सलाह देने के अतिरिक्त गांधी ने महिलाओं को यह ध्यान दिलाया कि इतिहास में महिलाओं ने महत्त्वपूर्ण रोल अदा किया है और उन्हें प्रोत्साहित किया कि वे लोग अपने प्रसिद्ध एवं सफल पूर्वजों के द्वारा प्रस्तुत उदाहरणों का अनुकरण कर स्वराज प्राप्ति में देश की मदद करें। 1920 में गांधी की बिहार यात्रा 12 दिसंबर को समाप्त हुई और वे बंगाल के लिए रवाना हुए। स्पष्ट रूप से गांधी ने अपनी सभाओं में हर जगह लोगों की बड़ी भीड़ को प्रभावपूर्ण ढंग से आकृष्ट किया। सरकारी दस्तावेजों में दी गई सूचना के अनुसार सभाओं में उपस्थित लोगों की संख्या 10000 से 35000 तक थी।

1920 के जाड़े के मौसम में गांधी की सभाओं में इतनी बड़ी संख्या में लोगों का उपस्थित होना निश्चित तौर पर बिहार के लोगों में गांधी की विलक्षण लोकप्रियता को स्पष्ट रूप से प्रदर्शित करता था।

गांधी भी इसे अच्छी तरह समझते थे कि असहयोग आंदोलन की सफलता के लिए व्यापक स्तर पर जनसमर्थन प्राप्त करना आवश्यक था। वे पूरे बिहार की जनता से भलीभाँति परिचित थे और जैसा देखा गया है कि उनकी सभाओं में बड़ी संख्या में कृषक वर्ग के लोग उन्हें देखने और उनके भाषणों को सुनने पहुँचे। इसके अलावा गांधी ने बिहार में पश्चिमी शिक्षा प्राप्त और अपने प्रति पूरी तरह समर्पित नेताओं का एक दल भी बना लिया था, जिनमें राजेंद्र प्रसाद, मजहरुल हक, ब्रजकिशोर प्रसाद, अनुग्रह नारायण सिन्हा जैसे कई प्रसिद्ध चर्चित नेतागण शामिल थे। शायद यहाँ यह कहना गलत नहीं होगा कि इन कारणों के चलते ही गांधी इस आंदोलन के शुरुआती दौर से ही बिहार की अपनी यात्राओं को अत्यंत महत्त्वपूर्ण मान रहे थे।

फरवरी 1921 के प्रथम सप्ताह में गांधी फिर से बिहार आए। दिसंबर 1920 में अपनी यात्रा के दौरान गांधी छोटानागपुर नहीं जा पाए थे। उन्होंने बिहार के इस महत्त्वपूर्ण औद्योगिक क्षेत्र के उद्योगपतियों और मजदूरों को संबोधित करने का सुअवसर अपनी अगली यात्रा में प्राप्त किया। 5 फरवरी, 1921 को गांधी ने झरिया में अपने भाषण में कहा कि वे कामगारों और मजदूरों को विशेष रूप से संबोधित करना चाहते थे, जो इस सभा में उपस्थित हैं। उन्होंने मजदूरों को शराब पीने तथा जुआ और धूम्रपान की उनकी बुरी आदतों को छोड़ने की सलाह दी। उनसे अनुरोध किया कि उन्हें बिना किसी हिंसा के असहयोग आंदोलन को सशक्त बनाने के लिए स्वयं को तैयार रखना चाहिए। उन्होंने कहा कि उन्हें किसी भी ढंग से अब समय बरबाद नहीं करना चाहिए, वे पहले से गुलाम रहे हैं और उनकी ओर से किसी भी ढंग की तत्परता की कमी के चलते उनकी गुलामी की जंजीर उन्हें और भी मजबूती से जकड़ लेगी।

6 फरवरी, 1921 की सुबह 11.00 बजे गांधी द्वारा पटना में नेशनल कॉलेज का उद्घाटन किया गया। नेशनल कॉलेज के उद्घाटन के अवसर पर एक समारोह का आयोजन किया गया था। मजहरुल हक ने हिंदुओं और मुसलमानों के बीच एकता लाने के चमत्कार के लिए गांधी की प्रशंसा की और नेशनल कॉलेज के उद्घाटन के लिए उनसे आग्रह किया। सभा को संबोधित करते हुए गांधी ने कहा कि जब तक खिलाफत के प्रश्न को यथोचित रूप से सुलझाया नहीं जाता है, तब तक वे आराम नहीं करेंगे। उन्होंने आगे विचार व्यक्त किया कि जब उन्होंने महसूस किया कि सरकार 'झूठी, धोखेबाज और पापी' है, तब इससे निपटने के लिए उन्हें असहयोग आंदोलन का रास्ता अपनाना पड़ा।

गांधी ने आंदोलन की सफलता में अपनी आशावादिता को भी अभिव्यक्त किया और कहा, ''स्वराज शीघ्र प्राप्त हो जाएगा, क्योंकि 5 वर्ष के बच्चे भी अपनी जिम्मेदारियों को महसूस कर रहे हैं और असहयोग की सफलता के लिए सदस्यता शुल्कों को प्राप्त करने तथा प्रार्थनाओं में अपने अभिभावकों के साथ आगे आ रहे हैं।'' अंत में गांधीजी ने यह भी घोषणा की कि उन्होंने झरिया प्रवास के दौरान पटना में राष्ट्रीय विश्वविद्यालय के लिए गैर-बिहारियों से 60,000 रुपए संग्रह किए हैं।

उसी दिन शाम को गांधी ने पटना की मदरसा मसजिद में आयोजित एक सभा को भी संबोधित किया। सभा में अच्छी उपस्थिति थी और लगभग 6000 हिंदुओं और मुसलमानों ने इसमें हिस्सा लिया। मोहम्मद अली ने गांधी से पहले एक लंबा भाषण प्रस्तुत किया, जिसमें उन्होंने ऑल इंडिया कांग्रेस के नागपुर अधिवेशन में हुई उपलब्धियों को स्पष्ट किया और कहा, ''राजनीतिक विषय पर चर्चा के लिए एक समूह के रूप में उस प्रकार की बड़ी भीड़ अब तक विश्व में कहीं भी कभी नहीं हुई है।'' उन्होंने आगे कहा कि यद्यपि वे व्यक्तिगत रूप से यूरोप के लोगों से घृणा नहीं करते हैं, किंतु वे चाहते हैं हर भारतीय के दिल में ब्रिटिश सरकार के लिए घृणा की भावना उभरे। महात्मा गांधी ने अपने भाषण में कहा कि मोहम्मद अली ने जो बातें कही हैं, उनके अलावा उन्हें कुछ जोड़ने की जरूरत नहीं है। उन्होंने केवल इस बात की चेतावनी लोगों को दी कि उन्हें सरकार के साथ सहयोग करनेवाले लोगों के खिलाफ कोई उग्र तरीका कभी भी नहीं अपनाना चाहिए, बल्कि उनका ध्येय हर संभव और शांतिपूर्ण तरीके से उनके दिलों को जीतना होना चाहिए।

8 फरवरी को गांधी ने दानापुर में एक सभा को संबोधित किया, जिसमें लगभग 10,000 लोग उपस्थित हुए। सरकारी स्कूलों को छोड़ चुके छात्रों की शिक्षा के लिए यहाँ एक राष्ट्रीय स्कूल भी खोला गया था।

मार्च 1922 में अपनी गिरफ्तारी के पूर्व गांधी पुनः अगस्त 1921 में बिहार आए। उनका मुख्य उद्देश्य बकरीद त्योहार के दौरान हिंदुओं और मुसलमानों के बीच सांप्रदायिक शांति एवं एकता को बनाए रखने के लिए उनसे अनुरोध करना था। वे मोहम्मद अली, अब्दुल कादिर सुभानी और जमनालाल बजाज जैसे राष्ट्रीय नेताओं के साथ आए थे। गांधी 11 अगस्त, 1921 को शाहाबाद जिले में बक्सर पहुँचे और वहाँ एक आमसभा को संबोधित किया। उन्होंने डुमराँव, कोआथ, विक्रमगंज और सासाराम में आयोजित सभाओं को भी संबोधित किया। गया जिले

में उन्होंने गया और शेरघाटी में भाषण देने के अलावा नवादा तथा बिहारशरीफ में एकत्रित लोगों से बातचीत की। शाहाबाद, गया और पटना जिले में आयोजित सभी आम सभाओं में अच्छी उपस्थिति थी तथा लगभग 10000 से 15000 लोग इसमें उपस्थित हुए। आमतौर पर उनके भाषणों के मुख्य बिंदुओं में एकरूपता थी, जिनके द्वारा वे असहयोग आंदोलन के विभिन्न पहलुओं को उजागर करना चाहते थे। इसके अलावा हर जगह उन्होंने विशेष रूप से हिंदू-मुसलिम एकता बनाए रखने पर जोर दिया।

पटना में गांधी 14-16 अगस्त, 1921 तक ठहरे। 16 अगस्त को उन्होंने सदाकत आश्रम में आयोजित कांग्रेस वर्किंग कमेटी की बैठक में हिस्सा लिया, जिसमें राष्ट्रीय नेताओं में मोतीलाल नेहरू भी शामिल थे। इस बैठक में जो प्रस्ताव पारित हुए, उनमें विदेशी वस्तुओं का बहिष्कार महत्त्वपूर्ण था। कमेटी ने भी निर्णय लिया कि सभी कांग्रेसी कार्यकर्ताओं को विदेशी वस्तुओं के बहिष्कार और 'खद्दर' के उत्पादन पर मुख्य रूप से अपना ध्यान केंद्रित करना चाहिए। 16 अगस्त, 1921 को रात में गांधी पटना से असम के लिए रवाना हुए।

इसमें कोई संदेह नहीं कि गांधी की बिहार यात्राओं ने स्पष्ट रूप से बिहार में सांप्रदायिक एकता को मजबूत करने और हिंदुओं तथा मुसलमानों के बीच भेदभाव को मिटाने के अलावा असहयोग आंदोलन में लोगों की सहभागिताओं में नया जोश और उत्साह भरने का अभूतपूर्व काम किया। गांधी ऐसे जनांदोलनों में हमेशा लोगों की दिलचस्पी को कायम रखने में विश्वास करते थे, ताकि आंदोलन में किसी भी प्रकार की शिथिलता न आ सके। यहाँ यह भी स्पष्ट करने की आवश्यकता है कि बिहार के तात्कालिक राजनीतिक वातावरण को देखते हुए गांधी ने इन यात्राओं की विशेष जरूरत समझी।

□

स्वदेश वापसी के बाद महात्मा गांधी पर चलाया गया दूसरा मुकदमा

(लोकमान्य तिलक पर चले मुकदमे से तुलनात्मक विवेचन)

–रामउपदेश सिंह

(आई.ए.एस (अवकाश प्राप्त) शिक्षाविद्, कवि)

मोहनदास करमचंद गांधी बैरिस्टर के रूप में एक गुजराती व्यापारी के विधिक सहायक बनकर 1893 में मात्र एक वर्ष के लिए दक्षिण अफ्रीका गए थे, लेकिन वहाँ रंगभेद की नीति के तहत गोरों द्वारा कालों पर किए जा रहे अत्याचारों के विरुद्ध सफलतापूर्वक लड़ते हुए 22 वर्षों के अंतराल के बाद 9 जनवरी, 1915 के दिन पानी के जहाज से बंबई पहुँचे, जहाँ उनका भव्य स्वागत किया गया, क्योंकि गांधीजी के यहाँ लौट आने के पहले गांधी–गाथा भारत पहुँच चुकी थी। दक्षिण अफ्रीका के नेटाल प्रांत में डरबन शहर के निकटस्थ पीटरमैरिट्जबर्ग रेलवे स्टेशन के प्लेटफॉर्म पर ट्रेन से बाहर फेंके जाने की मर्मस्पर्शी घटना ने उनके मोम जैसे व्यक्तित्व को पाषाणसदृश बना दिया था। 'जब मानवता पर घात हुआ, वह संकल्पों की रात हुई' मन बुद्धि, हृदय में चिनगारी जो उठी, वही संघात हुई।' उन्होंने दक्षिण अफ्रीका में और बाद के वर्षों में भारत में भी मजरूह सुल्तानपुरी की इन पंक्तियों को 'मैं अकेला ही चला था जानिबे मंजिल मगर, लोग साथ आते गए और कारवाँ बनता गया' को पूर्णतः चरितार्थ करके दिखा दिया।

भारतीय दंड संहिता की कतिपय समान धाराओं के तहत अंग्रेजों द्वारा स्वतंत्रता संग्राम के दो अग्रणियों बाल गंगाधर तिलक (23-7-1856 से 1-8-1930) के विरुद्ध 1908 में बंबई उच्च न्यायालय के तीसरे सत्र में तथा मोहनचंद

करमचंद गांधी (2-10-1869 से 30-1-1948) के विरुद्ध 1922 में अहमदाबाद के जिला एवं सत्र न्यायाधीश के न्यायालय में उनके द्वारा कमश: केसरी एवं यंग इंडिया में लिखे लेखों के परिप्रेक्ष्य में भारतीय दंड संहिता की समान धाराओं के अंतर्गत राजद्रोह के मुकदमे चलाए गए थे। मुकदमा चलाए जाने के समय लोकमान्य तिलक की उम्र 52 साल एवं गांधीजी की उम्र 53 साल रही थी। देश का वातावरण 1908 में भययुक्त था, लेकिन 1922 में बहुत हद तक भयमुक्त हो गया था। लोकमान्य तिलक ने अपनी पैरवी खुद की थी और गांधीजी ने भी अपनी पैरवी खुद करने का फैसला किया। लोकमान्य तिलक ने अपना दोष स्वीकार नहीं किया था। फलत: विस्तृत रूप से उनके केस की विधिवत् सुनवाई हुई और जूरी के पंचनिर्णय के अनुसार उन्हें सजा सुनाई गई। इसके विपरीत गांधीजी ने आदतन अपना दोष पूर्णत: स्वीकार कर लिया और केवल सजा मुकर्रर करने का काम जज को करना पड़ा। दोनों मामलों में मुजरिम को छह साल के कारावास की सजा दी गई थी।

लोकमान्य बाल गंगाधर तिलक ने अपना जीवन गणित के शिक्षक के रूप में शुरू किया था। उन्होंने डक्कन एजुकेशन सोसाइटी और फरग्यूसन कॉलेज, पूना (अब पुणे) की स्थापना की थी। उन्होंने ही कहा था, ''आजादी हमारा जन्मसिद्ध अधिकार है और हम इसको लेकर रहेंगे।'' स्वतंत्रता संग्राम में वे गरम दल के नेता थे। उल्लेखनीय है कि 30 अप्रैल, 1908 के दिन बिहार प्रांत के मुजफ्फरपुर में प्रफुल्ल चाकी और खुदीराम बोस ने एक अंग्रेज अफसर की हत्या करने के अभिप्राय से बम फेंका था। उस कांड में अफसर तो बच गया, पर दो महिलाओं की मृत्यु हो गई और वे दोनों पकड़े गए। चाकी ने तो खुदकुशी कर ली और खुदीराम को फाँसी दे दी गई। उन्हीं दोनों के संदर्भ में लोकमान्य तिलक ने अपनी मराठी पत्रिका केसरी में 12 मई तथा 9 जून, 1908 को दोनों सेनानियों के बचाव में दो लेख लिखे थे, जिन्हें राजद्रोह की संज्ञा देते हुए ब्रिटिश हुकूमत ने उन पर केस दायर कर दिया। मुकदमे की सुनवाई 10 दिनों के लिए 13 से 22 जुलाई, 1908 तक चली। कुल 9 व्यक्तियों की जूरी में से सात ने आरोपी के विपक्ष तथा शेष दो ने पक्ष में अपना अभिमत दिया। जूरी की बहुमत राय से सहमत होते हुए उच्च न्यायालय के जस्टिस डी.डी. डावर ने लोकमान्य तिलक को दोषी करार दिया और छह वर्षों के लिए निर्वासन (देश निकाला) एवं एक हजार रुपए के जुरमाने की सजा के साथ उन्हें बर्मा स्थित मंडलाय नामक स्थान में भेजने का आदेश दिया! इस फैसले को घोषणा के पहले जज ने लोकमान्य तिलक से पूछा था कि क्या आप

कुछ कहना चाहेंगे? इस पर तिलक ने अपना ऐतिहासिक वक्तव्य अंग्रेजी में दिया, जो बंबई उच्च न्यायालय के सेंट्रल हॉल में तत्कालीन मुख्य न्यायाधीश जस्टिस एमसी छागला द्वारा अनावरित शिलापट पर अंकित है और जिसके हिंदी में रूपांतरित शब्द निम्नांकित हैं—

"सभी कुछ जो मुझे कहना है, वह मात्र यह है कि जूरी के पंचनिर्णय के बावजूद मैं इस बात पर कायम हूँ कि मैं निर्दोष हूँ। जगत् में उच्चतर शक्तियाँ होती हैं, जो लोगों तथा राष्ट्रों की नियति को नियंत्रित करती हैं और मैं समझता हूँ कि यह विधाता की इच्छा ही हो सकती है कि मैं जिस उद्देश्य का प्रतिनिधित्व कर रहा हूँ, वह मेरी लेखनी व वाणी की अपेक्षा मेरे कष्ट सहने से अधिक लाभ पहुँचानेवाला सिद्ध होगा।"

स्मरणीय है कि उपरोक्त शिलापट का अनावरण करते समय जस्टिस छागला ने कहा था कि वे भारत के एक महान सपूत एवं राष्ट्रभक्त को ब्रिटिश न्यायालय से ठोस न्याय नहीं मिलने का प्रायश्चित्त कर रहे हैं। उन्होंने यह भी कहा था कि भावी इतिहास न्यायालय में लोकमान्य की दोष-सिद्धि को आजादी एवं राष्ट्रभक्ति की आवाज को कुंद करने के प्रयास के रूप में देखेगा।

न्यायालय में लोकमान्य तिलक द्वारा दिए गए वक्तव्य को सुनने के बाद जस्टिस डावर ने उनसे बहुत सारी बातें कही थीं, जिनका संक्षिप्त सारांश नीचे अंकित है—

"बाल गंगाधर तिलक आपके लिए सजा मुकर्रर करना मेरे लिए कष्टकर काम है। मैं बता नहीं सकता कि आपको इस स्थिति में देखकर मुझे कितना दुःख हो रहा है। अगर आपकी असंदिग्ध योग्यता, प्रचुर शक्ति एवं प्रभाव का उपयोग आपके देश के हित में किया जाता तो उन लोगों को खुशी होती, जिनके पक्ष को आप उजागर करते हैं।

"आपने जो लेख लिखे हैं, उन्हें राजनीतिक आंदोलन के लिए उचित नहीं ठहराया जा सकता, क्योंकि उनसे राजद्रोह की बू आती है और वे हिंसा भड़कानेवाले हैं। ऐसी पत्रकारिता देश के लिए अभिशाप है। फिर भी मुझे आपके लिए सजा सुनाने का दुःख है। आपकी उम्र और अन्य परिस्थितियों को ध्यान में रखते हुए मैं उचित समझता हूँ कि शांति एवं व्यवस्था के साथ ही देश-हित में आपको उस देश से, जिसके प्रति आप अपने प्यार का दम भरते हैं, कुछ अल्प समय के लिए दूर रखा जाए। अतः में आपके लिए छह वर्ष के लिए बर्मा में निर्वासन के साथ-साथ एक हजार रुपया जुरमाना की सजा सुनाता हूँ।"

बर्मा के मंडलाय में सजा भुगतने के दौरान लोकमान्य ने विश्वविख्यात गीता रहस्य नामक ग्रंथ की रचना की, जिसमें विद्वत्‌जनों के अनुसार श्रीमद्‌भावद्‌गीता में उद्‌भाषित कर्मयोग की विस्तृत मीमांसा है। लोकमान्य ने उस पुस्तक के विक्रय से प्राप्त राशि को स्वतंत्रता संग्राम के लिए ही दान कर दिया था।

दूसरी ओर भारतीय दंड संहिता की उन्हीं धाराओं के तहत गांधीजी के विरुद्ध दायर मुकदमे की सुनवाई अहमदाबाद के जिला एवं सत्र न्यायाधीश मि. ब्रूमफील्ड आई.सी.एस. के न्यायालय में मार्च 1922 में की गई। जब गांधीजी ने एक अभियुक्त के रूप में न्यायालय में प्रवेश किया तो जज समेत कोर्ट में उपस्थित प्रत्येक व्यक्ति उस व्यक्ति के प्रति श्रद्धाभाव से अपने स्थान पर खड़ा हो गया, जो आई.सी.एस. जिला एवं सत्र न्यायाधीश ब्रूमफील्ड के शब्दों में उनके सामने उपस्थित मुजरिम था, जो 'किसी भी ऐसे अभियुक्त से भिन्न श्रेणी का है, जो मेरे समक्ष अब तक उपस्थित हुआ हो या होगा।' जज ब्रूमफील्ड साहब के लिए इस बात को नजरअंदाज करना असंभव था कि गांधीजी करोड़ों भारतवासियों की नजर में एक महान देशभक्त तथा लोकप्रिय नेता थे, जिन्होंने सत्ता में आसीन लोगों को इस बात पर अफसोस करने को बाध्य किया कि गांधीजी ने सरकार के लिए यह असंभव कर दिया था कि वे उन्हें स्वच्छंद छोड़ सकें।

जब कोर्ट में गांधीजी पर लगाए गए आरोप पढ़े गए तो उन्होंने कहा, "अपना वक्तव्य पढ़ने के पहले मैं यह कहना चाहूँगा कि मेरे बारे में जो कुछ भी महाधिवक्ता महोदय ने कहा है, मैं उन सभी बातों का समर्थन करता हूँ।" उसके बाद जब उन्होंने अपना ऐतिहासिक वक्तव्य दिया, उसके दौरान कोर्ट में ऐसी संपूर्ण शांति थी कि एक पिन गिरने की आवाज भी सुनी जा सकती थी। संक्षेप में गांधीजी का वक्तव्य कुछ इस प्रकार था—

"मेरा नाम मोहनदास है। मैं साबरमती का निवासी और पेशे से बुनकर हूँ। मुझे स्वीकार्य है कि मैं द्रोह का उपदेश देता हूँ, क्योंकि यह मेरा मनस्थ विचार रहा है। मद्रास, बंबई, चौरीचौरा इत्यादि स्थानों पर जो हिंसक घटनाएँ हुईं, उनके लिए मैं स्वयं को दोषी मानता हूँ। मैं आग से खेल रहा हूँ, इसका भान भी मुझे है, लेकिन छूट जाने पर भी मैं उसी आग से खेलता रहूँगा। मैं दया की याचना नहीं करता और चाहता हूँ कि कोर्ट मुझे विधिसम्मत अधिकतम सजा सुनाए। मेरी समझ है कि भारतीय होने के नाते मैं अधिकारविहीन रहा हूँ। इसलिए मैंने अपने अहिंसक असहयोग के माध्यम से भारत और विलायत दोनों को राहत देने की चेष्टा की है। जज साहब अगर आप कानून को दोषपूर्ण मानते हुए मुझे निर्दोष

समझते हैं तो उस कानून को त्यागते हुए अपने पद का परित्याग करें, अन्यथा अगर आप कानून को उचित मानते हुए मुझे दोषी समझते हैं तो आपके लिए यही विकल्प है कि मुझे विधिसम्मत कठोरतम दंड दें।''

नपे-तुले शब्दों में उपरोक्त आशय का तर्कपूर्ण बयान देने में गांधीजी को लगभग पंद्रह मिनट लगे और उनके मुख से जैसे-जैसे शब्द निकलते, कोर्ट का वातावरण वैसे-वैसे हर क्षण बदलता जाता तथा स्तब्धता बढ़ती जाती। पूर्ण दृश्य से ऐसा प्रतीत होता था मानो दो हजार साल पहले ईसा मसीह के सूली पर चढ़ाए जाने की घटना की पुनरावृत्ति हो रही हो। गांधीजी के वक्तव्य के बाद महाधिवक्ता ने सजा मुकर्रर करने के बिंदु पर अपनी दलीलें पेश कीं। जो भी हो, कोर्ट में यह प्रश्न सबके मन में मौन था कि वास्तव में मुद्दई और मुद्दालय कौन था, ब्रिटिश न्यायालय में गांधीजी अथवा मानवता के न्यायालय में ब्रिटिश सरकार?

लिहाजा जज साहब ने लोकमान्य तिलक के मामले के पूर्वोदाहरण के आधार पर गांधीजी के लिए भी छह साल कारावास की सजा मुकर्रर की और उनसे पूछा कि क्या वे उस संबंध में कुछ कहना चाहेंगे। इस पर गांधीजी ने कहा, ''मैं सिर्फ यह कहना चाहूँगा कि आपने जो मेरे केस की तुलना लोकमान्य तिलक से की है, इसे मैं अपने लिए परम सौभाग्य एवं सम्मान की बात मानता हूँ। जहाँ तक सजा का प्रश्न है, मैं इसे इतना हलका समझता हूँ, जितना कोई भी जज मुझे दे सकता था और जहाँ तक इस संपूर्ण काररवाई की बात है, मैं इससे अधिक शिष्टाचार की अपेक्षा नहीं कर सकता था।''

इस प्रकार कोर्ट की काररवाई समाप्त हुई और गांधीजी के लिए जेल जाने की बेला आ गई। कोर्ट के बाहर अपार जनसमूह उन्हें विदाई देने के लिए उमड़ पड़ा था। इस घटनाक्रम का मार्मिक वर्णन सरोजिनी नायडू ने किया था, जिसका हिंदी में सारांश इस प्रकार है—

''इस प्रकार स्वतंत्रता संग्राम के एक ऐतिहासिक घटनाक्रम का समापन हो गया। जनता का दबा हुआ मनोवेग उदासी के रूप में प्रस्फुटित हो गया और उनका जुलूस धीमी गति से चलता हुआ अपने नेता को दु:खपूर्ण विदाई देने के लिए आगे बढ़ चला। भावातिरेक से, सेवार्थ सदैव तत्पर गांधीजी के हाथों से कोई चिपक जाता तो कोई उनके बिना थके सदा चलते रहनेवाले पाँवों पर झुक जाता। उनके बीच गांधीजी अपनी पारदर्शी सादगी को लिये हुए अविकल थे और भारतीय राष्ट्र के त्याग तथा संस्कार के जीवंत प्रतीक के रूप में दिखाई देते थे।''

गांधीजी के विरुद्ध अहमदाबाद में चलाये गए मुकदमे के अंतिम दृश्य के

संदर्भ में मेरे द्वारा निम्नलिखित पंक्तियाँ अवलोकनार्थ उद्धरित हैं—

शेष मुकदमा हुआ जभी, कुछ नीरव क्षण गुजरे ऐसे,
ब्रूमफील्ड हो नमित उठे, प्रस्थान किये न्यायालय से।
हृदय विदारक दृश्य, जेल जाने की बेला आई थी,
जन-समूह उमड़ा अपार, जिससे मिल रही विदाई थी।
कई लिपटते उन हाथों से, जो सेवार्थ मचलते थे,
कोई झुक जाता पाँवों पर, बिना थके जो चलते थे।
दृश्य हृदयवेधक था, लेकिन बापू अविकल निश्चल थे,
भारतीयता के प्रतीक, वे त्याग-तपित थे, निश्छल थे।
था उनका निषेध, फिर भी जनजन ने जयजयकार किया,
इस प्रकार इतिहास-वृत्त ने एक चरण साकार किया।

□

महात्मा गांधी की स्वदेश वापसी पहले समाजवादी का स्वदेश आगमन था…

–ईश्वरी प्रसाद
(अवकाश प्राप्त प्रोफेसर,
जवाहरलाल नेहरू विश्वविद्यालय, नई दिल्ली)

महात्मा गांधी का दक्षिण अफ्रीका से 1915 में भारत आना उनके सार्वजनिक जीवन की एक विभाजन रेखा है। दक्षिण अफ्रीका में उनका आंदोलन एक सीमित गैरबराबरी विरोधी आंदोलन था, यद्यपि उसे इस रूप में व्याख्यायित नहीं किया जाता है। साउथ अफ्रीका में उनका संघर्ष वहाँ के लोगों को आजाद करने के लिए नहीं था। गांधीजी का लंबा आंदोलन भारतवासियों/काले लोगों को नागरिक होने का एक कानूनी अधिकार दिलाने के लिए था। उन्होंने 'ब्लैक ऐक्ट' और टॉल टैक्स के खिलाफ सत्याग्रह किया था। काफी संघर्ष के बाद 'इंडियंस रिलीफ बिल' पास हुआ और गवर्नर के उस पर दस्तखत हो गए। इसलिए यह कहा जा सकता है कि गांधीजी का 21 वर्ष का दक्षिण अफ्रीका का प्रवास वहाँ के रंगभेद के शिकार लोगों को गोरों से समानता का नागरिक अधिकार दिलाने की लड़ाई थी। लुईस फीसर के बयान से इस आशय की पुष्टि होती है कि गांधीजी का अहिंसात्मक आंदोलन आजादी के लिए नहीं, बल्कि थोड़ा अधिकार प्राप्त करने के लिए हुआ था। फीसर ने लिखा है, ''गांधी एक सिद्धांत स्थापित करना चाहते थे, वह था कि वहाँ भारतीय ब्रिटिश साम्राज्य के नागरिक हैं और इसलिए वहाँ की कानून-व्यवस्था के बराबर के अधिकारी हैं।''

भारत आने पर गांधीजी के संघर्ष का शीर्षक और विषयवस्तु बदल जाती है। वे पूरी तरह भारत की आजादी की लड़ाई में संलग्न हो जाते हैं। वे ब्रिटिश साम्राज्य

से भारत के लोगों की गुलामी की जंजीरों को तोड़ने में लग जाते हैं। यह कैसे संभव हुआ कि गांधीजी कानून बराबरी के लक्ष्य को छोड़कर देश की संपूर्ण आजादी के लिए संलग्न हो गए। महात्मा गांधी का समाजवादी तेवर, जो दक्षिण अफ्रीका में कानूनी गैरबराबरी को मिटाने के उद्‌देश्य से संघर्षमय हुआ था, भारत में दो कारणों से गौण दिखाई दिया। पहला, यहाँ के आंदोलनकारी और गांधी खुद, भारत को आजाद करने में इस प्रकार संलग्न थे कि उन्हें दूसरे लक्ष्य की प्राथमिकता दिखाई नहीं पड़ती थी। भारत में उनके राजनीतिक जीवन की प्राथमिकता अंग्रेजी शासन व्यवस्था को समाप्त करना था। गांधीजी को विश्वास था कि जब साम्राज्यवाद समाप्त हो जाएगा और देश में स्वशासन कायम होगा तो शेष समाज की समस्या को सुलझाने में देर नहीं लगेगी। दक्षिण अफ्रीका की समस्या आजाद होने की नहीं, बल्कि दिए हुए कानून में बराबरी के लागू करने की थी।

दूसरा, गांधीजी एक नई सभ्यता की खोज में थे। यह प्रचलित सर्वमान्य मान्यता थी कि पुरानी सभ्यता की समाप्ति और नई सभ्यता का निर्धारण बिना क्रांति किए संभव नहीं होता है। गांधीजी इस नई क्रांति की अंत:शक्ति प्रेम तथा अहिंसा के मार्फत चाहते थे, जो यहाँ की मान्य क्रांतियों से भिन्न था। दुनिया को घृणा और क्रोध पर आधारित क्रांति का अनुभव तो था, लेकिन प्रेम और अहिंसा से क्रांति कैसे होगी, यह विश्वास के परे था। ठीक उसी अवधि में रूस में साम्यवादी क्रांति हुई थी, जिसने सारी दुनिया में यह संदेश फैलाया था कि पूँजीवाद को मिटाकर सर्वहारा का राज्य खूनी क्रांति से संभव है। सब मिलाकर, उस समय भारत का राष्ट्रीय धरातल न केवल अधूरे अधिकारों के लिए तैयार था और न ही खूनी क्रांति से हटकर प्रेम की क्रांति में भरोसा था। नतीजतन, गांधीजी को आजादी के एक लक्षीय आंदोलन में संघर्षरत रहना पड़ा।

भारत में समाजवादी आंदोलन राष्ट्रवाद की भावना से उत्प्रेरित होकर तथा युगप्रवर्तक घटनाओं के परिप्रेक्ष्य में देश को आजाद कराने के लिए कांग्रेस के अंदर ही एक समूह के रूप में शुरू हुआ था। इसकी प्रेरणा का स्रोत रूस की क्रांति थी और इसका सिद्धांत मार्क्स के वर्ग-संघर्ष से आया था। इसका जन्म 1934 में हुआ और नाम कांग्रेस समाजवादी पार्टी रखा गया था। मुख्य लक्ष्य था कि देश की राजनीति व समाज को आमूल परिवर्तन के विचार से जोड़ा जाए और समाजवादी विचार को देश में फैलाया जाए। यह पूरी तरह मार्क्सवाद से प्रभावित था, जिसकी अभिव्यक्ति 1936 के मेरठ के राष्ट्रीय सम्मेलन में स्पष्ट रूप से हुई। मेरठ में यह घोषित किया गया कि इस देश को मुक्ति दिलाने के लिए समाजवादी पार्टी एक आंदोलन खड़ा करेगी, जो विदेशी शक्तियों और आंतरिक शोषण की व्यवस्था से

देश को मुक्ति दिलाएगा। मेरठ के घोषणा-पत्र में ऐलान किया गया कि "इसके लिए आवश्यक है कि वर्तमान कांग्रेस के सामंती नेतृत्व को निकालकर साम्राज्यवाद विरोधी तत्वों को चिह्नित किया जाए और उन्हें अलग किया जाए। यह कठिन काम तभी पूरा हो सकता है, जब कांग्रेस के अंदर मार्क्सवादी समाजवादियों को एक गिरोह के रूप में संगठित किया जाए।" इस समय युवकों के मन में क्रांति का भरपूर आकर्षण था, साथ ही यहाँ के क्रांतिकारी युवकों को 1931 के कराँची के कांग्रेस अधिवेशन की घोषणा से संतुष्टि नहीं थी, क्योंकि इसमें आर्थिक आजादी का जिक्र नहीं था। समाजवादी समूह के लोग भारत के लोगों के लिए न केवल राजनीतिक आजादी चाहते थे, बल्कि औद्योगिक विकास के मार्फत गरीब भारतीयों के जीवन में प्रचुरता लाकर उनके जीवन-स्तर को ऊँचा बनाना चाहते थे। ये लोग यूरोप के औद्योगिक विकास और उनके ऊँचे जीवन स्तर से काफी प्रभावित थे। रूसी क्रांति और मार्क्स की सर्वहारा की अंतिम विजय से इतने प्रभावित थे कि कांग्रेस सोशलिस्ट पार्टी ने 1938 के लाहौर के सम्मेलन में 'रूस को मानव आजादी और विश्व शांति के लिए अकेला बड़ा देश घोषित किया।' इस सम्मेलन में कम्युनिस्टों के साथ कांग्रेस समाजवादी पार्टी की एकता भी निश्चित हो गया।

दूसरे विश्वयुद्ध के पहले तक कांग्रेस समाजवादी पार्टी को कम्युनिस्टों द्वारा प्रतिपादित खूनी क्रांति में पूरा विश्वास था, लेकिन 1942 के कांग्रेस द्वारा छेड़े गए ब्रिटिश शासन विरोधी भारत छोड़ो आंदोलन में कम्युनिस्टों द्वारा की गई दगाबाजी तथा रूस में वहाँ के किसानों-मजदूरों पर वहाँ की सरकार की दमनकारी नीतियों की खबरों ने उनका खूनी क्रांति के रास्ते से मोहभंग किया। इसी परिप्रेक्ष्य में कानपुर के राष्ट्रीय सम्मेलन में जे.पी. ने लोकतांत्रिक समाजवाद की वकालत की और सर्वहारा के अधिनायकवाद को सही नहीं ठहराया। धीरे-धीरे पश्चिमी देशों का लोकतांत्रिक समाजवाद और गांधीजी के नेतृत्व के प्रति समाजवादियों का आकर्षण तेजी से आगे बढ़ा।

आजादी के बाद 1948 में नासिक के सम्मेलन में समाजवादी समूह के लोगों ने अलग स्वतंत्र राजनीतिक पार्टी बनाने का ऐलान किया। अब यह पार्टी कांग्रेस की अनुबंधक न होकर उसके प्रतिद्वंद्वी के रूप में भारत के राजनीतिक धरातल पर खड़ी हुई, लेकिन साथ-साथ आपस के सैद्धांतिक मतभेद उमड़ने लगे। लोहिया ने 1953 में चुनावों में करारी हार के बाद पंचमढ़ी में समाजवादियों की बैठक में सभापति की हैसियत से समाजवाद के एक नए रास्ते का इजहार किया। लोहिया का कहना था कि कोई भी पार्टी साम्यवाद से आर्थिक लक्ष्य लेकर और पूँजीवाद से गैर-आर्थिक लक्ष्य को आधार बनाकर वैकल्पिक समाजवादी राजनीति नहीं कर

सकती है। पिछड़े देशों के समाजों के लिए पूँजीवाद हानिकारक और अहितकर है, क्योंकि इसमें गैर-बराबरी पैदा करने के जन्मजात गुण हैं, साथ ही, साम्यवाद भी उपयुक्त नहीं है, क्योंकि साम्यवादी-व्यवस्था भी पूँजीवाद से भिन्न होकर उसकी उत्पादन तकनीक को ही स्वीकार करती है। उन्होंने तार्किक ढंग से प्रस्तुत किया कि पिछड़े देशों के नव-निर्माण के लिए न केवल उत्पादन के संबंधों को तोड़कर नई दिशा देनी है, बल्कि उत्पादन की शक्तियों में भी नई स्फूर्ति लाने के लिए परिवर्तित करने की जरूरत है। अत: पूँजीवाद और साम्यवाद दोनों भारत जैसे देश के लिए अप्रासंगिक हैं। इस सम्मेलन में सत्याग्रह पर भी विचार हुआ और बाद में चलकर विकेंद्रित व्यवस्था पर भी लोगों का ध्यान आकर्षित किया गया। पंचमढ़ी का दृष्टिकोण ही समाजवादी पार्टी का जीवनपर्यंत पहले नंबर का सिद्धांत कायम हो गया।

1952 के आम चुनाव में समाजवादी पार्टी की भारी हार हुई। इसके बादवाले दूसरे किसी चुनाव में इसकी स्थिति उत्साहवर्धक नहीं रही। फिर, इसी हताशा के माहौल में आचार्य कृपलानी की 'किसान मजदूर प्रजा पार्टी' और नेताजी सुभाष बोस आधारित 'फारवर्ड ब्लॉक' का विलय समाजवादी पार्टी में हुआ और इन तीनों को मिलाकर 'प्रजा सोशलिस्ट पार्टी' बनी। पार्टी के सैद्धांतिक स्वरूप पर बहस और विवाद ने यहीं से जोर पकड़ा। बैतूल के पार्टी सम्मेलन में, जो 1953 में हुआ, अशोक मेहता का रवैया कांग्रेस की ओर सकारात्मक दिखाई पड़ा और वे अंततोगत्वा उसी पार्टी में चले गए। कांग्रेस से सहानुभूति रखनेवाले समाजवादी लोग अशोक मेहता के साथ कांग्रेस पार्टी के सदस्य हो गए। पंडित नेहरू के आवाड़ी सम्मेलन में 'समाजवादी ढर्रे के समाज' के ऐलान ने भी सोशलिस्ट पार्टी में लोगों को विचलित किया।

इसी ऊहापोह की स्थिति में डॉ. लोहिया ने अलग पार्टी बनाई। इसका नाम पड़ा 'समाजवादी पार्टी'। इसी हताशा के समय 'प्रजा समाजवादी पार्टी' ने भी घोषणा की कि वे पुरानी पद्धति को छोड़कर नए ढंग का समाजवादी आंदोलन शुरू करेंगे। नतीजतन, 1964 में लोहिया की समाजवादी पार्टी और प्रजा सोशलिस्ट पार्टी ने एक होकर राजनीति करने का फैसला किया। 'संयुक्त सोशलिस्ट पार्टी' इसका नाम पड़ा। यहाँ से चुनावी मुद्दे प्रमुखता से समाजवादी पार्टी के लक्ष्य हो गए और कांग्रेस के खिलाफ एकजुट होकर विरोध करने का संकल्प लिया गया। लोहिया के सिद्धांत ही मुख्य रूप से समाजवादी सिद्धांत हुए, लेकिन 1967 में लोहिया की मृत्यु हो गई और समाजवादी आंदोलन कमजोर पड़ गया। 1977 में जार्ज फर्नांडिस की अध्यक्षता में 'समाजवादी पार्टी' का फैसला हुआ कि 'जनता

पार्टी' में पार्टी का विलय हो। यहीं राष्ट्रीय समाजवादी आंदोलन का जीवनकाल समाप्त हुआ। इसके बाद छिट-पुट ढंग से समाजवादी पार्टी चल रही है।

गांधीजी का समाजवादी पार्टी से कभी भी मधुर संबंध नहीं रहा है। द्वितीय युद्ध के पहले तक समाजवादियों ने गांधीजी को पुराना दकियानूसी, सामाजिक प्रतिक्रियावादी समझा। गांधीजी के विचारों और रणनीतियों को आधुनिक नहीं समझा गया तथा समाजवाद के लिए अप्रासंगिक करार किया गया। ऐसा दो कारणों से था। पहला, अधिकांश समाजवादी शीर्ष के नेता पश्चिमी देशों की शिक्षा और जीवनमूल्य की उपज थे तथा पश्चिम के देशों में उन्होंने पढ़ा था कि क्रांतिकारी समाज परिवर्तन के दो ही रास्ते हैं—एक, सर्वहारा द्वारा खूनी क्रांति के मार्फत प्रचलित सत्ता व्यवस्था को नष्ट कर नए समाज का निर्माण करना और दूसरा—लोकतंत्र के मार्फत नई व्यवस्था को जन्म देना, जो स्वदेशी नई सरकार द्वारा ही संभव हो सकता है। गुलाम भारत में लोकतंत्र के मार्फत सत्ता पलटना संभव नहीं था। इसलिए यहाँ क्रांति का एक ही रास्ता था, वर्ग-संघर्ष द्वारा प्रगतिशील सत्ता व्यवस्था स्थापित करना।

गांधीजी भी समाजवाद के चल रहे शुरुआती दौर के आलोचक थे। यद्यपि दोनों का लक्ष्य गैरबराबरी दूर करके न्याय-आधारित समाज की स्थापना करना था, ताकि समाज का हर व्यक्ति समान नागरिकता का दर्जा हासिल कर ले। दोनों पूँजीवाद के खिलाफ थे, क्योंकि यह व्यवस्था गैरबराबरी को जन्म और बढ़ावा देती है। महात्मा गांधी ने कहा था, ''मैं व्यक्तिगत रूप से मानता हूँ कि एक बैरिस्टर और एक मंत्री; दोनों को बराबर वेतन मिलना चाहिए।'' महात्मा गांधी ने दक्षिण अफ्रीका में भी गैरबराबरी के खिलाफ सफल आंदोलन किया था, लेकिन इसके बावजूद उनका भारत के समाजवादियों से कई स्तरों पर घोर विरोध कायम था।

महात्मा गांधी का मानना था कि भारत में समाजवादी आंदोलन पश्चिम से लाया गया है, इसलिए यह सही नहीं है। गांधीजी का मानना था कि विदेशों में पनपा समाजवाद भारतीय संस्कृति के खिलाफ हो सकता है, साथ ही, समाजवाद का सिद्धांत मार्क्सवाद से आया था, इसलिए इसमें साधन और साध्य में कोई साम्य जरूरी नहीं था। पश्चिमी देशों के समाजवाद को साम्यवाद से लिये जाने की वजह से साधन और साध्य में एक रूप का होना जरूरी नहीं था, इसलिए गांधीजी इसे सही नहीं मानते थे। बाद में भारत के समाजवादियों ने अहसास किया कि इन दोनों को एक सूत्र में न होने के कारण ही रूस में अधिनायकवाद आया था।

महात्मा गांधी का मतभेद औद्योगिकीरण को लेकर भी था। समाजवाद सैद्धांतिक रूप से औद्योगिकीरण के मार्फत व्यवस्था में प्रचुरता की स्थिति पैदा

करना चाहता है, लेकिन गांधीजी ने 'हिंद स्वराज' में इसका विरोध किया है। गांधीजी मास–उत्पादन की जगह आम लोगों द्वारा सहभागी उत्पादन को माननेवाले थे। औद्योगिकीरण निश्चित रूप से या तो उपनिवेश पैदा करता है या फिर अपने ही समाज के एक क्षेत्र या अंग को अविकसित रखकर उद्योगों को बढ़ावा देता है। यूरोप का औद्योगिकीरण एशिया और अफ्रीका के उपनिवेशों के शोषण पर खड़ा हुआ था। दादाभाई नौरोजी ने यह प्रतिपादित किया था कि भारी मात्रा में दौलत को भारत से निकालकर इंग्लैंड ले जाया जा रहा है। यह उसी समय हुआ, जब ब्रिटेन में औद्योगिक क्रांति हुई थी। रूस ने औद्योगिकीरण के लिए किसानों को साइबेरिया में कठिन परिश्रम और मेहनत के लिए जबरदस्ती भेजा। बृहत औद्योगिकीरण समाजवाद नहीं ला सकता है। मार्क्सवादी विचारक गुंडल बैंक ने यह स्पष्ट किया कि विकास का यह आधुनिक रास्ता है।

समाजवादियों से गांधीजी का मतभेद पूँजीवाद के चरित्र को लेकर भी था। गांधीजी यह मानते थे कि पूँजीवाद व्यक्तिवाद का पोषक और वाहक है। समाजवाद मनुष्य के सामाजिक जीवन के आयाम को लेकर चलता है। समाजवादियों का मानना था कि जब सत्ता पर कब्जा हो जाएगा तो वे समता को समाज में लागू करेंगे। गांधीजी का कहना था कि समाजवादी सामूहिकता के चरित्र में विश्वास करते हैं, मेरा मानना भिन्न है। मेरा मानना है कि यह व्यक्ति के स्तर से शुरू होना चाहिए। गांधीजी ने कहा है, "मुझमें और समाजवादियों में यही भारी फर्क और मतभेद है। वे पहले सारी दुनिया को अपने विचारों के तहत लाने में विश्वास करते हैं। व्यक्तिगत आचरण उनके कार्यक्रम का हिस्सा नहीं है।" गांधीजी के मुताबिक समाजवाद की शुरुआत व्यक्ति के स्तर से होनी चाहिए। जब तक व्यक्ति अपने जीवन के आचरण में समाज की गैरबराबरी के विरोध को प्रदर्शित नहीं करेगा, समाजवाद के अभियान का वाहक नहीं हो सकता है। गरीबी मिटाकर एकता का समाज बनाना और संपत्ति के राष्ट्रीयकरण को सरकारी दायरे में लाना यूरोपीय समाजवाद का लक्षण है, लेकिन भारत में चरित्र निर्माण, व्यक्ति सुधार, दरिद्रनारायण की कल्पना और दलितों के प्रति संवेदना को समाजवादी आंदोलन का आवश्यक अंग होना चाहिए।

समाजवादी आंदोलन 1934 से चलकर अभी तक पूँजीवादी व्यवस्था के स्थान पर एक समता आधारित वैकल्पिक समाज व्यवस्था स्थापित करने में नाकाम रहा है। फिर भी अभी तक इसका नाम राजनीति के रजिस्टर से हटा नहीं है, बल्कि परोक्ष रूप से अधिकांश पार्टियाँ समाजवादी होने का दावा करती हैं। भारत के समाजवादी आंदोलन ने अपने लंबे जीवनकाल में अनेक मोड़ देखे हैं, जिन्हें

विशेषता के ढंग से रेखांकित किया जा सकता है। इसकी पहली विशेषता है कि इसमें जीवन-पर्यंत टूटने और जुड़ने का अनवरत सिलसिला पाया जाता है। कांग्रेस से 1948 में संबंध विच्छेद करने के बाद समाजवादी पार्टी करीब-करीब पूरी तरह साम्यवादी पार्टी के साथ एकजुट होकर अपना आंदोलन करती रही, लेकिन 1942 की कम्युनिस्टों की धोखेबाजी और रूस से किसानों के उत्पीड़न की खबरों ने इसे कम्युनिस्ट पार्टी से सदा के लिए अलग कर दिया। यद्यपि आम लोगों में इस पार्टी की विश्वसनीयता तो जगी, लेकिन 1952 की चुनावी हार से हतोत्साहित होकर समाजवादी पार्टी ने आचार्य कृपलानी से हाथ मिलाकर प्रजा समाजवादी पार्टी का निर्माण किया। जब लोहिया के विश्लेषण ने यह प्रतिपादित किया कि न केवल पूँजीवाद पिछड़े देशों के लिए हानिकारक है, बल्कि मार्क्सवाद भी अप्रासंगिक है, क्योंकि पिछड़े देशों में न केवल उत्पादन के संबंधों को तोड़ने की जरूरत है, बल्कि उत्पादन की शक्तियों में भी परिवर्तन लाने की आवश्यकता है। साम्यवादी व्यवस्था न केवल पूँजीवादी तकनीक को अपनाती है, बल्कि पूँजीवाद की उपभोगवादी जीवन शैली को भी बरकरार रखती है। 1956 में 'प्रजा सोशलिस्ट पार्टी' भी टूटी और लोहिया ने 'समाजवादी पाटी' की स्थापना की। फिर, 1962 के चुनाव के निराशाजनक परिणाम ने पी.एस.पी. और सोशलिस्ट पार्टी को विलय के लिए विवश किया तथा संयुक्त सोशलिस्ट पार्टी का गठन हुआ। बचे हुए पी.एस.पी. फिर 1971 में एस.एस.पी. से मिले और समाजवादी पार्टी बनी। 1977 में 'समाजवादी पार्टी' का विलय 'जनता पार्टी' में हो गया। इसे समाजवादी विचारक समाजवादी पार्टी के अस्तित्व का अंतिम दिन मानते हैं, लेकिन जनता दल के घटक अब भी अपने को समाजवादी कहते हैं। इस टूटने और जुड़ने की प्रक्रिया से यह स्पष्ट होता है कि भारत की समाजवादी पार्टी ने यूरोप के नक्शे-कदम से हटकर एक नई सभ्यता, जो भारत की स्थिति से मेल खाती है, की खोज में किसी नए सिद्धांत का प्रतिपादन नहीं किया और न ही समाज में गैरबराबरी दूर करने का राजनीतिक क्षितिज पर कोई कीर्तिमान खड़ा कर पाई।

दूसरा, भारतीय समाजवाद के अस्तित्व का इतिहास इस आशय को स्पष्ट करता है कि समाजवादी के समतावादी क्रांति के वाहक और परिवर्तन के अग्रदूत को पहचानने में असफल रहे। मार्क्स ने सर्वहारा को क्रांति का अग्रदूत चिह्नित किया था। यही वह समूह था, जो यूरोप की उद्योग-आधारित पूँजीवादी व्यवस्था में सबसे अधिक शोषित था। भारतीय समाजवादियों ने इसी समाज विभाजन को अपनाया और भारतीय समाज का वर्गीय नजरिए से विश्लेषण किया, लेकिन पश्चिम की शिक्षा और जीवन मूल्य में डूबे होने के कारण नेता भारत के सही

सामाजिक स्वरूप को स्वीकार नहीं कर पाए भारतीय समाज का स्वरूप यूरोप के सामाजिक स्वरूप से भिन्न है। मार्क्स ने औद्योगिक समाज के तहत सर्वहारा को चिह्नित किया था। यह वहाँ के आर्थिक-सामाजिक धरातल के लिए उपयुक्त था। यदि यूरोप की व्यवस्था की जातीय परिप्रेक्ष्य में व्याख्या करना हास्यास्पद है, तो उसी तरह भारतीय समाज, जो युगों से जातीय-आधारित रहा है, वर्ग के आधार पर निरूपित करना और इसमें क्रांति के अग्रदूत को ढूँढ़ना फूहड़पन तथा अव्यावहारिक है। समाजवादियों ने मार्क्सवादी सिद्धांत के आधार पर भारत की व्यवस्था को भी वर्गीय ढंग से निरूपित किया। इसके विपरीत गांधी ने परिवर्तन के अग्रदूत की पहचान अंत्योदय के रूप में की थी, जो समाज में न केवल आर्थिक, बल्कि सामाजिक रूप से उपेक्षित और शोषित हैं। डॉ. लोहिया ने भारतीय समाज के इस लक्षण को पहचाना था। गरिमाविहीन भारतवासियों को समान नागरिकता प्रदान करने के लिए तथा समाज परिवर्तन में सहभागी बनने के लिए पिछड़े समाजों को चिह्नित किया था, लेकिन इसे जातिवादी कहकर नजरअंदाज किया गया। 1936 के मेरठ कॉन्फ्रेंस में तो कांग्रेस सोशलिस्ट पार्टी ने अपने को मार्कसिस्ट पार्टी घोषित किया था। आचार्य नरेंद्र देव खुले आम वर्ग-संघर्ष के हिमायती थे। समाजवादी पार्टी को दिशाहीन बनाने में अपने अग्रदूत की पहचान में असफलता की विशेष भूमिका रही है। यही कारण था कि समाजवादी पार्टी में और कांग्रेस पार्टी में 'सोशलिस्टिक पैटर्न ऑफ सोसाइटी' की घोषणा के बाद कोई भेद नहीं रहा। इस मामले में शुरुआती दौर की समाजवादी पार्टी कांग्रेस पार्टी की तरह रही, जिसका खुलासा अशोक मेहता की सोच और आचरण से होता है। समाजवादी पार्टी अपने अग्रदूत की सही पहचान नहीं बना पाई।

यूरोप का पुनर्निर्माण आर्थिक ढाँचे में परिवर्तन लाकर संभव है, लेकिन भारत की राष्ट्रीय व्यवस्था में सामाजिक ढाँचे की भूमिका आर्थिक से अधिक है। देश के विकास में सामाजिक व्यवस्था द्वारा लगाए गए व्यवधान अधिक व्यापक और कठोर होते हैं, ऐसा समाजवादियों ने नहीं माना। भारत की समाजवादी पार्टी का अभियान यूरोप की देखा-देखी शुरू हुआ था। उस समय तक यूरोप ने औद्योगिक विकास के मार्फत काफी दौलत हासिल कर ली थी। उनके सामने सामाजिक न्याय की स्थापना के लिए राष्ट्रीय आय के वितरण की समस्या थी। इसलिए समाजवादी सिद्धांत इसके लिए मुफीद था, लेकिन भारत की समस्या भिन्न थी। यहाँ बृहत औद्योगीकरण और गैर बराबरी दोनों से एक साथ नहीं निपटा जा सकता था। औद्योगिकीरण पूँजीवाद की जननी होने के कारण इसमें गैर-बराबरी को पैदा करने की स्वाभाविक क्षमता होती है। अतः भारत को या तो

वृहत औद्योगिकीरण के लक्ष्य को छोड़ना था या नहीं तो समता के आदर्श को।

भारत के समाजवाद के प्रधान नायकों की प्राथमिकता से उद्योगवाद की परिकल्पना नहीं हट सकती थी। लोहिया मशीन तक पहुँचे थे। गांधीजी की महानता इस बात में थी कि उन्होंने यह सोचा था कि भारत सरीखे सभी उपनिवेश साम्राज्यवाद से मुक्त होकर अपने भविष्य का स्वयं निर्माण करें। भारत के समाजवादियों की धारणा थी कि अंग्रेजों के जाने के बाद शोषण के सारे तत्व स्वयं समाप्त हो जाएँगे। उस समय समाजवादी पार्टियों का अधिकांश हिस्सा पश्चिम के जीवन मूल्यों में सराबोर होने के कारण भौतिकवाद से आगे नहीं बढ़ पाया था। वे गांधी के आर्थिक और आध्यात्मिक तत्वों को एक साथ देखने में असमर्थ थे। मार्क्सवादियों के मुताबिक जब आर्थिक परिवर्तन हो जाएगा तो सांस्कृतिक परिवर्तन आप-से-आप होगा। लोहिया अपवाद थे। उन्होंने इसी क्रम में जब 'दलितों-पिछड़ों के लिए 60 फीसदी आरक्षण की माँग कर अंबेडकर के जाति विनाश कार्यक्रम को गतिशील बनाया तो ब्रिटिश गुलामी में फले-फूले बुरजुआ द्विजों के मन में लोहिया के प्रति तिरस्कार और घृणा का अंत नहीं रहा' साथ ही समग्र रूप से समाजवादी पार्टी ने विकेंद्रीकरण को अंगीकार नहीं किया।

यह एक दुःखद दास्तान है कि भारत के समाजवादियों ने शुरुआती दौर में गांधीजी को नहीं पहचाना। उनकी वैकल्पिक सभ्यता की खोज एक समाजवादी खोज थी। मंडेला ने कभी कहा था, ''जब औपनिवेशिक मनुष्य ने सोचना छोड़ दिया था और उनका समर्थ होने का अहसास लुप्त हो चुका था, गांधी ने उसे सोचना सिखाया और उसके सामर्थ के अहसास को पुनर्जीवित किया।'' भारत के समाजवादी नेता लोग भारत के लोगों को अंग्रेजों के चले जाने के बाद बराबरी के सूत्र में बाँधकर समान नागरिकता दिलाना चाहते थे। कांग्रेस के लोग, जो आजादी की लड़ाई में लगे थे, एक लक्षीय कार्यक्रम, अंग्रेजी शासन को भारत से मिटाने में लगे थे।

समाजवादी आंदोलन का एक पक्ष है कि यह गांधी के विचारों को समझने में असफल रहा। इसने असली समाजवादी को पहचानने में गलती की। नतीजतन कोई अलग समाजवादी सिद्धांत की स्थापना नहीं कर पाया। गहराई से विचार करने पर ऐसा लगता है कि भारत में सबसे पहले समाजवादी गांधीजी ही थे। इसको कई स्तरों पर देखा जा सकता है। पहला, गांधीजी पहले व्यक्ति हैं, जिन्होंने इस आशय का दावा किया था कि भौतिकता और अध्यात्मिकता के संयोग से बने कार्यक्रम से ही समाजवादी समाज का निर्माण हो सकता है। सिर्फ भौतिकता की तलाश में समाज पूँजीवाद से छुटकारा नहीं पा सकता है। 1949 में जर्मनी में सुमाकर ने

जर्मनी की लोकसभा में कहा कि मैं आपको एक ऐसे आदमी की बात सुनाना चाहता हूँ, जिससे बढ़कर अभी तक दुनिया में ईश्वर को किसी ने नहीं पहचाना और उस आदमी ने अपने ईश्वर को गरीबों की रोटी में देखा था। सुमाकर का मानना था कि आध्यात्मिकता व नैतिकता, व्यक्ति सुधार तथा समाज सुधार, नैतिकता और सम्पत्ति का राष्ट्रीयकरण, जो अभी तक अलग-अलग थे, गांधीजी ने एक सूत्र में बाँधकर उसके महत्त्व को पहचाना था। लोहिया लिखते हैं, ''हिंदुस्तान का समाजवाद, कम-से-कम इस आधुनिक काल में गांधीजी के प्रयासों से शुरू हो जाता है।'' गांधी को पहला समाजवादी होने का दरजा मिलना चाहिए था।

गांधीजी को पहला और बेहतर समाजवादी इसलिए भी कहा जा सकता है कि उन्होंने पूँजीवाद को न केवल शोषण के नजरिये से देखा था, बल्कि उन्होंने इसकी जड़ें उत्पादन तकनीक में भी पाई थीं। अनुभव बतलाता है कि उत्पादन तकनीक का बढ़ता स्वरूप न केवल गैर-बराबरी की विशालता को बढ़ाता है, बल्कि यह लोगों के बीच भीषण शोषण का स्रोत पैदा करता है और पर्यावरण को बरबाद कर पृथ्वी को नष्ट करने की क्षमता भी रखता है। यूँ तो मार्क्स ने भी तकनीक को समझने में गलती की थी, जिसकी वजह से नोबेल पुरस्कार विजेयता जोसेफ स्टीगलिस ने अपनी पुस्तक 'व्हिदर सोशलिज्म' में लिखा है कि मार्क्स यह समझने में कि टेक्नोलॉजी समाज के चरित्र को प्रभावित करती है, सही रहे होंगे, लेकिन उन्होंने 'आनेवाले समय में टेक्नोलॉजी किस प्रकार विकास करेगी, इसकी भविष्यवाणी करने में गलती की। इन्हीं परिवर्तनों ने अंत में समाजवाद का सर्वनाश किया।' गांधीजी ने इसको पहचाना था, जो मार्क्स की नजरों से ओझल हो गया था।

यदि उस समय के प्रगतिशील विचारक समाजवादी गांधीजी की वैकल्पिक सभ्यता में विश्वास करते, तो समाजवाद का इतिहास भिन्न होता। यदि यूरोप के नक्शे-कदम पर और वर्ग-संघर्ष के रोमांचकारी रास्ते को यहाँ के समाजवादी भारत के नवनिर्माण के लिए उपयुक्त नहीं मानते तो समाजवाद का गौरवमय इतिहास होता। भारतीय समाजवादी पार्टी भारतीय समाज को एक नया मॉडल प्रस्तुत कर पाती। यदि शुरू से ही यहाँ के प्रगतिशील सामाजिक कार्यकर्ता आर्थिक और सामाजिक ढाँचे के सामंजस्य को एक साथ लेकर चलते तो भारत में समाजवाद स्थापित हो जाता। यदि समाजवादियों को यह बात समझ में आती कि जिस प्रकार यूरोप के इतिहास की जाति ढाँचे में व्याख्या करना हास्यास्पद है, ठीक उसी तरह भारत की व्यवस्था को वर्गीय नजरिए पर ले जाना निरर्थक है। आजादी के 68 वर्ष बरबाद नहीं होते।

भारत के समाजवादी आंदोलन का आधी शताब्दी के जीवन संघर्ष का अनुभव है कि यह पार्टी मार्क्स के सिद्धांतों से शुरू होकर धीरे-धीरे गांधीजी के कार्यक्रमों की ओर मुखातिब होती गई है, लेकिन इसे परिमार्जित कर समाजवादी सिद्धांत नहीं बना पाया। जनता पार्टी को दल में परिवर्तित होने के बाद समाजवाद विभिन्न पार्टियों में परोक्ष रूप में विद्यमान रहा है। 21वीं शताब्दी में इसकी परिभाषा और विषयवस्तु दोनों बदल गई हैं। समाज की पृष्ठभूमि बदल गई है। आधुनिक विलय के क्रम में उन्नत देशों की एक चौथाई और पिछड़े देशों की 80 प्रतिशत आबादी गरीब है और औद्योगिक समाज में निरर्थक है। आँकड़े बतलाते हैं कि दुनिया के एक प्रतिशत प्रौढ़ व्यक्ति के पास 85 प्रतिशत विश्व की संपत्ति है। अनुमान है कि 2013 में भारत में 60 अरबपति थे। इनकी संख्या बढ़कर 2023 में 119 होगी। भारत चार बड़े अरबपतियों के देशों में एक होगा। भारत में गैरबराबरी जोरों से बढ़नेवाली है। इसी के साथ एक दूसरी समस्या भी जुड़ गई है। वह है पर्यावरण की। अभी हाल में यू.एन. ने जलवायु परिवर्तन पर एक सम्मेलन किया है। इसमें बानकी मून ने कहा कि "जलवायु परिवर्तन आज के युग का स्पष्ट मुद्दा है। यह हमारे वर्तमान को परिभाषित कर रहा है। हम लोगों की प्रतिक्रिया हमारे भविष्य को भी परिभाषित करेगी।"

पुराना समाजवादी आंदोलन तो मर चुका है, लेकिन नए हालात देश में शोषित लोगों की जमायत वाले नए तर्ज के समाजवाद को जन्म देंगे। ऐसा लग रहा है कि आज इस देश में 1200 राजनीतिक पार्टियों के कोलाहल में समाजवाद समाप्त हो गया है, लेकिन संसाधनों के दोहन और पर्यावरण की बरबादी के जो अंजाम मालूम पड़ते हैं, वे समाजवाद की नई अवधारणा में दिखाई पड़ते हैं। पूँजीवाद का बढ़ता प्रकोप, जिसकी अभिव्यक्ति दुनिया में बढ़ती जा रही है, बृहत उद्योगों की स्थापना की लालसा और स्मार्ट शहरों के विस्तार की योजना के रूप में सामने आ रहा है। आम आदमी हाशिए पर जा रहा है। इसके लिए देर-सबेर इसे जीवन की किसी वैकल्पिक व्यवस्था तो तलाशनी ही होगी।

भारत की अधिकांश आबादी दरिद्रीकरण की ओर बढ़ रही है। पिछले 15 वर्षों में 3 लाख किसानों की आत्महत्या और मजदूरों का शहर की ओर पलायन इसके सबूत दिखाई पड़ रहे हैं। 19वीं शताब्दी में यूरोप के सर्वहारा के लिए मार्क्स ने आंदोलन किया था। 20वीं शदी में भारत में गांधी ने अंत्योदय (अंतिम व्यक्ति) के समूह के लिए आवाज उठाई थी। भारत के समाजवादियों ने इसको नजरअंदाज किया था। 21वीं शताब्दी में समाजवाद की खोज करनी होगी।

आज जब सारी दुनिया में हिंसा का माहौल बढ़ता जा रहा है, संसाधनों पर

कब्जे के लिए युद्ध सरीखे वातावरण तैयार हो रहे हैं और पर्यावरण की बरबादी प्रलय के रास्ते को प्रशस्त कर रही है, तो गांधी की वैकल्पिक सभ्यता की बात समझ में आने लगी है। अब यह हमारी आँखों के सामने दिखाई पड़ रहा है कि मार्क्सवाद की वह अवधारणा कि पूँजीवाद अपने विकासक्रम में साम्यवाद की इमारत खुद ही खड़ा करेगा, गलत है। यह रूस और चीन के 20वीं शताब्दी के अनुभवों ने साबित किया है। सब मिलाकर समाजवाद की परिभाषा भी बदलनी होगी। आज की समस्या सिर्फ उत्पादन और वितरण की ही नहीं, बल्कि पर्यावरण के संकट से जुड़ी है और उन सभी की जड़ में पूँजीवाद का हाथ है। इससे निपटने के लिए पूँजीवाद का विकल्प वर्ग-संघर्ष से हटकर खोजना पड़ेगा। समाजवादी विचारकों की राय है कि 20वीं शताब्दी के अनुभव के आलोक में यह साबित हो चुका है कि वृहत उद्योगों और विशाल नौकरशाही के मार्फत पूँजीवाद से छुटकारा नहीं मिल सकता है। 20वीं शताब्दी की साम्यवादी क्रांतियों का निष्कर्ष बताता है कि रूस का साम्यवाद पूँजीवाद से हार चुका है और चीन की क्रांति पूँजीवाद को जन्म देने की प्रसव पीड़ा थी।

कैथेराइन इंग्राम ने अपनी पुस्तक 'इन द फूट प्रिंट्स ऑफ गांधी' में लिखा है कि आज की दुनिया बड़ी कठिन समस्याओं से होकर गुजर रही है। हम लोगों की अज्ञानता और लालच के उत्पादन तकनीक से एकाकार हो जाने के कारण दुनिया में जो शक्ति तैयार हुई है, वह न केवल हम सबों को, बल्कि पर्यावरण को भी, जो हमारे जीवन को सपोर्ट करता है, बरबाद कर देगी। हम सबों को जल्द ही सतर्क हो जाना पड़ेगा। युगों से हम लोग, जो गरीबों और धरती की कीमत पर, अय्याशी की जीवन-शैली और तेज आर्थिक विकास में संलग्न रहे हैं, अब नहीं चलेगा।

भारत जैसे देश के लिए समाजवादी विचारक सच्चिदानंद सिन्हा का अपनी पुस्तक 'समाजवाद की संभावना' में मानना है कि गांधीजी के आदर्श ग्राम गणतंत्र की तर्ज पर पारिवारिक या छोटे सहयोगी समूहों द्वारा चलाए जा रहे छोटे उद्योगों और अतिराजकीय इकाइयों के गठन को लक्ष्य बनाकर किए जानेवाले राजनीतिक बदलाव ही समाज के नवनिर्माण की दिशा में व्यावहारिक कदम हो सकते हैं। ऐसी ही व्यवस्था में समता और स्वशासन दोनों आम आदमी की पहुँच में हो जाएँगे। समाजवादियों का समता और स्वतंत्रता का लक्ष्य इसी से पूरा होगा। यदि भारत के समाजवादी शुरू से ही गांधी की वैकल्पिक सभ्यता को अपनाते तो आज देश की यह गति नहीं होती।

□

अहिंसा के मसीहे...

—महाश्वेता महारथी

(सचिव, राजगीर बुद्ध बिहार सोसाइटी, पटना)

कई महापुरुषों ने सदियों से अपने विचारों और दर्शन से दुनिया को मंत्रमुग्ध किया है। यद्यपि उन सभी की विचारधारा अपने समय की परिस्थितियों के अनुरूप शानदार भले ही रही हो, लेकिन इतिहास के भव्य नक्शे में उनका स्थान नगण्य ही रहा।

परंतु बुद्ध और गांधी की गहन विचारधारा ने समय की रेत पर अमिट पद्चिह्न छोड़े हैं, जो एक ध्रुवतारे की भाँति इस अस्थायी जगत की उलझनों से जूझते मानव समुदाय को ठहराव और शांति के ऐसे समतल धरातल की ओर ले जाते हैं, जो मानवता, समता, बंधुत्व, अहिंसा और शांति के शाश्वत मूल्यों पर आधारित है।

उनके उपदेशों ने भौगोलिक और भाषायी बाधाओं को पार किया है। बुद्ध और गांधी की विचारधारा का सर्वोत्कृष्ट दर्शन था—सार्वभौमिक प्रेम और अहिंसा।

बिहार राज्य को मानव-जाति के इन दो महान् संतों की कर्मभूमि होने का अनूठा गौरव प्राप्त है, जहाँ उन्होंने शांति और अहिंसा के शाश्वत मूल्यों का अभ्यास किया। 2600 साल पहले बुद्ध ने जीवन के सौहार्दपूर्ण यापन के लिए मूलमंत्र के रूप में विश्व प्रेम (मेत्ता या मैत्री) का मार्ग दिखाया था।

एच.जी. वेल्स के अनुसार, ''मानव इतिहास संक्षेप में, विचारों का इतिहास है।'' ("Human history is in essence, a history of ideas.") एंटोनियो ग्रामस्की, (Antonio Gramsci) महान् इतालवी मार्क्सवादी ने एक साम्राज्यवादी शक्ति के आधिपत्य की खिलाफत करने के लिए एक सबल सांस्कृतिक विचारधारा को संगठित कर एक प्रभावी रणनीति तैयार करने का सिद्धांत दिया था, जो "War of Position" के रूप में जाना जाता है, लेकिन विचारधारा और उसके अनुरूप कार्यशैली का समन्वित और ताकतवर रूप प्रस्तुत करने में महात्मा गांधी का मानव-जाति के बौद्धिक धन को एक अभूतपूर्व योगदान था, 'सत्याग्रह'।

सत्याग्रह के प्रभावी ब्रह्मास्त्र होने की वजह थी कि इसमें ग्रामस्की के "War of Position" सिद्धांत के साथ सत्य और अहिंसा के दर्शन का आग्रह भी जोड़ दिया गया था। दुनिया ने पहली बार इस प्रभावी अस्त्र (सत्याग्रह) की शक्ति देखी, जब महात्मा ने चंपारण के किसानों के साथ हुए अन्याय से लड़ने के लिए इसका इस्तेमाल किया। युग बदलनेवाली यह घटना एक सदी पूर्व घटी थी, जिसने किसानों को उनकी गरिमा और अधिकार लौटाए और कुछ समय पश्चात् चंपारण कृषि विधेयक भी अधिनियमित किया गया।

महात्मा बुद्ध एवं सम्राट अशोक के पश्चात मानव इतिहास में यह पहला आंदोलन था, जो अहिंसा के तत्वों पर आधारित था, जिसने अंत में ब्रिटिश साम्राज्य की नींव को हिलाकर रख दिया।

यहाँ यह उल्लेख समीचीन होगा कि चंपारण की भूमि कपिलवस्तु की उस प्राचीन नगरी के समीप है, जो महात्मा बुद्ध की जन्मभूमि होने के साथ-साथ अनगिनत संतों और दार्शनिकों की स्थली रही है।

चंपारण के इस ऐतिहासिक परिप्रेक्ष्य में यह आश्चर्य नहीं कि यहाँ आकर गांधी के जीवन के उद्देश्य को सकारात्मक सफलता प्राप्त हुई एवं एक शांत अहिंसात्मक विरोध के स्थान पर सशक्त सत्याग्रह आंदोलन का उद्भव हुआ, यह स्वाभाविक ही था।

डॉ. राधाकृष्णन् ने एक बार कहा था, ''भारत के इतिहास की विशेषता उसके युद्धों एवं सम्राटों से नहीं है, वरन यहाँ के संतों, दार्शनिक सिद्धांतों और पावन ग्रंथों से है।''

महात्मा गांधी का जीवन एवं उनके आचरण उनके उपदेशों के अनुरूप थे। उनके जीवन-सत्य एवं विचारधारा ने विश्व के कोने-कोने से आए लोगों को प्रभावित किया, लेकिन आज हम यह सोचने पर मजबूर हैं कि वर्तमान परिस्थितियों में ऐसा क्या है, जो हमें शांति के पथ पर चलने से रोकता है? प्रथम एवं द्वितीय विश्व युद्ध के भयंकर प्रकोप एवं क्रूरतापूर्ण व्यापक परिणाम को देखकर समस्त मानव-जाति सकते में आ गई थी। इस युद्ध की विभीषिका से तो सभी अवगत हैं, लेकिन इस तथ्य से साधारणतः अपरिचित हैं कि उस समय भी विश्व की आधी से अधिक आबादी एक बदतर अपमान एवं प्रताड़ना का शिकार बनी हुई थी और उन्हें

प्रताड़ित करनेवाले हाथ उस वर्ग के थे, जो जोर-शोर से ऊपरी तौर पर स्वतंत्रता के पक्ष में आवाज उठाते थे। अमरीका की गुलामप्रथा हो या फिर दक्षिण अफ्रीका की रंगभेद नीति अथवा चंपारण के किसानों पर हो रहे अत्याचार या ऐसे ही अन्य दारुण उदाहरण, जो किसी भी सचेत मानव के जमीर को जगाने के लिए पर्याप्त थे, लेकिन ऐसा तब तक नहीं हुआ, जब तक अमरीका में अब्राहम लिंकन ने, महात्मा गांधी ने दक्षिण अफ्रीका और भारत में प्रताड़ित जनता के संघर्ष को नेतृत्व नहीं दिया।

मार्टिन लूथर किंग के जीवन पर महात्मा गांधी का गहरा प्रभाव था। उनके ऑफिस की दीवार पर प्रसिद्ध बौद्ध एवं गांधीवादी कलाकार उपेंद्र महारथी द्वारा चित्रित गांधी का चित्र इसका ज्वलंत प्रमाण है।

महारथीजी का एक दूसरा चित्र पूज्य दलाई लामाजी के समीप है, जिसका विषय है, 'समय-सीमा के पार दो संतों, बुद्ध एवं गांधी का मिलन।'

यह गांधीजी का व्यापक प्रभाव ही है कि नोबेल शांति पुरस्कार समिति को आज भी यह तथ्य सालता है कि नोबेल पुरस्कार-विजेताओं की सूची में गांधी का नाम शामिल नहीं है।

भारत के स्वतंत्रता-संग्राम के दौरान जापान के बौद्ध संत निचिदात्सु फ्रूजिई ने अखबारों में गांधीजी के दांडी मार्च के चित्र को देखा और बाद में यह जानकारी प्राप्त की कि पुलिस ने सत्याग्रहियों पर लाठीचार्ज किया, जिसका सामना गांधीजी के शिष्यों ने शांति से किया। इस घटना का गहरा प्रभाव भिक्षु निचिदात्सु फूजिई पर पड़ा और वे गांधीजी के सिद्धांतों के पक्षधर बन गए। उन्हें यह आभास हुआ कि विश्व के इतिहास में एक अभूतपूर्व क्रांतिकारी घटना घट रही है, जब एक राष्ट्र अपनी स्वतंत्रता का संघर्ष अहिंसा के शांतिमय अस्त्र से लड़ रहा है।

पूज्य भिक्षु फूजिई भारत आए और गांधीजी से वर्धा के आश्रम में मिले। उन्होंने तभी शांति के पथ का अनुसरण करने का दृढ़ निश्चय किया। भिक्षु निचिदात्सु फूजिई को 'गुरुजी' की उपाधि से पहली बार गांधीजी ने ही संबोधित किया। बाद में अपनी आश्रम प्रार्थना में फूजिई गुरुजी द्वारा जाप किए जानेवाले मंत्र 'नम् म्यो हो रेंगे क्यो' को प्रमुख स्थान दिया। आज भी सभी गांधी आश्रमों में इस मंत्र का सबसे पहले पाठ किया जाता है।

गांधीजी के तीन बंदर विख्यात हैं, लेकिन यह जानकारी सबको नहीं है कि इन तीन बंदरों की छोटी मूर्ति को सबसे पहले फूजिई गुरुजी ने जापान के प्राचीन 'नारा मंदिर' से लाकर गांधीजी को भेंट स्वरूप प्रदान किया था।

अपनी 'वर्धा-डायरी' में फूजिई गुरुजी ने लिखा है, ''विश्व-इतिहास में ऐसा

पहली बार हुआ कि राजनीतिक क्रांति में अहिंसात्मक शैलियों का प्रयोग बिना किसी अवरोध के हुआ। इस अहिंसात्मक संघर्ष का लोहा विश्व ने मान लिया। अहिंसा की विजय अपने पूर्णतम रूप में यहीं देखी गई। गांधीजी के नमक सत्याग्रह यात्रा से प्रभावित होकर ही मैं अपना धर्म बाजा बजाते हुए भारत की यात्रा पर निकल पड़ा।''

फूजिई गुरुजी ने भारत की आजादी के बाद राजगीर विश्व शांति स्तूप की स्थापना की और उसे भारत द्वारा अहिंसात्मक रीति से प्राप्त स्वतंत्रता को समर्पित किया। राजगीर विश्व शांति स्तूप विश्व शांति और विश्व-बंधुत्व के प्रतीक के रूप में समादृत है।

इस महान् संत का महाप्रयाण 9 जनवरी, 1985 में हुआ था। यह आश्चर्यजनक संयोग ही है कि 9 जनवरी ही वह ऐतिहासिक तिथि है, जब सात दशक पूर्व 9 जनवरी, 1915 में गांधीजी दक्षिण अफ्रीका से भारत लौटे थे।

गांधी एक कालातीत महापुरुष हैं। आज जब विश्वभर में मानव की क्रूरतम चर्या विनाश का तांडव मचा रही है, ऐसे समय में गांधी के प्रेम, सत्य और अहिंसा के उपदेशों की आवश्यकता सर्वाधिक है। यही एकमात्र मार्ग है, जिसके माध्यम से ही मानव-जाति अब तक के सबसे अधिक घोर संकट का सामना करने में समर्थ हो पाएगी।

□

महात्मा गांधी-वैश्विक-शांति के अग्रदूत

–युवराजदेव प्रसाद
(पूर्व विभागाध्यक्ष, इतिहास विभाग, पटना विश्वविद्यालय)

महात्मा गांधी का नाम आज भी हमारे युग की सबसे अनूठी प्रेरणादायक शक्ति के रूप में प्रतिध्वनित हो रहा है। अमीरी और गरीबी की बढ़ती हुई खाई और आपसी कलह के वातावरण में गांधी का प्रेरक जीवन और प्रेम तथा सामाजिक सद्‌भाव के संदेश विश्व भर में प्रशंसनीय और अनुकरणीय माने जा रहे हैं। 9 जनवरी, 1915 को भारत भूमि पर उनके अवतरण ने मानो बीसवीं शताब्दी को नींद से जगाकर जिस नई विचारधारा का आगाज किया, वह आज भी प्रासंगिक है।

आज दुनिया में धर्म और मतभिन्नता के नाम पर जो मार-काट मची हुई है, उस कारण मानवता का अस्तित्व खतरे में है। आपसी सौहार्द और सहिष्णुता पर आधारित वैश्विक शांति ही समय की माँग है। हमें रॉबर्ट की कविता 'दी रोड नॉट टेकन' के भाव को याद रखना चाहिए और अपने पैर उस पथ की ओर बढ़ाने चाहिए, जो मानव मात्र के लिए शांति और सद्‌भाव को जाता हो, किंतु ऐसा करना कठिन है और रास्ता लगभग सुनसान है। मानवता की सारभूत एकता को जगाना होगा, जो शांति, सद्‌भाव, मानव कल्याण और आपसी सहयोग पर आधारित एक वैश्विक नीति और दर्शन का प्रतिपादन करेगा।

21वीं सदी में वैश्विक शांति की नीव शांति के आंतरिक एवं बाह्य पक्षों के संतुलन पर ही रखी जा सकती है। पूरब में जो धर्माचरण की परिपाटी है, उसमें प्रार्थना और चिंतन-मनन, ध्यान आदि आंतरिक घटक पर जोर दिया जाता है, जबकि पश्चिम में ईसाइयत और इसलाम में बाह्य पक्ष अर्थात विभिन्न प्रकार के

मानवतावादी कार्यों का निष्पादन करना और सामाजिक न्याय को व्यवहार में लाना इत्यादि। शांति की प्राप्ति के उद्‌देश्य से किए जानेवाले इन दोनों प्रकार की क्रियाओं का अंतर्संबंध पहली दफा गांधी ने सुस्पष्ट एवं प्रभावी ढंग से प्रस्तुत किया।

गांधी धर्मांतरण में विश्वास नहीं करते थे। उनके आश्रम में ईसाई, मुसलमान तथा पारसी भी रहते थे, किंतु उन्होंने कभी किसी को हिंदू धर्म मानने के लिए नहीं कहा। मारगेट स्लेड, जिन्हें प्यार से महात्मा 'मीरा बेन' बुलाते थे, ने हिंदू धर्म मानने की आज्ञा चाही, तो गांधी ने उन्हें मनाकर दिया और कहा कि ऐसा करने से उनके नैतिक आचरण अथवा मूल्य में किसी प्रकार का कोई सुधार नहीं होगा। धर्मांतरण आवश्यक नहीं है, क्योंकि गांधी ईश्वर की सार्वभौमिकता में विश्वास करते थे। विभिन्न धर्मों में सुधार की आवश्यकता थी, क्योंकि कोई भी धर्म आदर्श अथवा पूर्ण नहीं कहा जा सकता। एक तरह से सभी धर्म श्रेष्ठ हैं अथवा परिपूर्णता प्राप्त करने के लिए अनवरत विकासशील हैं।

गांधी सभी धर्मों की सारभूत एकता एवं समानता में विश्वास करते थे। उनका मानना था कि सभी धर्म ईश्वरादिष्ट हैं, देव वचन हैं। अवतारों और पैगंबरों के द्वारा ईश्वर के संदेश ही धरती पर प्रसारित एवं प्रचारित किए जा रहे हैं। ये महान् चरित्र के मानव थे, इसलिए ईश्वर ने इन्हें इस कार्य के लिए चुना, किंतु मानव होने के कारण और काल एवं क्षेत्र से बँधे होने के कारण ईश्वर के वचन के माध्यम के रूप में इनकी बातें अलग-अलग ढंग से मानव समुदाय तक पहुँचीं। इसलिए सारे धर्म अलग-अलग दिखाई देते हैं।

गांधीजी का विचार था कि सभी धर्मों का आधार समान है, जबकि अधिरचना अलग-अलग। सभी धर्म सत्य, अहिंसा, सविनय प्रतिरोध एवं मानव की गरिमा पर आधारित हैं। धर्माचरण का अर्थ मात्र चिंतन-मनन नहीं, वरन सत्य की अनवरत खोज के लिए एक गत्यात्मक काररवाई है। वे समझते थे कि धर्म की साधना गुफा में अथवा हिमालय की चोटी पर जाकर नहीं की जा सकती है। उनके विचार में ईश्वर के मायने नैतिक नियम है, जो दिनानुदिन के हमारे आचार और व्यवहार में परिलक्षित होते हैं। सत्य का अमूर्त रूप कोई महत्त्व नहीं रखता। मानव ही सत्य का प्रतिनिधि है और इसको प्रमाणित करने के लिए वे अपने प्राणों तक की आहुति देने को तैयार हो जाते हैं।

गांधीजी महान् मानववादी थे। उन्होंने धर्म और मानव में प्रगाढ़ संबंध सूत्र जोड़े। वे प्रेम के धर्म में विश्वास करते थे। अहिंसा के आचरण और प्रचार के पीछे उनका उद्‌देश्य इस बात का संदेश देना था कि मानव ईश्वर का प्रतिरूप है। प्रेम के

द्वारा मानवता को ऊँचाई के शिखर तक पहुँचाना ही आत्मशुद्धि का सारा तत्त्व है।

आत्मज्ञान के माध्यम से आत्मशुद्धि प्राप्त करने के उद्देश्य से मानव को स्वयं के प्रति ईमानदार होना चाहिए, तभी वह अन्य के प्रति निष्ठावान होगा। सही अर्थ में यही धर्म मानव के काम आ सकेगा। जब गांधीजी प्रार्थना पर जोर डालते थे, उसका अर्थ होता था, शांति और मन का सुव्यवस्थित व अनुशासित होकर मानव कल्याण हेतु लीन हो जाना। व्यक्ति का सत्य के लिए आग्रह होने का अर्थ था, मानवता की राह पर चल देना। मानवता का केंद्र-बिंदु था, परोपकारिता से प्रेरित सत्य की प्राप्ति के लिए विवेकपूर्ण आग्रह। मानव के सम्मान के लिए उन्होंने दक्षिण अफ्रीका में तथा भारत में भी सत्याग्रह का अथक अभियान चलाया। वे मानव सम्मान की रक्षा के लिए हिंदू धर्म की जाति-व्यवस्था और अस्पृश्यता के कट्टर विरोधी हुए। उन्होंने हिंदू और मुसलमान में भाईचारे को बढ़ावा देने के लिए खिलाफत आंदोलन में अपना पूर्ण सहयोग दिया।

सारांशत: उनका मानना था कि क्योंकि ईश्वर एक है, इसलिए धर्म भी एक ही होना चाहिए, किंतु मानव अलग-अलग जाति, क्षेत्र और कालखंडों में विभक्त है, इसलिए ईश्वर और धर्म के प्रति उनकी परिकल्पना अथवा मत अलग-अलग हो सकते हैं। इसलिए तत्कालीन वैश्विक तनाव को कम करने के लिए उन्होंने धर्म के ईश्वरीय नहीं, बल्कि मानवीय एवं नैतिक पक्ष को उजागर किया। जांबिया के प्रथम राष्ट्रपति केनेथ कौंडा ने लिखा है, " 'सत्य' और 'प्रेम' गांधी की विरासत है और गांधी कभी मर नहीं सकते। वैश्विक समाज की स्थापना के लिए गांधी की वैश्विक शांति एक आवश्यक शर्त है।"

□

स्त्री सशक्तीकरण : महात्मा गांधी द्वारा महिलाओं का आह्वान

—पद्मलता ठाकुर
(इतिहास विभाग, पटना विश्वविद्यालय)

राष्ट्रीय आंदोलन में स्त्रियों की भागीदारी में बड़ा मोड़ हमें गांधी के आगमन के बाद देखने को मिलता है। स्त्रियों के स्वार्थहीन बलिदान का अनुभव उन्हें दक्षिण अफ्रीका में ही हो गया था। उन्होंने कहा कि हम भारतीय पुरुष कंजूस सेठ की तरह अपनी पूरी पूँजी व्यापार में निवेश नहीं कर रहे, तो फिर लाभ की प्राप्ति कैसे होगी? अर्थात आधी आबादी हमारे घरों में कैद है। उन्हें बाहर निकलकर स्वतंत्रता आंदोलन में हिस्सा लेना चाहिए। स्त्रियों के लिए उनका आह्वान रूपकों से भरी एक भाषा में था, जो स्त्रीत्व संबंधी परंपरागत जीवनमूल्यों के लिए विध्वसंक नहीं थी। सीता, दमयंती और द्रौपदी उनकी राय में भारतीय स्त्रियों के लिए आदर्श पात्रा थीं। इन स्त्रियों को अपने पतियों की दासियाँ न बताकर अत्यंत पुण्यात्माएँ और परिवार, राज्य तथा समाज के लिए सर्वोच्च बलिदान दे सकने में समर्थ कहा गया। मुसलिम स्त्रियों को संबोधित करते हुए गांधी ने सिर्फ अपने देश तथा इसलाम के लिए बलिदान देने का आग्रह किया। उनकी नजर में स्त्री-पुरुष बराबर थे, पर उनकी भूमिकाएँ अलग-अलग थीं। वे समझते थे कि घर-बार देखना स्त्रियों का कर्तव्य है तथा इसमें ये कताई करके, विदेशी कपड़ों और शराब की दुकानों पर धरना देकर, पुरुषों को शर्म दिलाकर कर्म करने के लिए तैयार करके राष्ट्र की सेवा कर सकती हैं।

गांधी की आदर्श स्त्री सीता थीं, किंतु उन्होंने पत्नीत्व से ऊपर भगिनीवाद को

रखा। पत्नी सिर्फ एक व्यक्ति की धरोहर होती है, किंतु बहन संपूर्ण विश्व की हो सकती है। पत्नी के साथ एक अंतर्निहित भाव वासना से संबंधित हो सकता है, किंतु बहनापे में भाव पवित्र होता है। उन्होंने यंग इंडिया में 1926 में व्यक्त किया है कि हमारे मुल्क में स्त्रियाँ आदर्श पत्नी तो बन सकती हैं, किंतु उन्हें ब्रह्मचर्य का व्रत लेकर सेवाभाव के साथ बहन के रूप में अपना विकास करना चाहिए। यह पूछने पर कि स्त्री किस प्रकार अपने पति की अवज्ञा कर सकती है, उन्होंने कहा कि मध्यकालीन भारतीय संत मीराबाई यह रास्ता दिखा चुकी हैं कि किस प्रकार अपने नैतिक साहस का परिचय देती हुई एक औरत उतने शक्तिशाली पति और परिवार की इच्छा की अवहेलना करते हुए अपना रास्ता स्वयं चुनती है। विरोध और आलोचना को चुपचाप सहन करती है। यदि उद्देश्य महान् हो, तो स्त्री को अपनी भूमिका परिवार तक सीमित नहीं रखनी चाहिए और अपनी ताकत को राष्ट्र की सेवा के लिए अर्पित कर देना चाहिए।

उन्होंने 19वीं सदी के उत्तरार्द्ध से चल रहे विश्वपटल पर और भारत में भी स्त्री-मुक्ति आंदोलन पर टिप्पणी करते हुए कहा कि स्त्री को देवी बनकर अपनी स्वाधीनता की चाह को दमितों की चाह के साथ एकाकार कर देना चाहिए और स्त्री मुक्ति को विस्तृत परिवेश में अर्थात राष्ट्र मुक्ति के रूप में देखना चाहिए। राष्ट्रवादी आंदोलन से जुड़ने के फलस्वरूप नारी मुक्ति आंदोलन के दृष्टिकोण, विस्तार और वैधता में निश्चय ही सुखद परिवर्तन होगा। यंग इंडिया, 1929 में लिखते हुए गांधी ने विचार व्यक्त किया कि स्त्री आंदोलन को मात्र स्त्री मुद्दों के प्रति चैतन्य नहीं रहना चाहिए, बल्कि संपूर्ण समाज में व्याप्त बुराइयों को भी दूर करने का प्रयास करना चाहिए। अछूतोद्धार, ग्रामीण-उत्थान, गरीबी से छुटकारा इन समस्याओं के विषय में सोचना चाहिए और सामाजिक कार्यों के लिए अपनी भागीदारी देनी चाहिए। 1926 में यंग इंडिया में उन्होंने लिखा कि सीता अबला नहीं थीं। उनके नैतिक बल के सामने रावण की निगाहें भी नीचे हो गईं। द्रौपदी अबला नहीं थी, वह संघर्ष और स्वाभिमान की जीती-जागती प्रतिमा थी। 1936 में अखिल भारतीय महिला सम्मेलन में संदेश देते हुए उन्होंने कहा, "स्त्री जब अबला से सबला होगी, तो सभी असहाय लोगों का सशक्तीकरण हो जाएगा।" उन्होंने हरिजन में लिखा है कि स्त्री को यदि स्वाधीन होना है, तो उसे अपने भय पर काबू पाना होगा। स्त्री पुरुष की तुलना में शारीरिक रूप से कमजोर नहीं है, यह भय उसे कमजोर करता है, जो समाज के द्वारा सांस्कृतिक और धार्मिक मानदंडों के जरिए उस पर थोपा गया है। स्वयं को असहाय महसूस करने से बेहतर है औरत

हथियार उठाए, किंतु शस्त्र कमजोर का अस्त्र है। स्त्री का सबसे बड़ा अस्त्र उसकी अहिंसा, पीड़ा सहने की क्षमता, उसकी पवित्रता और उसका त्याग तथा सेवा-भाव है। स्त्री को अपने साहस का परिचय देने के लिए झाँसी की रानी बनने की आवश्यकता नहीं है। सीता, द्रौपदी, दमयंती का मॉडल उनके लिए उपर्युक्त है अर्थात आत्मिक शक्ति उसका अमोघ अस्त्र है, उन्होंने कांग्रेस कर्मियों का आह्वान किया और कहा कि यदि उनका विश्वास है कि स्वतंत्रता हर राष्ट्र तथा व्यक्ति का जन्मसिद्ध अधिकार है, तो उन्हें अपने घरों से शुरुआत करनी चाहिए। स्त्री को शिक्षित करें और युगों से चली आ रही उन रूढ़ियों तथा परंपराओं का अंत करें, जो महिलाओं के संपूर्ण विकास में बाधक हैं। यंग इंडिया, 1928 में औरतों के प्रति लेख में उन्होंने लिखा कि जो लोग यह समझते हैं कि समाज-सुधार को स्वराज प्राप्ति तक मुलतवी रखा जा सकता है, वे स्वराज का सही अर्थ नहीं समझते।

अब तक महिलाओं को पुरुष अपना खिलौना समझते रहे हैं और महिला भी इसी भूमिका में संतुष्ट रही है। उन्होंने जेवरात को हथकड़ियों और बेड़ियों की संज्ञा दी तथा कन्या-विवाह के प्रतिरोध के लिए महिलाओं को आगे आने के लिए कहा। 'महिलाओं की भूमिका' में उन्होंने कहा, ''महिलाएँ पुरुषों के भोग की वस्तु नहीं हैं, जीवन पथ पर वे कर्तव्य निर्वाह के लिए संगिनी हैं।'' मधु किश्वर ने लिखा है, ''गांधी की औरतों के प्रति प्रमुख भूमिका यही रहती है कि उन्होंने उनकी व्यक्तिगत मर्यादा और स्वायत्तता पर जोर दिया। महिलाओं को सार्वजनिक जीवन में एक नया आत्मसम्मान, एक नया विश्वास और एक नई आत्मछवि दिलाई। उन्हें एक निष्क्रिय वस्तु से सक्रिय नागरिक और सुधारक बनाया।'' मधु किश्वर के अनुसार, ''गांधीजी के विचार क्रांतिकारी और स्वातंत्र्यवादी थे। वे पारंपरिक प्रतीकों का सकारात्मक ढंग से इस्तेमाल करके महिलाओं को राष्ट्रीय जीवन में शामिल होने के लिए एक तरह से मजबूर कर देते थे।'' राष्ट्रीय आंदोलन के विभिन्न चरणों में महिलाओं ने भारी संख्या में भाग लिया। संख्या की दृष्टि से उसे मजबूत बनाया, जैसा कि बीना मजूमदार ने लिखा है, ''गांधी ने महिला मुद्दों को वैधता दिलाई।'' गांधी के नेतृत्व में महिलाओं के राजनीतीकरण की यह प्रक्रिया इतनी निर्बाध और सहज गति से हुई कि पुरुष संरक्षकों की ओर से किसी प्रकार की रुकावट के बजाय उनकी सराहना ही मिली।

इसका मुख्य कारण यह था कि गांधी के नेतृत्व में राष्ट्रीय आंदोलन को एक धार्मिक मिशन के रूप में देखा गया और गांधी को एक संत के रूप में। उन्होंने महिलाओं को स्वदेशी का व्रत लेने को कहा और सारी विदेशी वस्तुओं का

परित्याग करके थोड़ी देर सूत कातने की प्रतिज्ञा ली। मधुबनी की विधवाओं के साथ उन्होंने चरखा अभियान प्रारंभ किया, क्योंकि त्याग के तप ने इनको पर्याप्त साहस और बल प्रदान किया है। उन्होंने कहा कि महिलाओं की धार्मिक और नैतिक जिम्मेदारी है स्वदेशी, खादी के द्वारा देश को समृद्ध बनाना।

यह तभी हो सकता है, जब संपन्न घराने की महिलाएँ भी अपने वस्त्रों के लिए स्वयं सूत कातें। खादी द्वारा गांधी महिलाओं को श्रम प्रक्रिया में लाना चाहते थे। भारतीय इसलिए गरीब हो गया है कि उसने स्वदेशी हस्तकलाओं का परित्याग करके विदेशी वस्तुओं का निर्माण शुरू कर दिया है। महिलाएँ गृह निर्माता और पोषक हैं, लेकिन वे गरीबी के असली कारण से अनजान हैं। एक बार वे इसे जान जाएँ तो खादी अपना लेंगी। इस आंदोलन में भाग लेने के लिए उन्हें घर छोड़कर बाहर जाना अनिवार्य नहीं था। एक महिला नेता ने गांधी के संदेश की प्रभाविकता बताते हुए कहा कि उनका संदेश महिलाओं के दिलों को छू लेता था। चरखे का समवेत स्वर जब सुनाई देता था, तो गांधी ने कहा, ''ऐसा मधुर संगीत नहीं होगा, ऐसी शक्तिशाली रणभेरी नहीं होगी।'' जन-जन के हृदय में गांधी ने चरखे और खादी के प्रेम को आंदोलित किया।

सती के विषय पर गांधी के विचार सकारात्मक थे। अपने सतीत्व का प्रमाण वह औरत नहीं दे सकती, जो अपने पति की मृत्यु के बाद उसकी चिता की अग्नि में कूदकर भस्म हो जाए, बल्कि वह दे सकती है, जो विवाह के बाद अपने प्यार, बलिदान और संयम के माध्यम से अपने पति, परिवार और राष्ट्र के प्रति अपने समर्पण का परिचय दे। ऐसी औरत संपूर्ण विश्व में अपनी पहचान कायम कर सकती है।

वैसी औरत, जो मन, वचन और कर्म से पवित्र न हो, गांधी के आंदोलन में भाग नहीं ले सकती थी। वेश्याओं को स्वतंत्रता-संग्राम में भाग लेने की अनुमति नहीं मिली, क्योंकि वे समाज की अच्छाइयाँ चुराती थीं।

1920-22 के असहयोग आंदोलन में महिलाओं ने सैकड़ों की संख्या में भाग लिया। 1920 के दशक की सोच यह थी कि विदेशी शराब की दुकानों की पिकेटिंग महिला जीवन से जुड़ी है, इसलिए उसमें रुचि लेंगी, किंतु 30 के दशक में उन्हें पुरुषों के साथ कार्य करना पड़ा। नमक बेचते-बनाते खुशी-खुशी जेल जाना पसंद करती थीं। 'कोई लेगा आजादी का नमक' आवाज देती हुई वे गलियों में घूमती थीं।

जो प्रवृत्ति 1930 के दशक में शुरू हुई थी, वह 1940 के दशक में भी जारी

रही, जब सार्वजनिक जीवन में स्त्रियों की सक्रिय भूमिका को समाज में स्वीकृति मिली। स्त्रियों ने गांधी की अपील का प्रत्युत्तर क्यों दिया? इसका कारण यह था कि स्त्रियों ने भाग तभी लिया, जब उनके संरक्षक पुरुष यह चाहते थे कि वे इसमें भाग लें। अधिकांश मिसालों में राष्ट्रीय आंदोलन में उन्हीं परिवारों ने भाग लिया, जिनके पुरुष गांधी के आंदोलन में पहले से सक्रिय थे। इसलिए उनकी सार्वजनिक भूमिका पत्नियों, माताओं, बहनों एवं बेटियों के रूप में उनकी घरेलू भूमिकाओं का ही विस्तार थी। इसलिए उनका राजनीतीकरण उनके घरेलू या पारिवारिक संबंधों में किसी सार्थक परिवर्तन का कारण नहीं बना।

शेखर बंद्योपाध्याय ने लिखा है, ''वस्तुत: स्त्री प्रश्न में कांग्रेस और उसके नेताओं की दिलचस्पी थी ही नहीं। उन्होंने किसी निर्णय प्रक्रिया में कभी स्त्रियों को शामिल नहीं किया'' इस पर सरला देवी चौधरानी ने अफसोस जाहिर किया था कि कांग्रेस उनको केवल कानून तोड़क बनाना चाहती थी न कि कानून निर्माता।

राध कुमार ने 'स्त्री संघर्ष का इतिहास' में लिखा है, ''1940 के दशक में भारतीय क्षितिज पर स्वाधीनता का इंद्रधनुष दिखाई दे रहा था। यही कारण था कि स्त्रियों का आंदोलन पूरी तरह स्वाधीनता संग्राम में तब्दील हो गया और नारी मुक्ति के मुद्दे को भारत की स्वाधीनता के साथ जोड़कर देखा जाने लगा। माना जाने लगा कि स्वाधीनता के साथ ही पुरुष एवं स्त्री के मध्य मौजूदा असमानताएँ दूर हो जाएँगी तथा स्वतंत्र भारत में सबकुछ ठीक हो जाएगा। राष्ट्रवादी-नारीवादी महिला को नारी मुक्ति के प्रतीक एवं प्रहरी के रूप में देखा जाने लगा।'' यह सच है कि कोई भी मुक्तिकारी आंदोलन आप-से-आप महिला मुक्ति का द्वार नहीं खोलता, उसके लिए अलग से नारीवादी आंदोलन की जरूरत होती है और ऐसा हुआ भी। 1970 के दशक में भारत की जमीन पर नारीवादी आंदोलन का दूसरा चरण प्रारंभ हुआ। इसकी उपलब्धियों को स्थायी बनाने के लिए शिक्षा-जगत् में क्रांतिकारी परिवर्तन लाया गया, जिसके फलस्वरूप विश्वविद्यालय स्तर पर 'महिला-अध्ययन' एक अंतर-अनुशासनिक विषय के रूप में प्रतिष्ठित हुआ।

□

बिहार राज्य अभिलेखागार के अभिलेख में महात्मा गांधी

—डॉ. विजय कुमार

(निदेशक, बिहार राज्य अभिलेखागार, पटना)

बिहार राज्य अभिलेखागार को महात्मा गांधी से संबंधित तीन पुस्तकों को प्रकाशित करने का सुअवसर प्राप्त हुआ है। तीनों में सबसे पुरानी पुस्तक 1960 में के.के. दत्त प्रकाशित 'राइटिंग ऐंड स्पीचेज ऑफ महात्मा गांधी : रिलेटिंग टू बिहार फ्रॉम 1917 टू 1947' है। 'सेलेक्टेड डॉक्यूमेंट ऑन गांधीज मूवमेंट इन चंपारण (1917–18)' बी.बी. मिश्र द्वारा 1963 में प्रकाशित हुई। के.के. दत्त द्वारा 1969 में 'गांधीजी इन बिहार' तीसरी पुस्तक भी प्रकाशित करने का सुअवसर बिहार राज्य अभिलेखागार को प्राप्त हुआ। ये सभी पुस्तकें बिहार राज्य अभिलेखागार में संरक्षित मूल अभिलेखों पर आधारित हैं।

'सेलेक्टेड डॉक्यूमेंट ऑन गांधीज मूवमेंट इन चंपारण (1917–1918)', का पुनर्मुद्रण भी 2013 में बिहार राज्य अभिलेखागार निदेशालय द्वारा किया गया। यह पुस्तक विश्व स्तर पर लोकप्रिय हुई। पुस्तक की प्रतियों के अभाव एवं पाठकों और इसकी माँग को देखते हुए इसका पुनर्मुद्रण किया गया है। यह एक तरह से बी.बी. मिश्र जैसे विश्वविख्यात इतिहासकार एवं महात्मा गांधी जैसे राष्ट्रीय नेता के प्रति बिहार राज्य अभिलेखागार की ओर से श्रद्धांजलि के पुष्प हैं।

महात्मा गांधी का बिहार और बिहारवासियों के प्रति विशेष लगाव था। मोहनदास करमचंद गांधी ने भारत में अपनी राजनीतिक यात्रा की सही मायने में शुरुआत चंपारण की भूमि से की। पहली बार ब्रिटिश उपनिवेशवादी सरकार के विरुद्ध

सत्याग्रह के आंदोलन की शुरुआत की। सत्य और अहिंसा जैसे अपने व्यक्तिगत विश्वास को अंग्रेजों के विरुद्ध राजनीतिक हथियार के रूप में उपयोग किया। इस कार्य को अंजाम तक पहुँचाने के लिए बिहार के विभिन्न भागों की यात्रा की। इनके उन कार्यों को विश्व स्तरीय प्रचार और स्वीकृति मिली।

विभिन्न अवसर पर उनके द्वारा की गई यात्राओं में कुछ प्रमुख यात्राएँ असहयोग आंदोलन के दौरान (1920-21), 1925-27 के दौरान की यात्राएँ, 1934 के भयानक भूंप के बाद, 1940 के रामगढ़ कांग्रेस के समय और अंतत: 1946-47 के दौरान बिहार में शांति तथा सौहार्द बनाए रखने के लिए की गई यात्राएँ उल्लेखनीय हैं। महात्मा गांधी की गतिविधियों से संबंधित कई अभिलेख अभी तक बिहार राज्य अभिलेखागार में संरक्षित हैं, जिन्हें प्रकाश में लाने की आवश्यकता है। इस प्रकार की सामग्रियों के दस्तावेजीकरण का प्रस्ताव है और यह कार्य प्रगति में है। निकट भविष्य में उनसे संबंधित शेष अभिलेखों को भी पुस्तक के रूप में प्रकाशन की योजना है। आशा की जा सकती है कि अगले कुछ वर्षों में इन कार्यों को पूरा कर लिया जाएगा। भविष्य में प्रकाशित होनेवाली पुस्तकों में इन विषयों से संबंधित अभिलेख होंगे इसकी सूची निम्न है—

(i) फाइल नं.- 360/1920 सब्जेक्ट : विजिट ऑफ मिस्टर गांधी ऐंड दि नेशनल लीडर्स टू बिहार ऐंड उड़ीसा।

(ii) फाइल नं. 44/1921 सब्जेक्ट : स्पीचेज डेलिवर्ड बाई मिस्टर गांधी, दि नेशनल लीडर्स ऐंड ऑदर्स, ऑन दि ऑकेजन ऑफ दि विजिट ऑफ मिस्टर गांधी टू दि प्रोविन्स इन फरवरी।

(iii) फाइल नं.- 410/192. सब्जेक्ट : रिपोर्ट्स ऑफ दि मूवमेंट्स ऑफ मि. गांधी ऐंड दि नेशनल लीडर्स।

(iv) फाइल नं.-207/1925. सब्जेक्ट : प्रजेंटेशन ऑफ एड्रेसेज टू महात्मा गांधी ड्यूरिंग हिज फोर्थकमिंग विजिट टू बिहार बाई दि डिस्ट्रिक्ट् बोर्ड ऐंड म्यूनिसिपल्टीज।

(v) फाइल नं.-281/1925. सब्जेक्ट : रिव्यू ऑफ दि रिपोर्ट्स ऑफ दि ऑल इंडिया कांग्रेस कमेटी मिटिंग्स हेल्ड एट पटना ऑन 22, 23 ऐंड 24 सितंबर, 1925।

(vi) फाइल नं.- 38/1934, सब्जेक्ट : मि. गांधीज टूर इन बिहार ऐंड उड़ीसा।

(vii) फाइल नं.-38/1934 पार्ट बी. सब्जेक्ट : मि. गांधीज टूर इन बिहार ऐंड उड़ीसा।

इनके अलावा, 1946–47 में बिहार में सांप्रदायिक दंगों के दौरान महात्मा गांधी की शांति मिशन से संबंधित फाइलें भी अभिलेखागार में उपलब्ध हैं। यह उनकी बिहार की अंतिम यात्रा थी।

बिहार राज्य अभिलेखागार द्वारा गांधी पर प्रकाशित होनेवाली आगामी पुस्तक से गांधी के समय की बिहार की सामाजिक–आर्थिक, राजनीतिक और कृषि संबंधी स्थितियों की स्पष्ट तसवीर उभरकर आएगी। शोधार्थियों एवं आम जिज्ञासुओं को उस कालखंड के इन मूल दस्तावेजों के प्रकाशन से अवश्य लाभ होगा और उस समय के इतिहास पर काफी रोशनी पड़ेगी।